本书系国家社科基金青年项目"法国大革命中的权利问题研究"（项目号：12CSS011）的研究成果，并接受浙江大学"双一流引导专项"的经费资助

现代法国公法的诞生

西耶斯政治思想研究

La Naissance du Droit Public Moderne en France

Études des Pensées Politiques de Sieyès

乐启良　著

浙江大学出版社
ZHEJIANG UNIVERSITY PRESS

图书在版编目(CIP)数据

现代法国公法的诞生:西耶斯政治思想研究 /乐启
良著. —杭州:浙江大学出版社,2017.9
ISBN 978-7-308-17494-7

Ⅰ.①现… Ⅱ.①乐… Ⅲ.①政治思想－研究－法国
－近代 Ⅳ.①D095.65

中国版本图书馆 CIP 数据核字(2017)第 238997 号

现代法国公法的诞生:西耶斯政治思想研究

乐启良　著

责任编辑	陈佩钰(yukin_chen@zju.edu.cn)
责任校对	杨利军　陈思佳
封面设计	城色设计
出版发行	浙江大学出版社
	(杭州市天目山路 148 号　邮政编码 310007)
	(网址:http://www.zjupress.com)
排　　版	浙江时代出版服务有限公司
印　　刷	绍兴市越生彩印有限公司
开　　本	710mm×1000mm　1/16
印　　张	20.25
字　　数	280 千
版 印 次	2017 年 9 月第 1 版　2017 年 9 月第 1 次印刷
书　　号	ISBN 978-7-308-17494-7
定　　价	58.00 元

乐启良　1979年生，浙江开化人。2001年毕业于浙江大学历史系（本科），2006年毕业于北京大学历史系（博士），现任浙江大学历史系副教授。主要从事法国政治思想史研究，著有《近代法国结社观念》，在《历史研究》、《世界历史》、《社会学研究》、《史学理论研究》、《法学家》、《读书》等杂志上发表论文十多篇。曾经访学巴黎政治科学院、伊利诺伊大学（厄巴纳-香槟分校）以及哥伦比亚大学（纽约）。

目　录

导　论

1. 法国大革命的立宪困境

在世界近现代史上,爆发剧烈革命而又成功建立宪政体制的国家屈指可数,社会的解放和个人的自由经常难以两全。英国"光荣革命"和美国革命之所以为人津津乐道,主要是因为它们建立了沿用至今的政治体制。相反,法国大革命由于没有颁布成熟的宪法,导致近代法国陷入某种不断革命论的窘境而备受指责。在谈论英美革命和法国大革命时,人们总是倾向于热情洋溢地歌颂前者的宪政成就,把约翰·洛克的《政府论》和美国的《联邦党人文集》奉为经典,而不遗余力地批判后者的激进风格,指斥启蒙运动和法国大革命所体现出来的文学政治。

在某种意义上,英国的埃德蒙·柏克(Edmund Burke)是这种不无争议的比较研究的开山鼻祖。法国大革命爆发不久,柏克就把矛头指向了它倡导的革命原则。他的批评可归结为四点。首先,法国大革命的发动者主要是法律人士、医生与文人,他们迷信卢梭、伏尔泰、爱尔维修等人的学说,偏爱抽象的社会契约论,罔顾社会现象的复杂性与多样性,妄图摆脱历史、传统、宗教、道德和习俗的影响,为法国构建一部"几何学式的和算学式的宪法"[1]。其次,法国革命者把政府建立在完美的自然权利学说上,抱有为全人类立法的雄心壮志。柏克提醒他的同胞,不要盲目相信法国革命者鼓吹的"作为人的权利",而应追求"作为英国人的权利",并强调人的权利来自于祖辈的遗产。[2]再次,法国革命者错误地把宗教视为人权的敌人,殊不知,"宗教是一切的善和一切的慰藉的源泉","人在本质上是一种宗教的动物"。[3]最后,柏克预言说,由于法国革命者信奉抽象、先验和反宗教的哲学原则,他们注定会建立"绝对的民主制",催生多数人对少数人的暴政。[4]柏克几乎奠定了保守主义者或者保守的自由主义者针对法国大革命的所有论调:文学政治、抽象权利、反宗教、多数暴政,等等。法国大革命后来的发展应验柏克预言的事实,似乎更加证明了其论断的有效性。

约瑟夫·德·迈斯特(Joseph de Maistre)和路易·德·博纳尔(Louis de Bonald)几乎照搬了柏克对法国革命的批评,并着重抨击了它的反宗教性。在德·迈斯特对"一般的人"的观念提出的辛辣嘲讽中,我们不难见到柏克的影响:"世界上没有一般的人。有生以来,我见过法国人、意大利人、俄罗斯人,等等;多亏孟德斯鸠,我甚至知道有人是波斯人。至于人,我声明,我这辈子还没有碰到过;如果有的话,我还不知道。"对于法国革命者希望借助成文的宪法与法律,保障自由的抱负,德·迈斯特也是嗤之以鼻,"越是写在纸上的制度越脆弱,其道理显而易见"[5]。

明智而审慎的托克维尔(Tocqueville)则确立了比较美国民主和法国民主的经典范式。托克维尔对美国人建立的宪政体制称羡不已,事无巨细地向法国人介绍大西洋彼岸建立的联邦制、总统制、两院制、最高法院、乡

---

[1] 埃德蒙·柏克:《法国革命论》,何兆武译,商务印书馆,2003年,第71页。
[2] 埃德蒙·柏克:《法国革命论》,第42页。
[3] 埃德蒙·柏克:《法国革命论》,第120—122页。
[4] 埃德蒙·柏克:《法国革命论》,第13页。
[5] 约瑟夫·德·迈斯特:《论法国》,鲁仁译,上海世纪出版集团,2005年,第71、74页。

镇制度、结社自由与宗教自由,认为美国真正践行了人民主权的原则。[1]
与此同时,托克维尔为法国没有能够建立保护个人自由的宪政体制感到痛
心疾首,对启蒙运动和法国大革命表现出来的文学政治也提出了尖锐的批
评。[2]托克维尔的伟大在于,他并不满足于重申柏克的老调,而是深刻剖
析了文学政治得以产生的社会基础,令人信服地指出波旁王朝建立的中央
集权机器及其对政治自由的扼杀才是法国人无法建立宪政体系、享有真正
自由的罪魁祸首。

　　在20世纪,卡尔·贝克尔(Carl Becker)批评18世纪的法国人在摧毁
"上帝之城"后,创建了一个同样狂热却更为荒谬的"哲学家的天城"。[3]
汉娜·阿伦特(Hannal Arendt)指出,"美国革命和法国大革命最显著也最
具决定性的区别在于,美国革命是有限君主制的历史遗产,法国大革命则
是绝对主义的遗产"[4],并认为美国和法国由此走向了天壤之别的道路。
雅各布·塔尔蒙(Jacob Talmon)的立场尤为极端,认为英美的革命者因为
推崇经验主义和尊重历史传统,建立了"自由主义的民主",而法国和俄罗
斯的革命者则由于迷信唯理主义与抽象的权利学说,催生了"极权主义的
民主"。[5]

　　和保守派的论断相反,激进主义者尤其是社会主义者则针锋相对地指
出,法国大革命的局限性不在于它的"普世性",而在于它的狭隘性和不彻
底性,在于它只捍卫有产者而并非全体社会成员的权利。他们批评大革命
只是确立了形式的平等,却没有建立实质的民主。对他们而言,唯有重组
生产关系,消灭财产私有制,才能建立真正的民主,把个人自由落到实处。

　　圣西门(Saint Simon)承认法国大革命确立的法律平等和政治自由是

---

〔1〕　托克维尔:《论美国的民主》上、下卷,董果良译,商务印书馆,1996年。
〔2〕　托克维尔:《旧制度与大革命》,冯棠译,桂裕芳、张芝联校,商务印书馆,1991年,
　　　　第174—183页。
〔3〕　卡尔·贝克尔:《18世纪哲学家的天城》,何兆武、彭刚译,生活·读书·新知三联
　　　　书店,2001年。
〔4〕　汉娜·阿伦特:《论革命》,陈周旺译,译林出版社,2007年,第139—140页。
〔5〕　雅各布·塔尔蒙:《极权主义民主的起源》,孙传钊译,吉林人民出版社,2004年。

历史的一大进步,但认为对贫困人士而言,它们只是次要的甚至是无关紧要的:"关于自由的争论或许能让许多中产阶级激动不已,但却很少能够引发下层人士的注意,因为他们心知肚明,在目前的文明状态下,专断绝不能对自己有任何的影响。"[1]在圣西门的眼里,只有建立完善的实业体系,才能帮助法国摆脱利己主义,实现共同富裕。

约瑟夫·蒲鲁东(Joseph Proudhon)同样表示,1789 年虽然帮助法兰西国民"从君主政治过渡到民主政治",但是没有催生根本性的革命,因为"在最完善的民主制度下,人们仍然可能是不自由的"。蒲鲁东批评说,人民主权不过是"改头换面的专制主义"。他猛烈抨击大革命确立并予以保护的所有权制度,宣称"私有制是社会的自杀"。[2]然而,他并不希望彻底消灭财产私有制,而是主张综合共产制和私有制的长处,建立既可保障个人自由,又尊重平等原则,同时兼顾劳动权利与劳动义务的社会制度。[3]这就是众所周知的无政府主义。

马克思的立场更为激进。马克思在青年时期曾经一度服膺自由主义的宪政体制,对法国大革命推崇备至,但很快就转向更加激进的立场,主张在西欧国家进行社会主义革命。马克思不否认法国革命者铲除等级、行会和特权的进步性,但认为他们所鼓吹的人权原则存在严重的缺陷,因为它们只停留于政治解放的层面,而没有将之上升到社会解放的高度。在《论犹太人问题》当中,马克思对法国革命的人权观念作出如是批评:"所谓的人权,不同于 Droits du Citoyen[公民权]的 Droits de l'Homme[人权],无非是市民社会的成员的权利,也就是说,无非是利己的人的权利、同其他人并和共同体分离开来的人的权利。"马克思指出,法国革命者捍卫的平等、自由、安全、财产等原则,不过是在捍卫"作为孤立的、退居于自身的单子的

---

[1] Emile Faguet, *Politiques et Moralistes du Dix-Neuvième Siècle*, tome II, Paris, Boivin & Cie, 1908, p. 32.

[2] 蒲鲁东:《什么是所有权》,孙署冰译,商务印书馆,1982 年,第 295 页。

[3] 蒲鲁东:《什么是所有权》,第 292—293 页。

自由",捍卫"分隔的权利,是狭隘的、局限于自身的个人的权利"。[1]简言之,法国革命者只是在捍卫资产者(bourgeois)的权利,而不是"人"的权利。

马克思认为,法国大革命确立的政治秩序不过是资产阶级的财产关系和权力关系的外在体现,因而不具有普遍解放的意义。在他看来,法国大革命创建的民主国家只是一种新型的异化。[2]他表示,唯有在消灭财产私有制以及由此产生的阶级矛盾,建立共产主义社会之后,才能实现人的真正解放,确保"每个人的自由发展是一切人的自由发展的条件"[3]。马克思对待法国大革命的态度也在很大程度上影响甚至决定了笃信社会主义的革命史家的立场。让·饶勒斯(Jean Jaurès)、阿尔贝·马迪厄(Albert Mathieu)、乔治·勒费弗尔(Georges Lefevre)、阿尔贝·索布尔(Albert Soboul)对法国大革命的评价也大体如是。[4]

除了保守主义和社会主义外,19世纪的西欧还存在诸多批判法国大革命的政治派别和思想流派。以弗朗索瓦·基佐(François Guizot)为首的"信条派"(Doctrinaires)对革命法国确立的个人权利与人民主权原则也提出了批评。基佐反对一切形式的主权(理性主权除外),包括个人针对自身的主权:"就其自由而言,人并没有针对自己的完全主权。[……]既然在个人的存在中,意志尚且从来不曾获得过合法主权者的地位,那么当个人进入社会后,当他置身于同胞中后,又如何会突然把合法主权者的称号赋予

---

〔1〕　马克思:《论犹太人问题》,载《马克思恩格斯文集》第1卷,中共中央马克思恩格斯列宁斯大林著作编译局编译,人民出版社,2009年,第40—41页。

〔2〕　François Furet, *Marx and the French Revolution*, translated by Deborah Kan Furet,Chicago,The University of Chicago Press,1984.

〔3〕　马克思:《共产党宣言》,载《马克思恩格斯文集》第2卷,中共中央马克思恩格斯列宁斯大林著作编译局编译,人民出版社,2009年,第53页。

〔4〕　马迪厄:《法国革命史》,杨人鞭译,商务印书馆,1964年;让·饶勒斯:《社会主义史法国革命——制宪议会》上下册,陈祚敏译,商务印书馆,1989年;阿尔贝·索布尔:《法国大革命史》,马胜利、高毅、王庭荣译,张芝联校,中国社会科学出版社,1989年;乔治·勒费弗尔:《法国革命史》,顾良等译,商务印书馆,2013年。

意志及其权利呢?"〔1〕基佐认为,任何个人都不可能拥有绝对的权利,因为所有人在行使权利时,都必然要和社会与他人发生关系,都应当遵从所有人都必须服从的"永恒存在"——理性、真理和正义。又如,孔德、涂尔干、韦伯、滕尼斯等社会学家也拒斥个人主义、自然权利、社会契约的观念,更多地把社群、权威、地位、神圣性以及异化等概念作为主要的思考对象。〔2〕此外,功利主义的重要代表人物边沁也对法国人权宣言作出了相当刻薄的评论,把它们斥为"无政府的谬论":"所有人生而自由? 这是荒谬、令人可悲的废话(nonsense)";"自然权利是纯粹的废话,自然与不可剥夺的权利不过是修辞上的废话,不过是踩着高跷的废话"。〔3〕

　　保守主义者、社会主义者、自由主义者、功利主义者以及社会学家们对法国大革命的批评,为我们理解近代法国为何在建设宪政民主的道路上举步维艰的问题提供了各色各样的解释,他们将之归咎于文学政治的泛滥、国家机器的庞大、自治传统的缺失、人民主权原则的矛盾、反教权主义的危险、唯理性主义的自负抑或财产私有制的局限。他们对法国革命立宪困境的诊断以及由此开具的解决方案不乏真知灼见。然而,不可否认的是,他们也存在若干认知的误区。

　　首先,这些学者通常从外部的角度剖析法国大革命的立宪困境,却很少立足于内部视角,比较革命者提出的政治解决方案的异同。他们总是老生常谈地批判绝对君主制对革命心态的塑造,长篇累牍地勾勒启蒙运动和法国大革命之间的思想渊源,认为大革命不过是绝对主义理论或卢梭的人民主权学说的自然演绎。实际上,多数的革命者并非被动、消极地接受旧制度的政治文化和启蒙哲人的政治理论,而是经常会根据革命的实际需

---

〔1〕　François Guizot, *Histoire de la Civilisation en Europe*, *Suivie de Philosophie Politique de la Souveraineté*, établie, présentée et annotée par Pierre Rosanvallon, Paris, Hachette, 1985, p. 368.

〔2〕　Robert A. Nisbet, *The Sociological Tradition*, London, Heinemann, 1984, p. 7.

〔3〕　Jeremy Waldron(ed.), *Nonsense upon stilts：Bentham, Burke and Marx on the Rights of Man*, London & New York, 1987, p. 10 and p. 34.

要,进行某种"机会主义"的选择。[1] 少数具有远见卓识的革命理论家甚至还能作出焕然一新的综合与创造。穆尼埃(Mounier)、孔多赛(Condorcet)尤其是我们的主人公伊曼纽埃尔-约瑟夫·西耶斯(Emmanuel-Joseph Sieyès)[2],便是其中的佼佼者。

其次,部分学者过于强调大革命和旧制度之间的连续性,而大大低估了它在政治层面制造的巨大断裂。这一点,在托克维尔的身上表现得最为明显。皮埃尔·罗桑瓦隆(Pierre Rosanvallon)批评说,托克维尔的主要错误在于"把国家的不同存在形式简化为含糊其辞的集权化概念"。罗桑瓦隆提醒人们,在研究国家的历史时,应当区分行政机器和政治制度,不能混淆"理性化的进程"和"民主化的努力"。他指出,在法国大革命前后,行政的集权化确实如托克维尔所言,保持了令人吃惊的连续性,但"民主利维坦的发展"也出现了不可辩驳的断裂。[3] 诚如斯言,现代法国公法的基本原则,如人权宣言、国民主权、制宪权、代议制、权力分立、合宪审查以及行政司法—普通法的二元对立等,皆是法国大革命的创造。至少,它们在法国大革命期间得到了首次的实践与推广。

再次,社会主义者抹杀法国革命者捍卫私人权利的信仰和构建公共空间的目标之间存在的重大差别,把"1789年原则"化约为资产阶级的个人主义甚至利己主义。由此,信仰社会主义的历史学家们主要从道德角度评判大革命是否触动或改变了财产私有制,却不太关心它所确立的权利观念、民主原则与宪政秩序及其拥有的象征意义。当代法国政治哲学家克劳

---

[1]　Frédéric Atger, *Essai sur l'Histoire des Doctrines du Contrat Social*, Paris, Félix Alcan, 1908, p. 317.

[2]　西耶斯生于1748年5月3日,逝世于1836年6月20日。在当代西方,西耶斯的名字的通常拼法是"Sieyès"。但在革命年代,其名字出现过多种拼法,如Syeyes、Syess等。在《第三等级是什么?》第三版的封面上,署名为"Syeyes"。[Henri Clavet, "Sieyes ou Sieyes", in *Annales Historiques de la Révolution Française*, No. 60(Novembre-Décembre 1933), p. 538.]

[3]　Pierre Rosanvallon, *L'État en France de 1789 à Nos Jours*, Paris, Seuil, 1990, p. 20 et p. 26.

德·勒福尔(Claude Lefort)曾经专门撰文,驳斥了社会主义者的人权观。勒福尔指出,任何人在行使自身权利时,哪怕是在行使被马克思主义者视为最自私利己的财产权时,都会和别人发生关系,所以人权并非如马克思所说,仅仅是"分隔的权利,是狭隘的、局限于自身的个人的权利"。勒福尔还认为,马克思对1789年人权宣言进行了有选择的解读,着力批判财产权的排他性,却避而不谈它确立的思想自由、言论自由、宗教自由、出版自由等。勒福尔宣称,这些自由原则具有某些不能为任何权力所完全宰制的象征维度,不能被简单地降格为事实的财产关系和权力关系。[1] 他指出,人权原则拥有的象征维度毋宁说"不确定性"(indétermination),导致民主国家中的政治权力变成了"一个虚置的场域"(un lieu vide)。[2] 任何希望通过合法的选举活动行使政治权力的个人、组织和党派,都不可能忽视人民群众的生活疾苦和正当诉求。从某种意义上说,西方福利国家是民主政治的"虚置的场域"所催生的一个重要成就。[3] 勒福尔据此得出结论说,法国大革命确立的人权并不仅仅是资产阶级捍卫自身权利的工具,它们蕴藏着人类普遍解放的可能。

最后,许多反极权主义的学者认定革命话语(如国民、主权、宪法、公意、自由、平等)和革命进程之间存在某种必然的关联,却很少关注革命者使用它们的真实动机、踌躇心态甚至言不由衷。汉娜·阿伦特、雅各布·塔尔蒙及20世纪70年代末的弗朗索瓦·孚雷(François Furet)皆失之天真地认为,法国大革命的最终走向是由人民主权原则的内在逻辑决定的。譬如,弗朗索瓦·孚雷就曾不无争议地断言:"雅各宾主义的关键秘密,就是隐藏在'人民'的影子之中的机器。"[4]

---

[1] Claude Lefort,"Droits de l'Homme et Politique", in *L'Invention Démocratie. Les Limites de la Domination Totalitaire*,Paris,Fayard,1981,p. 48,p. 56,p. 66 etc.

[2] Claude Lefort,"Droits de l'Homme et Politique", p. 92.

[3] Claude Lefort, "Les Droits de l'Homme et l'État-Providence", in *L'Esprit*, Novembre 1985,pp. 65－79.

[4] François Furet,*Penser la Révolution Française*,Paris,Gallimard,1978,p. 277.

依笔者管见,上述的所有认知误区皆可归结为重要的一点,即忽视了法国大革命在政治层面制造的重大断裂。因此,为了准确理解法国大革命的立宪困境,除了分析旧制度中央集权传统和启蒙运动的历史影响,除了坚持恰如其分的阶级分析方法外,人们更应该重回 18 世纪末的历史语境,深入革命者的思想世界,梳理他们构建的政治方案及其模棱两可性,并揭示它们对革命进程及后世民主发展的深远影响。从这些方面来看,革命神甫西耶斯是一个不可多得的样本,原因有五:

第一,西耶斯是法国大革命期间最为活跃的人物之一,并对它的走向发挥过举足轻重的影响。

在 1788 年年底与 1799 年年初,西耶斯因撰写《论 1789 年法国代表们拥有的执行手段》《奥尔良公爵给其选区代表们的指令》《论特权》和《第三等级是什么?》等小册子[1]而声名大噪,并由此成为法国革命初期的灵魂人物。在国民议会的组建、网球场宣言等重大事件中,他力挽狂澜,避免第三等级争取自由的政治斗争中途夭折。随着革命的激进化尤其是雅各宾专政的建立,西耶斯选择隐居巴黎郊区,但他对革命进程的影响并未完全消失。在制宪议会末期,他的朋友列沙白里哀(Le Chaplier)成了其最好的代言人;在国民公会初期,吉伦特派也与西耶斯有着千丝万缕的联系。罗伯斯庇尔并非没有缘由地断言,隐居郊区的西耶斯依然在操纵巴黎的革命,并将之斥为"大革命的鼹鼠"。[2] 热月政变后,西耶斯重新出山,在国民公会中深孚众望。然而,在制定 1795 年宪法时,没有任何人支持他在热

---

〔1〕 Sieyès, *Vues sur les Moyens d'Execution dont les Représentants de la France Pourront Disposer en* 1789, Paris, 1789; *Sur les Privilèges*, Paris, 1789; *Qu'est-ce que le Tiers-État?*, Troisième Édition, Paris, 1789; *Instruction Donnée par S. A. S. Monsieur Le Duc d'Orléans à Ses Représentants aux Bailliages. Suivie de Délibération à Prendre dans les Assemblées*, Paris, 1789.

〔2〕 Albéric Neton, *Sieyès* 1748－1848, *d'Après des Documents Inédits*, Paris, 1901, p. 209.

月 9 日和 18 日提出的宪法方案。[1] 对此,西耶斯深感失望,屈辱感始终伴随着他。所以,他处心积虑地要推翻 1795 年宪法建立的督政府体制。1799 年 11 月 19 日,时任督政的西耶斯邀请拿破仑·波拿巴发动"雾月政变",宣布重新制宪。波拿巴表面上接受了西耶斯的宪法草案,但却利用权术、阴谋和武力恫吓,扭曲了后者的宪法原则,制定了帮助自己大权独揽的 1799 年宪法。毫不夸张地说,西耶斯如同"法国大革命的钥匙"[2],揭开了革命戏剧的序幕,也为之画上了休止符。

第二,西耶斯是法国大革命最重要的理论家,提出了一套完整的权利学说和宪法理论。

几乎所有的革命者都承认西耶斯作为革命首席理论家的身份。法国革命的早期领袖米拉波(Mirabeau)曾经不无真诚地将之称为"大师"、"革命的穆罕默德"[3];1791 年夏天,革命诗人米歇尔·德·库比耶-帕尔梅佐

---

[1] *Opinion de Sieyès sur Plusieurs Articles des Titres IV et V du Projet de Constitution*, prononcée à la Convention le 9 Thermidor de l'An Troisième de la République; *Opinion de Sieyès*, *Sur les Attributions et l'Organisation du Jury Constitutionnaire Proposé le 9 Thermidor*, prononciée à la Convention Nationale, le 18 du même mois, l'An 3 de la République, in *Oeuvres de Sieyès*, Marcel Dorigny(ed.), tome 3, Paris, EDHIS, 1989.

[2] 该提法出自法国学者让-德尼·布雷丹的书名。(Jean-Denis Bredin, *Sieyès: La Clé de la Révolution Française*, Paris, Éditions de Fallois, 1988.)

[3] Boris Mirkine-Guetzievitch, "L'Abbée Sieyès", in *La Révolution Française*, No. 5, 1936, p. 232.

(Michel de Cubières-Palmézeaux)把西耶斯誉为柏拉图[1];斯塔尔夫人
(Mm. Staël)把西耶斯视为"政治领域中的牛顿"[2]。此外,还有不少人还
把西耶斯奉为革命的"笛卡尔"、"索伦"和"莱库古"。[3] 诸如此类,不一
而足。

　　法国革命者把西耶斯和声誉卓著的古代立法者、哲学家或者近代科学
家相提并论,并非是纯粹的阿谀奉承,因为在构建伟大的"1789年原则"的
过程中,没有任何革命者的贡献能够出乎其右。人权宣言、国民制宪、代议
制、行政区划改革、权力分立等近代公法原则莫不出于他之手,或者更准确
地说,它们在他的笔下得到了最为系统的阐明。

　　第三,西耶斯始终在反思大革命及其面临的困境,并不断调整其政治
方案。

　　法国大革命的目标是建立一个尊重人权、保护人权的良好政府,但结
果却事与愿违,混乱、暴力和恐怖成为法国革命的常态。难能可贵的是,西
耶斯没有把所有的问题都归咎于国王和贵族,而是深刻反思革命原则自身

---

[1]　1791年夏天,米歇尔·德·库比耶-帕尔梅佐用古代的名人赞美当时的革命领
　　　导人。除了把西耶斯称为柏拉图外,他分别把巴宜、拉法耶特、罗伯斯庇尔、塔列
　　　朗分别称为图利乌斯(Tullius)、西庇阿(Scipio)、布鲁图斯(Brutus)和费内隆
　　　(Fénelon)。(Michael Sonenscher, *Sans-culottes. An Eighteenth-Century Emblem
　　　in the French Revolution*, Princeton and Oxford, Princeton University Press, pp.
　　　306－307.)1795年热月,埃夏塞利奥·艾内(Echassériaux Aîné)在批评西耶斯
　　　的宪法陪审团(Jury Constitutionnaire)时,则从贬义的角度将之和柏拉图相提并
　　　论,嘲讽道:"西耶斯的观点配得上柏拉图的天才,但即便如此,它们也无法见容
　　　于这位古代立法者的共和国。"(Michel Troper, *Terminer la Révolution. La
　　　Constitution de* 1795, Paris, Fayard, 2006, pp. 558.)
[2]　1791年1月25日,在受邀参加斯塔尔夫人的晚宴后,美国驻巴黎的代表莫里斯
　　　总督给某杂志撰稿说:"三点钟,我在斯塔尔夫人家里晚宴。我发现西耶斯神甫
　　　也在;他在自鸣得意地谈论政府的科学,对此前相关主题的一切观点嗤之以鼻。
　　　斯塔尔夫人说,西耶斯神甫的著作和观点就像物理学界的牛顿,为政治学开辟了
　　　一个新时代。"(Sainte-Beuve, "Sieyès", in *Causeries du Lundi*, tome V, Paris,
　　　Garnier Frères, 1878, p. 196.)
[3]　Paul Bastid, "Sieyès et les Philosophies", in *Revue de Synthèse*, No. 17(1939/06),
　　　p. 137.

的张力与缺陷。热月政变以后,他逐渐抛出了一套完整的诊治方案,如坚定地捍卫代议制的正当性,重新划分立法权、执行权和司法权,革新国务会议和国家元首的观念,要求创建违宪审查机构(如 1795 年的宪法陪审团、1799 年的元老院),并建立保护人权的机制,等等。

尽管西耶斯为了把自身的宪法方案变成现实,而诉诸军事政变的做法值得非议,但他作出的理论思考却不乏真知灼见。他的许多观念在革命时代或许是异想天开的幻想,但在当代法国却一一变成了现实。譬如,西耶斯神甫设想的宪法陪审团的职能已经由宪法委员会(Conseil Constitutionnel)和人权法院分担,其"国务会议"(Conseil d'Etat)在历经沧桑后也变成了当代法国的最高行政法院。[1]

第四,在 1789—1799 年期间,西耶斯的公开立场和内心信念总是存在微妙的差别。

在极端的革命年代,并非每一个人都能够做到开诚布公,把内心的想法完整地呈现给公众,或者能够把流行的政治话语毫无困难地转化为个人的信仰。相反,出于革命的策略考虑及自我保护的需要,人们通常会隐藏部分的想法,小心翼翼地区分公开演说和私人立场。事实上,所有的革命者都因此或多或少地患有某种人格的分裂症。

在这一点上,西耶斯的表现颇为典型。譬如,在公开的宣传册中,西耶斯猛烈抨击绝对君主制和神权政治,热情洋溢地宣扬国民制宪原则,但在私人笔记中,他对国民的政治能力却是半信半疑,认为国民实际上是由两个不同的民族构成。再者,在路易十六逃跑事件后,西耶斯为了维护制宪议会的成果,掩藏其内心对世袭制的厌恶,在《导报》上公开表态拥护君主制。又如,西耶斯的政治见解和卢梭迥然不同,私下认为卢梭对于雅各宾

---

〔1〕 在法学界,人们习惯于把"Conseil d'Etat"译为"最高行政法院"。对于当代法国而言,此种译法无可厚非,和它的当前职能息息相关。但在法国大革命期间,它是一个核心的政治机构,由各个部长构成,其权限并不局限于行政立法与行政审判,还拥有任命行政官员的权力。笔者认为,在谈论大革命时期的"Conseil d'Etat"时,将之译为"国务会议",可能更为妥帖。

派建立的"极权国家"(ré-totale)负有不可推卸的责任,但在公开场合,他从未把矛头直接指向卢梭,哪怕在必须批判其观念时,他也竭力避免提及其名字。

理解西耶斯的这些言不由衷,无疑能够让我们更好地进入革命者的内心世界,更准确地理解革命形势的变化如何影响革命者对政治信念的坚持以及对政治话语的审慎选择。换言之,西耶斯的公开立场和私人信念之间存在的巨大落差,可以为我们理解法国大革命的政治文化提供一种更加复杂的视角。

第五,西耶斯在批判和否定其他政治方案的基础上,逐渐形成了自己的宪政思想。

在1789—1799年期间,西耶斯在阐明自己的政治思想时,始终伴随着对其他政治理论的思考、批判甚至否定。在大革命前夕,他主要批判的对象是绝对君主制和封建贵族的政治学说;在革命初期,他把矛头指向对英国政制顶礼膜拜的王政派,尤其是对他们倡导的国王否决权进行了毫不留情的批评;在国民公会时期,他在巴黎郊区默默地思考雅各宾主义的理论缺陷及其渊薮;1795年以后,他的思考重心是要建立一部和盎格鲁-撒克逊的权力制衡原则迥然不同的分权宪法,从而更好地保障公民权利。

总而言之,西耶斯跌宕起伏而又丰富多彩的一生,不仅浓缩了革命法国的风云变幻,体现了革命群体从奋勇抗争到绝望幻灭的坎坷心路,也呈现了法国大革命政治文化及其催生的现代公法原则的模棱两可。所以,研究西耶斯的政治思想具有无可争议的学术价值。与此同时,西耶斯为法国建立自由宪政体制作出的理论探索及其失败教训,或许也能够为像中国这样经历过无数革命的国家提供些许启示。

2. 西耶斯的研究现状

历史的吊诡在于,随着法国大革命的结束,大革命的先知却被人迅速遗忘。在复辟王朝时期,作为弑君者的西耶斯被迫流亡布鲁塞尔。1830年七月王朝建立后，西耶斯重归巴黎。但此时的他年老多病，无人问津。唯有在 1830 年，本雅曼·贡斯当(Benjamin Constant)撰写了一篇回忆文章，指出了西耶斯的革命贡献，并承认从他身上获益匪浅。[1] 1836 年 6 月 20日，西耶斯的逝世在当时的法国也没有引起多大的反响。除了刊登普通的讣告及报道关于西耶斯在生前和教会达成和解的谣言外，法国报纸并无任何追忆的文章。作为中产阶级利益代表的路易-菲利普政权并没有为第三等级最伟大的理论家举行任何悼念活动。只有历史学家米涅为他的同乡撰写了一篇评价较高的纪念文章，认为《第三等级是什么？》的作者为"中产阶级的胜利和政府作了准备"[2]。同年，西耶斯曾经的追随者布莱·德·拉穆特(Boulay de la Meurthe)整理出版了西耶斯雾月政变后向他口授的宪法方案，将之誉为一位真正的自由主义者。[3]

研究西耶斯思想的第一个时刻出现在 1848 年革命爆发后的短暂岁月里。1848 年宪法的颁布及其遗留的宪法危机导致人们重新关注现代法国公法的奠基人。

1848 年，法学家爱德华·拉布拉耶(Edouard Laboulaye)把西耶斯称为"一位天才的人物"，并援引其制宪权理论，主张在 1852 年修宪期限来临时，法国人民应当创建有限的修宪议会而非全能的国民公会(Convention)。[4] 和西耶斯不同的是，他坚持未来的宪法必须得到人民的

---

[1] Benjamin Constant, "Souvenirs Historiques", in *Revue de Paris*, 1830, tome XI, pp. 115—125; tome XVI, pp. 102—112, 221—233.

[2] Mignet, "Sieyès, Sa Vie et Ses Travaux", in *Revue des Deux Mondes*, tome 9, 1837, p. 8.

[3] 拉穆特表示："没有人比他更公开地支持自由政府的根本原则，支持人民主权的根本原则：他认为一切公共权力皆来源于人民。"(Boulay de la Meurthe, Théories *Constitutionelles de Sieyès. Constitution de l'An* VIII, Paris, Chez Paul Renouard, 1836, p. 17.)

[4] 拉布拉耶严厉批评道："制宪机构全能的理论仍然属于人们拥抱并用以扭曲我们精神的成千上万个宪政错误之一。"(Edouard Laboulaye, "La Révision de la Constitution. Lettres à un Ami", in *Questions Constitutionnelles*, Paris, Charpentier et Cie, 1872, p. 201, p. 216.)

批准,"没有得到人民批准的宪法,甚至连表面的正当性也不具备"[1]。

1851 年,埃德蒙·德·博维尔热(Edmond de Beauverger)在《立法与法学的杂志》上发表了一篇 30 余页的颂词。[2] 在介绍了西耶斯的革命活动后,作者概括了其论述立法、行政、教育、财政及军事的思想。德·博维尔热对西耶斯赞誉有加,称赞他支持有限的主权学说,而不盲目遵从霍布斯的"有害道路",赋予它"无限的权力"。[3] 在文章的结尾,作者意味深长地比较了第一帝国覆灭后西耶斯和拿破仑·波拿巴的迥然命运,前者在耄耋之龄得以重返法国,但"圣赫拿岛却变成了毫无生气的遗迹"[4]。德·博维尔热的意图不难理解,旨在通过颂扬西耶斯的自由主义,抨击死灰复燃的波拿巴主义。

1851 年 12 月 2 日政变后,著名文学评论家圣伯夫(Saint-Beuve)在著名的《午餐对话》中,专门论述了西耶斯神甫成功与失败的原因,并对他的心理性格作过令人叹为观止的剖析。圣伯夫指出"西耶斯的名字永远和 1789 年的功绩相连",驳斥了有人认为他嗜财如命的谣言,强调"他不仅是一位思想深邃的人,也是一位长期以来真诚希望改变人类命运的人"。不过,圣伯夫也批评了西耶斯宪政理论中的形而上学风格,否定其拒斥历史、迷信理性的激进立场,认为其宪法方案不过是"一个精致的闹钟,应当置于玻璃里,置于满足人们好奇心的博物馆里"[5]。

在路易·波拿巴巩固帝制以后,国民制宪的理论家似乎不再符合主流的意识形态。所以,刚刚兴起的关注西耶斯的热潮戛然而止,整个第二帝国期间没有再出现过任何研究作品。

第三共和国建立后,迎来了研究西耶斯热潮的第二波热潮。第三共和

---

[1]　Edouard Laboulaye,"La Révision de la Constitution. Lettres à un Ami",p. 201.

[2]　Edmond de Beauverger,*Étude sur Sieyès*,Paris,Imprimerie de Hennuyer et Cie,1851.

[3]　Edmond de Beauverger,*Étude sur Sieyès*,p. 29.

[4]　Edmond de Beauverger,*Étude sur Sieyès*,p. 31.

[5]　Saint-Beuve,"Sieyès",in *Causeries du Lundi*,tome V,Garnier Frères,1878,p. 204,216 et 195.

国并不像法国革命以来的其他政权那样,颁布过长篇累牍的宪法,它的宪法性法律只有两部异常简短的法律,即 1875 年的《公共权力组织法》以及 1884 年修正案。它们只涉及参众两院、司法体系及最高行政法院等政治机构的组建、产生及其运转,没有对有关国民主权、人权宣言等容易引发争议的问题形成任何正式的法律文件。由于宪法性文件的简短及官方意识形态的含糊其辞,法学家对第三共和国的宪法及其精神展开了激烈的争论。在此背景下,西耶斯也自然成了第三共和国宪法学家们重点关注和讨论的对象。

阿德玛·艾斯曼(A. Esmein)、莫里斯·奥里乌(Maurice Hauriou)、莱昂·狄骥(Léon Duguit)、卡雷·德·马尔贝格(Carré de Malberg)等法学家尽管立场迥然,但他们对西耶斯都作出很高的评价,将之视为可以和卢梭等量齐观的思想家,认为他对于法国确立个人权利、国民主权、代议制、权力划分等原则起到了至关重要的作用。[1] 对他们而言,西耶斯是近代法国公法最为重要的奠基人之一。

然而,第三共和国的法学家们并非毫无保留地接受西耶斯的宪法理论,实证主义法学家尤其拒斥其制宪权学说。最典型的代表为德·马尔贝格,他提醒人们不要无休止地追问制宪权的最初起源与归属,因为它总是和政变、革命形影不离,"在政变和革命引发的政治动荡中,既没有法律原则,也不存在宪法法律:此时的人不是置身于法律的领域,而是在面对武

---

[1] Adéhmar Esmein, *Éléments du Droit Constitutionnel*, Paris, Sirey, 1896.

Maurice Hauriou, *Précis de Droit Administratif et de Droit Public Général à l'Usage des Étudiants en Licence et en Doctorat Es-Science Politique*, cinquième édition, Paris, Librairie de la société du Recuil des lois et des arrêts, 1903; *Principes de Droit Public à l'Usage des Étudiants en Licence et en Doctorat Es-Science Politique*, deuxième édition, Paris, Sirey, 1916.

Léon Duguit, *Manuel de Droit Constitutionnel*, Paris, Albert Fontemoin, 1907; *Traité de Droit Constitutionnel*, 3e éditions, Paris, Ancienne Librairie Fontemoing & Cie, 1927.

Raymond Carré de Malberg, *Contribution à la Théorie Générale de l'État*, 2 tomes, Paris, Sirey, 1922.

力"[1]。德·马尔贝格认为,唯有在颁布宪法并由宪法指定修宪机构的条件下,讨论制宪权及其行使的问题才会变得有意义。狄骥的立场更为激进,把主权和个人权利视为和实证法学格格不入的政治概念,主张将之从宪法学中摒除。几乎与此同时,在莱茵河的对岸,德国著名法学家卡尔·施密特(Carl Schmitt)则反其道而行之,称赞西耶斯构建了某种无限决断的制宪权。[2] 德·马尔贝格和施米特们在谈论西耶斯时,主要是为了证明与宣扬各自的宪法学说,而非真正关心西耶斯的制宪权理论。他们对西耶斯的理解总是带有功利主义的色彩,因而难免会出现偏颇和扭曲。[3]

除了宪法学家们作出的功利主义解释外,第三共和国也出现了专门研究西耶斯的论著。达莫瓦索(Damoiseau)的短文《米拉波与西耶斯》叙述了米拉波和西耶斯在革命初期的交往与矛盾。[4] 阿尔曼·比雍(Armand Bigeon)的《西耶斯:人—制宪者》是第一部真正意义上的西耶斯研究专著。[5] 该书分为两部分:第一部分,从"人"的角度,梳理了西耶斯的人生各个阶段,分别介绍了他在青年时期、革命前夕、革命期间及晚年时期的读书、活动与研究;第二部分,从"制宪者"的角度,着重呈现了西耶斯在革命期间的理论构建、政治实践与立法活动。比雍推崇西耶斯的宪法天才,但认为他是一个贪婪成性的人。阿尔贝里克·内顿(Albéric Neton)可能是西耶斯手稿在 20 世纪下半叶重见天日之前最后阅读过它们的人。他根据时间先后,对西耶斯在旧制度、制宪议会、国民公会、督政府及流亡时期的思想活动和政治实践进行了详细的叙述。[6] 和比雍相比,内顿对西耶斯的评价更高。他否认西耶斯视财如命,认为他即便不是舍生取义的人,至少也能洁身自好,在国民公会期间既没有对吉伦特派落井下石,也不和雅

---

[1] Carré de Malberg, *Contribution à la Théorie Générale de l'État*, tome II, p. 496.

[2] 卡尔·施米特:《宪法学说》,刘锋译,上海人民出版社 2005 年,第 87—90 页。

[3] 乐启良:《西耶斯的制宪权理论研究》,《法学家》2016 年第 1 期,第 45—58 页。

[4] Damoiseau, *Mirabeau & Sieyès ou la Révolution et la Contre-Révolution*, Paris, Victor Palmé, 1876.

[5] Armand Bigeon, *Sieyès, l'Homme - Le Constituant*, Paris, Henri Becus, 1893.

[6] Albéric Neton, *Sieyès 1748−1848, d'Après des Documents Inédits*, Paris, 1901.

各宾派同流合污;虽然他发动雾月政变,导致了不可饶恕的结果,但其初衷却是为了给法国提供良好的宪法。

值得一提的是,我国著名法学家龚钺先生在留法期间也以西耶斯为研究对象撰写了一篇博士论文《西耶斯的宪法理论》。[1] 遗憾的是,龚先生回国后没有将之翻译成中文。

不过,著名法学家保尔·巴斯蒂(Paul Bastid)才是第三共和国时期研究西耶斯的集大成者。1939 年,巴斯蒂出版了其博士论文《西耶斯及其思想》。该书至今仍是西耶斯研究绕不过去的一座丰碑。巴斯蒂高度评价了西耶斯的政治活动和理论创见,"西耶斯尽管在雾月 18 日后淡出了政治舞台,但在宪法史上,在法国乃至欧洲的思想史上打下了深刻的烙印"[2]。巴斯蒂还在法国首次整理出版西耶斯在 1795 年热月 9 日和 18 日的著名演说。[3] 巴斯蒂认为,西耶斯的政治立场尽管出现了反复,但其思想却是首尾一贯。

巴黎索邦大学大革命史讲座教授、马克思主义史学家乔治·勒费弗尔(Georges Lefebvre)提出了不同的看法。勒费弗尔认为,西耶斯在法国大革命期间的表现反复无常,"1789 年,他是自由派;共和二年,他焦虑地、短暂地支持过民主,直至它被反革命取缔;1796 年,他又变成了自由派;共和八年,当资产阶级意识到反对贵族的斗争并不彻底,意识到在拒绝人民大众的专政别无它选时,他又接受了军事专政"。勒费弗尔否认西耶斯的观念存在统一性,认为哪怕他的思想存在某种统一性,那"也不是源自内在,而是来自外部世界的强加,来自保障资产阶级统治的需要"[4]。

---

〔1〕 Koung Yoel(龚钺),*Théorie Constitutionnelle de Sieyès*,Paris,1934.

〔2〕 Paul Bastid, *Sieyès et Sa Pensée*, Paris, Hachette, 1939 et 1970. (拙著使用的是 1970 年的版本。)

〔3〕 *Les Discours de Sieyès dans les Débat Constitutionnelles de l'An* Ⅲ(2 *et* 18 *Thermidor*),édition critique avec une introduction et des notes par Paul Bastid, Paris,Hachette,1939.

〔4〕 Georges Lefebvre,"Sieyès", in *Annales Historiques de la Révolution Française*, 1939,p. 365.

　　二战结束以后,西耶斯研究迎来了新的低谷期。由于结构主义和年鉴史学的风靡,西耶斯长期没有进入法国学者的法眼。在战后很长一段时间内,崇奉马克思主义—结构主义的历史学家在引领法国大革命研究。勒费弗尔、索布尔及马佐利克(Mazauric)等大革命史讲席教授都推崇社会经济解释模式和阶级分析法,把大革命理解为一场资产阶级革命。他们同情社会底层,如勒费弗尔主要研究农民,索布尔关注城市贫民,尤其是无套裤汉,但对革命精英的政治思想漠不关心。由此我们也不难理解,他们的大革命史著作为什么没有给予西耶斯太多的关注。

　　如果说左派史学家因为阶级立场漠视西耶斯,那么右派学者则从反极权主义的角度对之大加挞伐。在冷战时期,坚信保守主义的知识分子在批判 20 世纪的极权主义,尤其是斯大林主义时,通常会把"古拉格群岛"和 18 世纪法国的革命恐怖相提并论。他们认为,当代极权主义的思想已经在法国大革命乃至启蒙运动(尤其是卢梭)当中得到孕育。他们把西耶斯和罗伯斯庇尔混为一谈,批评他们共同制造了革命的恐怖。

　　汉娜·阿伦特认为,卢梭、西耶斯和罗伯斯庇尔皆继承了波旁君主制的政治逻辑,推崇绝对的主权原则,并由此催生了多数的暴政。对于西耶斯,阿伦特如是评论:"除了把国民主权置于最高国王留下的空位外,西耶斯还干过别的事情吗? 对他而言,把国民凌驾于法律之上难道不是最自然的事情吗?"[1]雅各布·塔尔蒙的观点更为粗暴,干脆把西耶斯和极权主义民主画上了等号,认为"西耶斯思想的各个方面,比如绝对主义的教条的特征、革命的强制性、平等主义的中央集权和单一的国民观等观点,都含有极权主义的内涵"[2]。苏珊·邓恩(Susan Dunn)的言辞虽不像阿伦特、塔尔蒙那样激烈,但她同样认为西耶斯是卢梭的信徒:"法国人被来自让-雅克·卢梭一路传下来的一致与协调的梦想吸引住了。西耶斯、罗伯斯庇尔、圣鞠斯特以及其他人被证明是卢梭勤奋而忠诚的学生;他们研究过他

〔1〕　Hannah Arendt,*On Revolution*,New York,The Penguin Books,2006,p.147.
〔2〕　雅各布·塔尔蒙:《极权主义民主的起源》,孙传钊译,吉林人民出版社,2004 年,第 86 页。

的书,特别是《社会契约论》,吸收了他的公意这一中心概念,并承认它的合法性。"[1]事实上,把西耶斯视为卢梭的信徒,将之斥为当代极权主义之鼻祖的观点经不起任何推敲。

由此可见,左翼和右派在意识形态上的对峙并不妨碍两派知识分子对西耶斯的共同拒斥。所以,哪怕是被认为长期遗失的西耶斯手稿在1959—1967年期间被陆续发现,以及法国国家档案馆清点西耶斯档案的手册的出版[2],也没有引起西方学界足够的重视。当然,意识形态并非西方学界忽视这批手稿唯一的原因。手稿本身的凌乱也是人们望而却步的重要原因。保尔·巴斯蒂是为数不多始至终都在关注西耶斯的学者之一。[3] 在1970年再版的《西耶斯及其思想》里,巴斯蒂如是描述了他对这批手稿的看法:

> 这些手稿是散装的,凌乱得难以形容;人们难以确定它们的写作时间。[……]许多笔记缺乏连贯性,绝大多数内容难以辨认。[4]

20世纪70年代末,随着马克思主义思潮的暂时退潮、经典社会史研究的衰退以及新政治史的兴起,人们开始重新关注西耶斯的思想。弗朗索瓦·孚雷开创的政治概念史(Histoire Conceptuelle du Politique)发挥了举足轻重的影响。孚雷的目标和汉娜·阿伦特等人一样,致力于揭露极权主义尤其是斯大林主义为何在法国长期流行的意识形态根源,并将之追溯到法国大革命。他把矛头主要指向忽视甚至贬损民主原则的马克思主义—年鉴史学,重申自由、人权、代议制、宪政等的价值意义。孚雷的《思考法国大革命》及其主编的《法国大革命批判词典》、《法国大革命与现代政治文化

---

〔1〕 苏珊·邓恩:《姊妹革命:美国革命与法国革命启示录》,杨小刚译,上海文艺出版社,2003年,第74页。

〔2〕 Robert Marquant, *Les Archives de Sieyès*, Paris, Archives Nationales, 1970.

〔3〕 1962—1963年,保尔·巴斯蒂在巴黎法学院的讲义《宪法观念》就有专门的章节讨论西耶斯的制宪权理论,并对德·马尔贝格拒绝把制宪权纳入宪法学的立场提出了毫不客气的批评。(Paul Bastid, *L'Idée Constitutionnelle*, Paris, Ecnomica, 1985, pp. 135—143.)

〔4〕 Paul Bastid, *Sieyès et Sa Pensée*, Paris, Hachette, 1970, p. 323.

的发明》，[1]对法国大革命及其对近现代法国民主的贡献进行了系统的梳理和评估。孚雷的追随者们，如马塞尔·戈歇(Marcel Gauchet)、吕西安·若姆(Lucien Jaume)、贝尔纳·马南(Bernard Manin)、皮埃尔·罗桑瓦隆等人，也或多说少坚持着类似的立场。[2] 其中，基斯·贝克(Keith Baker)为《法国大革命批判词典》撰写了"西耶斯"的词条[3]，布尼斯劳·巴奇科(Bronislaw Baczko)也从社会契约论的角度比较了卢梭和西耶斯的异同[4]。然而，他们在不同程度上仍是反极权主义的意识形态的囚徒，有意无意地把西耶斯视为卢梭的信徒。所以，他们从未考虑要阅读和整理西耶斯的手稿，这并不令人意外。

20世纪八九十年代，西耶斯研究取得了重大的进展，涌现出了一批质量上乘的研究作品。柯莱特·克拉韦雷尔(Colette Clavreul)未刊博士论文的《论伊曼纽埃尔·西耶斯理论对公共代议制起源的影响》是第一部真正意义上充分利用西耶斯手稿的作品。[5] 克拉韦雷尔围绕自由、国民、公

[1] François Furet, *Penser la Révolution Française*, Paris, Gallimard, 1978; François Furet et Mona Ozouf(ed.), *La Dictionnaire Critique de la Révolution Française*, Paris, Gallimard, 1989; François Furet, Colin Lucas, Keith Micael Baker(ed.), *The French Revolution and the Creation of Modern Political Culture*, 3 volumes, Pergamon Press, 1987—1994.

[2] Marcel Gauchet, *La Révolution des Droits de l'Homme*, Paris, Gallimard, 1989; La *Révolution des Pouvoirs*, Paris, Gallimard, 1995; Lucien Jaume, *Le Discours Jacobin et la Démocratie*, Paris, Fayard, 1989; Bernard Manin, *Principes du Gouvernement Représentatif*, Paris, Flammarion, 1995; Pierre Rosanvallon, *Le Sacré du Citoyen. Histoire du Suffrage Universal en France*, Paris, Gallimard, 1992, etc.

[3] Keith Baker, "Sieyès", in *Dictionnaire Critique de la Révolution Française*, pp. 334—349.

[4] Bronislaw Baczko, "Le Contrat Social des Français: Sieyès et Rousseau", in *The Political Culture of the Old Regime*, edited by Keith Michael Baker, Pergamon Press, 1987, pp. 493—513.

[5] Colette Clavreul, *L'Influence de la Théorie d'Emmanuel Sieyès sur les Origines de la Représentation en Droit Public*, Thèse pour le Doctorat d'Etat en Droit, Université de Paris I, 1982.

民、权力、代议制等核心概念,对西耶斯的代议制理论作出详尽的梳理。需要指出的是,拙著在许多方面也借鉴了她的文章架构和写作方法。英国学者穆雷·福尔谢斯(Murray Forsyth)的《理性与革命:西耶斯的政治思想》也大量使用了西耶斯未刊手稿,认为他构建了"一种相当完整与首尾一贯的自由主义政治哲学,它同时包含一种革命的理论和一种宪政建设的理论"[1]。在法国大革命两百周年纪念前夕,法国学者让-德尼·布雷丹(Jean-Denis Bredin)为西耶斯撰写了一部资料丰富、评价公允的传记,并高度评价他在大革命期间的贡献,将之誉为"法国大革命的钥匙"。[2] 1988年,帕斯奎尔·帕斯基诺(Pasquale Pasquino)在一篇重要的论文中高度评价了西耶斯的贡献,指出他奠定了当代欧洲公法的基本原则,如权力分立、国民主权和代议制政府,并认为在制宪会议期间,他拥有"最有体系、最严谨的特征"。[3] 帕斯基诺在十年后出版的《西耶斯与法国宪法的发明》更是一部推陈出新的力作。帕斯基诺竭力强调,西耶斯是一位举足轻重的自由主义者,因为他倡导"有限政府"、"合宪监督"、"权力位阶"等重要原则,并不无争议地指出其宪法理论得到了 20 世纪著名规范主义宪法学家汉斯·凯尔森(Hans Kelsen)的继承与发展。[4] 美国学者威廉·斯维尔(William H. Sewell)则另辟蹊径,专门分析了西耶斯创造的革命修辞及其广泛影响。他表示,西耶斯创造的"国民"、"贵族"、"特权"等政治概念具有模棱两可的含义,并且它们自从诞生以后,便拥有了"自身的生命",具有

[1] Murray Forsyth, Reason and Revolution. *The Political Thought of the Abbé Sieyes*, New York, Leicester University Press, 1987. p. 216.

[2] Jean-Denis Bredin, *Sieyès: La Clé de la Révolution Française*, Paris, Éditions de Fallois, 1988.

[3] Pasquale Pasquino, "Le Concept de Nation et les Fondements du Droit Public de la Révolution", in *L'Héritage de la Révolution Française*, sous la direction de F. Furet, Paris, Hachette, 1988, pp. 309—310.

[4] Pasquale Pasquino, *Sieyès et l'Invention de la Constitution en France*, Paris, *Editions* Odile Jacob, 1998, pp. 9—14.

"自发的力量和不可操控性"。[1] 他进一步指出,它们不仅构成了法国资产阶级革命意识形态的动力机制,而且也为无套裤汉运动与后来的社会主义革命所利用。除此之外,卡特琳娜·拉雷尔(Catherine Larrère)[2]和安托万·德·巴克(Antoine De Baecque)[3]等人的著作中亦有专门的章节论述西耶斯的思想。

与此同时,西耶斯文稿的整理与出版也取得了重要的突破。意大利学者罗伯托·扎佩利(Roberto Zapperi)在1985年整理出版了《西耶斯的政治著作》,除了收录《论特权》《第三等级是什么?》《宪法的序言》《论国王否决权》《论宪法委员会重组法国的报告》等重要小册子与议会演说外,还首次整理发表了部分未刊手稿。[4] 1989年,法国学者马塞尔·多利尼(Marcel Dorigny)首次影印出版了西耶斯所有公开发表的著作和演说,共计三卷。尤为值得一提的是,法国历史学家克里斯蒂娜·富雷(Christine Fauré)组织一批学者整理和校勘西耶斯的手稿,并在1999年、2007年分别出版了第一卷和第二卷。[5] 参与整理手稿的学者还为各部分手稿撰写了长篇的导读,阐明西耶斯撰写它们的时间,并将之和同期的公开著述或演说进行比较。这为我们理解西耶斯的公开立场和私下态度的异同提供了极大的便利。

随着其文集、手稿的陆续出版,人们对西耶斯的研究也日趋精进。参

[1] William H. Sewell, *A Rhetoric of Bourgeois Revolution. The Abbé Sieyes and What is the Third State*? The Duke University Press, 1994, p. 204.

[2] Catherine Larrère, *L'Invention de l'Économie au XVIII Siècle. Du Droit Naturel à la Physiocratie*, Paris, Presses Universitaires de France, 1992.

[3] Antoine De Baecque, *Les Corps de l'Histoire. Métaphore et Politique* (1770 – 1800), Paris, Calmann-Lévy, 1994.

[4] Emmanuel-Joseph Sieyès: *Écrits Politiques*, choix et présentation par Roberto Zapperi, Paris, Éditions des Archives Contemporaines, 1985.

[5] *Des Manuscrits de Sieyès 1773 – 1799*, tome I, sous la direction de Christine Fauré, Paris, Honoré Champion Édition, 1999; *Des Manuscrits de Sieyès 1770 – 1815*, tome II, sous la direction de Christine Fauré, Paris, Honoré Champion Éditeur, 2007.

与西耶斯手稿整理工作的学者都撰写了专门研究西耶斯的论著。譬如,雅克·吉尔豪缪(Jaques Guilhaumou)的《西耶斯和语言的秩序:现代政治的发明》详细阐述了西耶斯在不同阶段为现代政治科学构建专属语言的努力。[1] 除此之外,吉尔豪缪还撰写了众多篇幅短小、但却论证严密的论文。由于他的论文数量众多,笔者便不详细列举,有兴趣的读者可见参考书目。皮埃尔-伊夫·季维热(Pierre-Yves Quiviger)则着力于勾勒西耶斯的形而上学思想,并重点论述他在"国务会议"(Conseil d'État)创建过程中发挥的积极影响,并批评了帕斯基诺之研究的不足,因为后者只考察了"合宪监督"、"规范位阶",却没有认识到西耶斯建立规范监督的努力并不限于立法领域,也表现在行政领域。[2] 同时,西耶斯手稿的整理小组还召开了一场西耶斯研究的专题研讨会。与会者分别从思想渊源、宪政思想及行政实践等角度,对西耶斯的人生及其理论贡献作出较为完整的呈现。[3]

此外,一些政治学者和法学家也对西耶斯的宪政理论作出令人印象深刻的探讨。由于违宪审查机构(如法国的宪法委员会、德国与意大利的宪法法院及美国的最高法院)在当代西方国家的政治生活中扮演着越来越重要的角色,所以多数的作品聚焦于西耶斯在 1795 年热月 9 日提出的"宪法陪审团"(Jury Constitutionnaire)[4],并出现了针锋相对的解释。米歇

---

[1] Jaques Guilhaumou, *Sieyès et l'Ordre de Langue. L'Invention de la Politique Moderne*, Paris, Éditions Kimé, 2002.

[2] Pierre-Yves Quiviger, *Le Principe d'Immanence. Métaphysique et Droit Administratif chez Sièyes. Avec des Textes Inédits de Sièyes*, Paris: Honoré Champion, 2008, p. 364.

[3] Pierre-Yves Quiviger, Denis Vincent et Jean Salem, *Figures de Sièyes*, Paris, Publications de la Sorbonne, 2008.

[4] 国内法学界通常将之译为"宪法审查委员会"。笔者之所以不再采纳约定俗成的译法,把"Jury Constitutionnaire"译为"宪法陪审团",主要是因为西耶斯对英国的陪审团制度推崇备至(《论特权 第三等级是什么?》,冯棠译,张芝联校,商务印书馆,1991 年,第 54 页),并别出心裁地把"陪审团"的概念引入政治机构的命名。除了"宪法陪审团",西耶斯还主张设置"表决陪审团"(Jury de votation)、"提案陪审团"(Jury de propostion)、"执行陪审团"(Jury d'éxecution),等等。

尔·特洛普(Michel Troper)指出西耶斯的宪法陪审团不是当代的宪法法
院,认为它只是西耶斯为了阻止通过十一人委员会的宪法草案而采取的权
宜之计。[1] 吕西安·若姆(Lucien Jaume)表示,合宪审查的观念并不是西
耶斯的创见,它在革命期间屡见不鲜,但他却又不无矛盾地指出,经历过革
命恐怖的西耶斯最能理解合宪审查的价值。[2] 意大利学者马可·费奥拉
旺第(Marco Fioravanti)坚持相反的立场,认为西耶斯在 1795 年已经提出
了合宪审查观念的理论,把宪法陪审团看作一种司法机构,并为它没有被
付诸实施感到遗憾。[3] 马克·拉梅尔(Marc Lahmer)则更进一步强调西
耶斯不仅提出了规范位阶的理论,还构建了一种内在的合宪审查机制。[4]
此外,阿伯斯托罗斯·帕帕托利阿斯(Apostolos Papatolias)[5]、马克·拉
梅尔[6]和纳蒂亚·尤比纳蒂(Nadia Urbinati)[7]等人的著作中亦有较多
的篇幅介绍西耶斯的宪法理论。最后,佐梅雷尔的新著《西耶斯:革命者与
保守者》尽管篇幅不长,却很是值得一读。作者令人信服地指出,西耶斯在
1789—1799 年期间保持着首尾一贯的立场,认为捍卫每个人的自然权利与

[1] Michel Troper,"Sieyès et le Jury Constitutionnaire",in *Mélanges en l'Honneur de Pierre Avril*, Paris, Montchrestien, 2001, pp. 265—282;"La Suprématie de la Constitution et le Jury Constitutionnaire", in *Terminer la Révolution. La Constitution de* 1795,Paris,Fayard,2006,pp. 197—221.

[2] Lucien Jaume,"Sieyès et le Sens du Jury Constitutionnaire: une Reinterprétation", in *Historia Constitutional*,No. 3(2002),p. 191.

[3] Marco Fioravanti, "Sieyès et le Jury Constitutionnaire: Perspectives Historico-Juridiques",in *Annales Historiques de la Révolution Française*, No. 349, juillet-septembre 2007,p. 103.

[4] Marc Lahmer,"Sieyès lors des Débats Constituants en l'An Ⅲ, Autopisie d'un échec", in *Figures de Sièyes*, p. 63.

[5] Apostolos Papatolias, *Conception Mécaniste et Conception Normative de la Constitution*,Paris,Éditions Ant. N. Sakkoulas,2000.

[6] Marc Lahmer,*La Constitution Américaine dans le Débat Français:1795—1848*, Paris,L'Harmattan,2001.

[7] Nadia Urbinati, "A Nation of Electors: Sieyes' Model of Representative Government",in *Representative Democracy:Principles and Genealogy*,Chicago and London,The University of Chicago Press,2006,pp. 138—161.

政治自由是他矢志不变的追求目标：西耶斯在 1789 年前后成为革命者和在雅各宾专政后变成保守者，皆应从这个角度去理解。[1]

和日趋繁荣的国外研究相比，中国学界对西耶斯的研究不仅落后，而且显得支离破碎。在很长一段时间内，除了若干法国大革命的通史著作零星提及《第三等级是什么？》外，没有出现任何有关西耶斯的译介作品。20世纪 80 年代末，张芝联先生及其高足冯棠教授为了纪念法国大革命两百周年，破天荒地在国内学界校译出版了西耶斯的两本小册子《论特权》和《第三等级是什么？》。张先生撰写了一份精彩的序言，简明扼要而又不带任何意识形态地呈现了西耶斯政治思想的精粹。时至今日，其观点也不过时。业师高毅教授在其研究法国革命政治文化的经典著作中，也对西耶斯的政治思想作过不少精彩的评述。[2]

中国学界第一部专门研究西耶斯的作品来自台湾学者萧高彦，他对西耶斯的制宪权理论进行了详细的论述。[3] 大陆学者陈端洪对西耶斯的制宪权和卢梭的人民主权理论作过精彩的比对解读。[4] 萧高彦和陈端洪在解读西耶斯的制宪权时，都诉诸施米特或者施米特化（即汉娜·阿伦特）的政治理论[5]，把其制宪权理论理解为一种无限的政治决断，但在是否将之运用于中国政治体制改革的问题上，却得出了大相径庭的结论：前者在指出制宪权的危险后，告诫台湾同胞要慎用公投；后者在指出制宪权的实质

---

[1] Erwan Sommerer，Sieyès. *Le Révolutionnaire et le Conservateur*，Paris，Michalon Éditions，2011.

[2] 高毅：《法兰西风格：大革命的政治文化》，浙江人民出版社，1991 年。

[3] 萧高彦：《西耶斯的制宪权概念——一个政治理论的分析》，《公法学与政治理论：吴庚大法官荣退论文集》，元照出版社，2004 年，第 79—114 页。

[4] 陈端洪：《人民既不出场，也不缺席：西耶斯的民族制宪权理论解读》，《中外法学》2010 年第 1 期。该论文收录于其著作：《制宪权与根本法》，中国法制出版社，2010 年。

[5] 萧高彦对西耶斯的解读主要参考了汉娜·阿伦特的观点，而后者尽管拒斥了施米特的极权主义立场，但却毫无保留地接受了施米特把西耶斯的制宪权理解为无限决断的观点。关于阿伦特和施米特的异同，可参见：W. E. Scheuerman，"Revolutions and Constitutions，Hannah Arendt's challenge to Carl Schmitt"，in *Canadian Journal of Law and Jurisprudence*，Volume 10，1997，pp. 141—162.

是无限政治决断后,竭力强调它之于大陆政治体制改革的不可或缺性。事实上,把西耶斯的制宪权理解为无限决断,是一种严重的误读。[1]此外,笔者和吕一民教授曾经针对西耶斯的代议制政府理论也作过初步的探讨。总体而言,在西耶斯研究的译介方面,中国学界仍有相当多的工作需要弥补。

3.研究的内容与不足

国外学界有关西耶斯的研究取得了长足的进步,相关的论著已经蔚为可观。然而,在西方的公众舆论中,甚至在很多政治精英的脑海里,西耶斯的形象依然被定格为《第三等级是什么?》的作者。而且,许多学者还囿于各自的阶级立场、政治考量和意识形态,对这本著名的小册子作出过度甚至错误的诠释。概而言之,国内外学界对西耶斯的研究主要存在三种错误的倾向。

第一,功利主义的解读。多数学者是为了解决自己所属时代的政治危机,才关注西耶斯甫。为了避免雅各宾主义和波拿巴主义的幽灵重现法国,目睹过巴黎公社血腥场面的第三共和国法学家们精心区分了国民主权和人民主权,并把前者作为共和主义公法的基础,而对后者百般诅咒。事实上,在西耶斯的理论中,此种区分并不存在,国民和人民是同义词。卡尔·施密特为了解决魏玛时代的宪法危机,大张旗鼓地从西耶斯的著作中抽取制宪权理论,刻意将之曲解为无限的政治决断;法国的德·马尔贝格则以相同的缘由,拒绝把制宪权纳入实证主义法学的范畴。汉娜·阿伦特等反极权主义者也全然不顾西耶斯捍卫个人自由的真诚意愿和构建分权宪政理论的历史事实,不加区别地把他和卢梭、罗伯斯庇尔一同视为极权主义的炮制者。对这些学者而言,关键是要从西耶斯的身上汲取有利于捍卫共和国、建立独裁体制或者抵制极权主义的要素,至于是否正确理解了他的思想,他们毫不关心。

---

[1] 乐启良:《西耶斯的制宪权理论研究》,《法学家》2016年第1期,第45—58页。

第二,年代错置论屡见不鲜。由于功利主义解读的盛行,西耶斯被人贴上了许多年代错置的标签。马克思主义史学家认为,他是自相矛盾的资产阶级理论家;在共和派法学家的眼里,他是反对人民主权的旗手;在极权主义的理论家看来,他是无限决断的制宪权的发明者;反极权主义者则纷纷强调,他是极权主义理论的重要鼻祖。实际上,这些五花八门但错漏百出的标签和西耶斯本人无甚关联。

第三,忽略大革命政治文化的多元性。在法国大革命期间,自由、平等、国民、代议制、宪法、权力分立等概念尽管为所有的革命派别所共同使用,但对不同的派别而言,它们拥有判然有别的内涵。在相同的话语背后,其实隐藏着大相径庭甚至针锋相对的政治体系。譬如,在权力分立被写入人权宣言时,没有引发任何讨论,但穆尼埃、西耶斯和罗伯斯庇尔对它的理解却是天差地别。又如,罗伯斯庇尔和西耶斯均使用社会契约论的论证逻辑,但两人谋求建立的社会制度却有天壤之别,前者和卢梭无异,崇拜古代斯巴达的政制,后者却把代议制视为现代欧洲民族的唯一选择。汉娜·阿伦特们犯下的重要错误在于,认为绝对君主制的逻辑只能催生出同质的、一元的政治文化,并据此否认甚至抹杀革命行动者之间存在的重大差异。

拙著将竭力避免这些错误的研究倾向,立足于法国大革命的历史语境,通过阅读西耶斯的公开著述与私人手稿、议会档案与革命回忆录等资料,充分借鉴前人的研究成果,旨在勾勒西耶斯的政治理论框架,并指明人们在何种意义上可以将之称为现代法国公法的奠基人。

笔者倾向于围绕权利、国民、代议制、制宪权、主权、宪法、政府等概念,详细阐述西耶斯为推翻团体社会、创建个人社会而构建的宪政解决方案。笔者之所以选择这些概念,围绕它们谋篇布局,主要是希望通过考察西耶斯对它们的理论思考并比较西耶斯和其他革命者的异同,回应并澄清西方思想界针对他本人以及大革命的主要误解。各章节的主要内容与观点归纳如下。

第一章:生平。由于国内学界对西耶斯的经历知之甚少,故而笔者根据时间的先后,对他的家庭环境、青年教育、革命经历及晚年生活进行了较为详细的叙述。对后面七章涉及的部分，笔者将一笔带过，而对它们无法涵盖的内容，则详加铺陈。

第二章：权利。西耶斯主张摧毁旧制度的团体社会，把法兰西国民从特权、教会、历史、行会及家庭的束缚中解放出来，将之变成一个纯粹由个人构成的社会。不同于保守主义者、马克思主义者及社群主义者的论断，西耶斯构建的个人社会并不是一个原子化的社会。尽管法国革命者铲除了所有的中间团体，但由于每个人都是一个有需求的存在并且拥有社会交往的本能，所以个人社会不仅是正当的，而且也是可能的。

第三章：国民。西耶斯在批判贵族和国王的国民观念的基础上，根据劳动创造权利的原则，提出了第三等级就是国民的激进论断。西耶斯并不认为国民是一个同质、平等的群体，而强调它是由"两种不同的民族"（可用阶层和劳动机器）所构成，并据此提出了积极公民和消极公民的区分。是故，西耶斯的国民概念也有其保守的一面。

第四章：代议制。西耶斯拒绝把代议制等同于在旧制度法国流行、卢梭积极捍卫的强制委托，而是将之建立在坚实的哲学基础上。在他看来，代议制由于同时具备人民代表制、政治协商制及劳动分工原则等三种维度，所以拥有无可争议的现代性与正当性。

第五章：制宪权。西耶斯的制宪权理论可分解为"谁来制宪？"、"为何制宪？"以及"如何制宪？"三个问题，其答案分别体现为它的三个基本特征，即：制宪权的决断性来自其专属于国民的特性；它的有限性产生于其捍卫人权的正当性；它的规范性则取决于其行使对代议机构的依赖性。准确地把握，而不是人为地割裂西耶斯制宪权理论之决断性、有限性和规范性这三种迥然不同但又密不可分的内在维度，或许可以让我们超越"政治宪法学"和"规范宪法学"的争论。

第六章：主权。由于施米特、阿伦特及反极权主义著述的广泛影响，人们通常把西耶斯看作卢梭衣钵的继承人。通过阅读西耶斯之公开著述及其新近出版的手稿，本章着重阐述了西耶斯对卢梭的隐匿批判，指出他既非绝对主权的拥护者，也不是人民主权的敌人，而是在倡导有限的人民主权理论。

第七章：宪法。法国革命者普遍相信，只要为法国提供一部良好的宪法，即可确保法国人民享有秩序和自由的福祉。对他们而言，宪法的实质就是权力分立。然而，在如何分立权力，尤其是如何组织立法权的问题上，革命者出现了严重的分歧。王政派发展了孟德斯鸠的权力制衡理论，主张建立两院的立法机构，并赋予国王否决权；雅各宾派坚持创建一院制的议会，并强调执行权对立法权的绝对服从；西耶斯则另辟蹊径，主张把立法权分解为起草权、表决权、谏诤权、合宪审查权、注册权，并授予它们专门创设的机构，如保民院、立法机构、国务会议、宪法陪审团、大选侯等。

第八章：政府。西耶斯对现代民主国家的政府理论，尤其是中央政府的职能与组织，也有着深邃的思考。对西耶斯而言，政府的精确含义是指各部部长组成的"国务会议"，后者不仅充当最高的执行机构，也扮演行政法律的制定者和行政诉讼的最高法官。与此同时，他认为，创建一个凌驾于所有人之上，有权任命最高行政长官（各部部长），但却不介入实际政务的国家元首，是构建良好政府的一个先决条件。当代法国行政体系的特殊性，或多或少可以从西耶斯的政府理论中得到窥探。

在进行具体研究时，笔者尽量兼顾横向比较和纵向分析的双重需要：一方面，把西耶斯的宪政方案和同时代革命者（如自由王政派、雅各宾派、热月党人）进行比较，从而揭示法国大革命政治文化的多元性与复杂性；另一方面，把西耶斯置于近代政治思想史的整体脉络中进行审视，既要阐述其政治思想得以产生的理论资源，也要概括其学说在19、20世纪法国乃至欧洲的接受史，希望借此管窥近代法国民主观念嬗变的脉络。

由于学力和时间的有限，拙著存在许多不尽如人意的地方。

首先，这不是一份完整意义上的西耶斯研究。西耶斯兴趣广泛，不仅关注政治科学的进步，而且广泛阅读形而上学、语言学、政治经济学、科学、艺术等诸多领域的著作，并留下了数量可观的读书札记。他之所以阅读它们，并非纯粹为了满足智力的兴趣，因为他并不是一个"为了形而上学而追求形而上学"[1]的人。事实上,西耶斯的政治理论在很大程度上建立在他对其他领域知识的汲取与消化上。然而,由于笔者平时鲜有涉猎这些领域,缺乏评判西耶斯相关思想的知识储备,所以只能暂时将之搁置。笔者希望通过将来的拓展学习,弥补现有研究留下的重大缺憾。

其次,拙著对西耶斯政治思想的研究仍存在不少遗漏。由于笔者采取概念史的方法,所以只能选择若干重要的政治概念来组织研究。此种做法的优点是条分缕析,但缺点也是不难理解,因为选择总是意味着遗漏的风险。除了笔者详细考察过的概念外,西耶斯对所有权、行政区划、司法、教育等概念也作过思考。然而,由于西耶斯留下的相关文字较少,无法构成独立的篇章,所以笔者只能把他对它们的思考穿插到各个章节。对于这些笔者言之不详的内容,有兴趣的读者不妨阅读克拉韦雷尔的未刊博士论文。这部作品的优点是面面俱到,但也由此存在了一个与之密不可分的缺点:许多论述是浅尝辄止。

最后,拙著对西耶斯跟前辈、同仁与后人之间的思想渊源关系的勾勒也较为粗线条。西耶斯在阅读霍布斯、洛克、格劳修斯、普芬道夫、重农学派、孔狄亚克、卢梭等人作品的基础上,融会贯通,构建了其独具匠心的政治理论。在大革命期间,西耶斯也并非唯一构建出完整宪政方案的人物,穆尼埃、孔多赛、罗伯斯庇尔等人也提出了比较成熟的建国方略。此外,许多后世的政治思想家,如贡斯当、德·马尔贝格、卡尔·施米特、汉娜·阿伦特、安东尼奥·内格利(Antonio Negri)基于其各自的现实需要,对西耶斯的政治理论作出大相径庭的解释。对于西耶斯和这些思想家之间的亲缘性,笔者只做了蜻蜓点水式的交代,而没有做进一步的铺陈。

除此之外,拙著必定还存在不少笔者自己也不甚明了的遗漏、讹误与谬论,恳请方家不吝指正。

---

[1]　*Des Manuscrits de Sieyès 1770—1815*,tome Ⅱ,p.479.

第一章　生平

1.第三等级之子

1748年5月3日,伊曼纽埃尔-约瑟夫·西耶斯出生于法国南部、濒临地中海的一个小城市——弗雷瑞斯(Fréjus)。他出生时体弱多病,长大成人后也是弱不禁风。孰料,虽然他历经坎坷,但最终却活了88岁。在拨弄革命的变幻风云、见证帝国的兴衰荣辱,受尽流亡异国的艰难困苦并品尝风烛残年的孤寂落寞以后,西耶斯逝世于1836年6月20日。

在罗马帝国时期,弗雷瑞斯曾经是高卢地区的重要港口,但随着罗马帝国的灭亡,它注定无法摆脱持续凋零的命运。弗雷瑞斯在繁盛时期人口多达40000人,但到了1700年,它的人口下降到3000人,1750年更是只有区区2600人。[1] 除了微不足道的陶瓷业和制皂业外,弗雷瑞斯几乎没有任何工业;它的周围布满沼泽,土地贫瘠,根本不适合农业的发展。18世纪,弗雷瑞斯的行政官们曾经多次请求法国王室提供资助,试图排干沼泽,恢复弗雷瑞斯昔日辉煌的港口地位,从而挽救其日趋凋敝的经济。然而,

---

[1] Jean-Denis Bredin, *Sieyès: La Clé de la Révolution Française*, Paris, Editions de Fallois, 1988, p. 21.

他们的请求总是石沉大海，得不到王室的任何回应。

宗教可能是唯一让弗雷瑞斯的居民们引以为傲的地方。弗雷瑞斯教区在法国的宗教版图上不可小觑，曾经出现过一些举足轻重的人物。譬如，1316 年，曾经担任弗雷瑞斯主教的雅克·杜艾泽（Jacques Duèze）当选为教皇（约翰二十二世）。前弗雷瑞斯主教弗勒里（André Hercule de Fleury）后来荣升为路易十四的王储安茹公爵（即路易十五）的太傅，并且在后者登基后，长期担任财政总监，成为权倾朝野的人物。毫不夸张地说，教会是封闭的弗雷瑞斯和外部世界建立联系的最重要渠道，似乎也是弗雷瑞斯人向上流动的不二法门。

伊曼纽埃尔-约瑟夫·西耶斯是典型的第三等级之子。父亲奥诺尔·西耶斯（Honoré Sieyès）是弗雷瑞斯的税官，后来充当驿站站长。他的母亲安娜·安格莱（Anne Anglès）是一位公证员的女儿，虔诚地信奉天主教。[1] 他们总共生育了七个子女，我们的主人公排行第五。他原本希望戎马一生，幻想追寻亚历山大、汉尼拔、庞培和恺撒的足迹，征战四方。[2] 然而，由于他身材矮小，体弱多病，父母担心他无法承受困苦的军事生活，把他送入了弗雷瑞斯的耶稣会学校。由于耶稣会在 1764 年被取缔，西耶斯被迫转入德拉吉安的“教理中学”（Collège des Doctrinaires de Draguignan）。1765 年，西耶斯进入巴黎的圣叙尔比斯（Saint-Sulpice）修道院学习神学。奥诺尔·西耶斯希望他的儿子能够在教会的阶梯上步步高升，从而改变整个家族的命运。

但是，第三等级的儿子要在 18 世纪法国的教会当中出人头地，又谈何容易！尽管教会在理论层面并无任何歧视，它会接受来自各个社会阶层的

---

〔1〕　第三共和国的阿尔曼·比雍对西耶斯之家庭信息的叙述存在多处谬误。他不仅把奥诺尔·西耶斯误称为约瑟夫-马蒂厄·西耶斯，也弄错了其外祖父的职业，认为他是一位批发商。（A. Bigeon，*l'Homme-Le Constituant*，Paris，Henri Becus，1893，pp. 9—10.）

〔2〕　Albéric Neton，*Sieyès*(*1748—1836*). *Après des Documents Inédits*，Paris，Perrin et Cie，1901，p. 16.

子女,但实际上,高级神职通常把持在贵族出身的教士手中。我们以法国的主教职位为例。在 1516 年签订博洛尼亚教务专约时,法国总共有在职主教 102 位,其中 90 人是贵族(而且 60 人的家世可追溯到 1400 年以前),4人为平民,另外 8 人身份不明;在 1516 年到 1789 年任命的 1416 位主教中,1127 人为贵族,62 人出身平民,其余 127 人身份有待确定;1783 年以后,法国没有平民主教。[1] 所以,对出身第三等级的神职人员而言,晋升为主教是几乎不可能实现的幻想,他们通常只能担任中低级的教士。

奥诺尔·西耶斯却似乎并不甘心受命运的摆布,千方百计要在教会里为儿子寻找靠山,希望助他一臂之力。德·塞萨热神甫(de Cesarges)是奥诺尔攀上的最重要的高枝,他对于伊曼纽埃尔-约瑟夫的日后晋升发挥了至关重要的作用。1766 年 9 月 14 日,出身于贵族家庭的德·塞萨热被任命为弗雷瑞斯主教区的议事司铎(vicaire-général),当时他只有 24 岁。德·塞萨热野心勃勃,并不满足于此,但他缺乏打点前程的资金。攀附无门的奥诺尔·西耶斯认为,德·塞萨热年纪轻轻,却已身居要职,将来的前途必定无可限量,决定出钱资助他。从奥克塔夫·特西埃(Octave Teissier)为我们勾勒的青年西耶斯的家庭生活,我们知道奥诺尔·西耶斯给予德·塞萨热的支持可谓不惜血本。1769 年 9 月 30 日,前者曾经写信给后者说:"我目前拥有的 4000 利弗尔可供您方便使用。塞佩德夫人答应在圣诞节归还欠我的 6000 利弗尔。假如我能够通过借贷或者其他方式,另外筹措 2000 利弗尔的话,我将会把这笔钱寄给您,以略表心意。"[2]

奥诺尔·西耶斯为德·塞萨热四处筹措的巨款也使后者在凡尔赛名利场的角逐中得偿所愿。德·塞萨热也是一个知恩图报的人,在晋升主教和执掌路易十五的礼拜堂后,不但定期偿还奥诺尔·西耶斯的借款的利息,而且在巴黎热心地充当其儿子的监督者和庇护人。在给奥诺尔·西耶

---

〔1〕 黄艳红:《法国旧制度末期的税收、特权和政治》,社会科学文献出版社,2016 年,第 27—28 页。

〔2〕 Octave Teissier, "La Jeunesse de l'Abbé Sieyès", in *La Nouvelle Revue*, tome 109, novembre-décembre 1897, p. 130.

斯的信里,德·塞萨热对青年西耶斯的评价甚高,并反复许诺会兑现提拔他的诺言:"他继续努力学习,保持明智;假以时日,我将给他提供升职和财富作为回报";"他天资聪颖,智力过人,我认为他将会光耀门庭,并相信他毕业以后,不会再给你增加负担"。[1]

在德·塞萨热的帮助下,伊曼纽埃尔-约瑟夫·西耶斯的晋升之路虽有波折,但也总算顺利。1774 年,青年西耶斯获准参加了路易十六的登基大典;1775 年 8 月 6 日,德·塞萨热的朋友让-巴普蒂斯特-约瑟夫·德·吕贝萨克(J.-B.-Joseph de Lubersac)被任命为特雷吉耶(Tréguier)的主教,并执掌索菲亚公主(Madame Sophie de France)的礼拜堂。德·吕贝萨克主教上任后,任命从圣叙尔比斯神学院已经毕业一年,但尚未有着落的西耶斯为自己的秘书。德·吕贝萨克在转任夏特尔的主教时,也不忘携西耶斯一同赴任。

由于得到德·塞萨热和德·吕贝萨克两位主教的提携,西耶斯节节攀升,先后担任夏尔特教区的议事司铎、主祭(chanoine)和总管(chancelier)。1786 年,夏尔特教区还任命他为特派员,参加在巴黎召开的高级教士议会。除此之外,经由德·吕贝萨克主教的推荐,他后来还掌管索菲亚公主的礼拜堂。至此,西耶斯已经身居要职,并享有丰厚的收入。根据比雍的估计,他获得了 13500 利弗尔的租地收入。[2] 按照常理,西耶斯应该对此感到心满意足了。

然而,西耶斯却没有任何感激之心,反而牢骚满腹。因为在晋升过程中,他经历过了太多的期待、失望、痛苦甚至愤怒。譬如,1773 年 6 月 25 日,尚未从神学院毕业的西耶斯就曾写信给他的父亲,表露了自己在德·吕贝萨克主教为之斡旋失败后感受到的沮丧之情:

> 我的庇护人可以为他遭受的打击寻找宽慰。没有取得成功,给他
> 带来的打击必定不及对我的伤害。如果事情取得成功,的确会像他期

---

[1] Octave Teissier,"La Jeunesse de l'Abbé Sieyès", pp.130—131.

[2] A. Bigeon, *Sieyès, l'Homme-Le Constituant*, p.12. 根据巴斯蒂的说法,1789 年前夕,西耶斯的年收入要少得多,估计在 3000~4000 利弗尔。(Paul Bastid, *Sieyès et Sa Pensée*, p.50)。即便如此,西耶斯在旧制度法国仍属于高收入的阶层。

望的那样,我将成为一切(tout),而不是像现在什么也不是(rien)。无论如何,我还不到抱怨的时候,毕竟我的学业尚未结束。我要么出人头地,要么去死。[1]

从西耶斯吐露的心迹来看,他曾经和很多人一样雄心勃勃,希望自己功成名就,"成为一切"。然而,第三等级的卑微出身导致他的家庭为此背上了沉重的经济负担,使得他在圣叙尔比斯神学院学习期间不得不过着在他本人看来颇为拮据的生活。[2] 在向上攀爬的过程中,他也时刻感受到第三等级普遍拥有的怨恨心态,觉得自己"什么也不是"。

所以,西耶斯尽管身居高位,但撰写第三等级反对特权的战斗檄文,并不令人意外。因为在自身成长的过程中,他深受特权的伤害。西耶斯的例子表明,特权社会是多么令人深恶痛绝,是多么脆弱不堪。即便是那些出身贫穷,历经磨难但最终名利双收的人,也不见得会在危难时刻维护它、挽救它,反倒有可能加速它的倾覆。

2. 启蒙运动之子

对于父母指定的人生道路,体弱多病的西耶斯只能无可奈何地接受。对于教会学校和神学院的教育生活,他感到颇为压抑,甚至有些厌恶。在热月政变后撰写的简短自传里,西耶斯曾以第三人称的方式,如是描绘了他对自己被送入神学院学习的看法:

在当时,他才14岁,是一个什么也没见过、什么也不认识、什么也不理解的学生,却被迫置身于迷信王国的中心,开始和理性的人类社会隔绝。从此以后,迷信王国变成了他的世界。他听凭事件的发展,就好像人们接受必然法则的牵引一般。由于处在和其天性格格不入

---

[1] Octave Teissier,"La Jeunesse de l'Abbé Sieyès", p. 131.
[2] 在1773年6月25日抱怨德·塞萨热的信件中,西耶斯也提及这一年的预算是908利弗尔,希望其父亲不要扣减太多。

的环境中,他郁郁寡欢,对自己以及未来抱有某种斯多葛主义式的漠不关心,也就不足为奇了。他失去了幸福,和自然隔绝。[1]

由此,西耶斯沾染了18世纪哲学家身上司空见惯的反教权主义情绪。他很少公开表露自己的宗教情感,但在青年时期留下的手稿中却宣泄了不满,把天主教斥为错误无知的根源:

> 降生于尘世的人本应追求享受,但却向上苍寻求因果的科学。从此刻开始,人的可完善性得到了阻遏,他的努力被转移、被误导。他只关注上苍,却不去增进自己在尘世的知识和享受。因此,宗教是人的第一天敌。[2]

在自传中,西耶斯对宗教学校摧残人性的教育更是提出了强烈的控诉:

> 他禁不住为被残酷牺牲的青春,为悲惨的未来要接受如此多暴虐的束缚感到黯然神伤。他把满腔的痛苦情感自然地倾注到面临相同不幸的人身上。我们怎么可能不为不计其数的脆弱儿童抱怨呢?他们降临到这个世界以后,某种根深蒂固的古代错误就俘获了他们,将之变成了并非由于他们之过的迷信的一部分!无辜的生命开始深受一种特殊文化的毒害,野蛮而贫穷的照料、父权主义的偏见导致他们偏离自然的轨道。在他们成长的过程中,有人说:不要给他们提供任何的智慧,要把他们献祭给一种反人类、阴森可怖的制度,而最令人痛恨的教师只会在肉体上和精神上折磨他们、塑造他们,使之服务于一些我不知所为何物的幻想。人们是以三位一体之名,犯下了如此的罪行,就好像上帝需要人的服务,就好像上帝希望变成世俗的国王,要求人们为自己建造华府宫殿!理性是多么脆弱,习惯却是如此强大!政

---

[1]　*Notice sur la Vie de Sieyès*, Paris, Maradan, L'An Troisième, pp. 5—6.

[2]　*Des Manuscrits de Sieyès* 1773—1799, tome Ⅰ, sous la direction de Christine Fauré, Paris, Honoré Champion Édition, 1999, p. 101, note 56; Jean-Denis Bredin, *Sieyès: La Clé de la Révolution Française*, Paris, Éditions de Fallois, 1988, pp. 53—54.

府却让人忍受它！一种自命为监护机构但却如此绝对的权威,拒绝斩断父辈的盲目信仰,拒绝抛弃连儿童也无法相信的无知,拒绝掩埋这个阴险狡诈且贪得无厌的漩涡,眼睁睁地看着众多活泼可爱,本应享受丰富多彩生活的青年遭到扼杀。假如允许各行各业自由地招收最悲惨的社会人士,那么他们本可以变得更幸福,甚至可以幸福一百万倍![1]

由此不难理解,西耶斯在巴黎圣叙尔比斯神学院学习期间,为何对神学毫无热情。为了应付无法避免的考试和论文,西耶斯才会硬着头皮阅读基本的神学著作。毕业时,他的成绩也是差强人意。在 1774 年的神学毕业考试中,他在 88 名学生里仅排名第 54 位。[2] 在正式担任神职后,西耶斯在教会里主要从事世俗性的管理工作,没有做过洗礼、弥撒和布道等宗教活动。按照西耶斯自己的说法,他选择成为"管理的教士"(les ecclésiastiques administrateurs),而不是"布道的教士"(les ecclésiastiques prêtres)。[3]

不过,西耶斯没有因此变得不学无术、玩世不恭,"在自身兴趣的指引下,或者说纯粹是为了自娱自乐、消磨时间以及苦中作乐,他漫无边际、无拘无束地阅读所有的文学作品,研究数学和物理学,甚至还学习各种艺术和音乐。某种无意识的倾向引导他进行哲思"[4]。青年的西耶斯曾经梦想建造一个属于他自己的图书馆,收集他心仪的图书。他按照逻辑学、语法学、形而上学、文学、伦理学、神学、法学、数学及历史等科目,罗列了他希望拥有的图书清单。[5]

---

[1] *Notice sur la Vie de Sieyès*, pp. 12—14.

[2] Jean-Denis Bredin, *Sieyès : La Clé de la Révolution Française*, p. 30.

[3] *Notice sur la Vie de Sieyès*, p. 11.

[4] *Notice sur la Vie de Sieyès*, p. 7.

[5] "Les Bibiliographies de Sieyès", in *Des Manuscrits de Sieyès* 1770—1815, tome II, sous la direction de Christine Fauré, Paris, Honoré Champion Éditeur, 2007, pp. 59—300.

这份书单为我们理解青年西耶斯的知识结构和思想立场,提供了较为可靠的轮廓。西耶斯反神学、服膺启蒙的智识倾向尽显无疑。在这份书单中,他没有提及任何传统的神学著作,而是希望把孔狄亚克、博内、爱尔维修、格劳修斯、普芬道夫、霍布斯、洛克、重农学派、卢梭、伏尔泰、孟德斯鸠等启蒙思想家的作品尽收囊中。其中,洛克、孔狄亚克和博内的著作是他的最爱,西耶斯认为他们和自己一样"拥有相同志趣、相同本能并关注某种共同需求"[1]。

在1788年以前,西耶斯只沉迷于阅读,而没有发表过任何片言只语。1775年,西耶斯曾经写过一本小册子《论经济学家的政治与道德体系的信札》[2],对重农学派的经济学说提出了批评。相对重农学派而言,西耶斯取得的重要突破就是抛弃了魁奈关于土地是财富唯一来源的论断,强调劳动才是国民财富的真正来源。[3]劳动创造财富并由此创造权利的论断是西耶斯政治思想的核心论断,它贯穿于《论特权》和《第三等级是什么?》的始终。这本小册子曾经获得了出版许可,但因为财政总监杜尔哥(Turgot)的意外倒台,他放弃了出版的打算。美国学者威廉·斯维尔对它评价甚高,认为它"颇具原创性"[4]。对于自己长期没有发表作品的原因,西耶斯作出专门的解释:

[1]　*Notice sur la Vie de Sieyès*,p. 8.

[2]　Sieyès,"Lettres aux Économistes", in *Des Manuscrits de Sieyès 1773－1799*, tome Ⅰ, sous la direction de Christine Fauré,Paris,Honoré Champion Éditeur, 1999,pp. 167－192.

[3]　西耶斯在批判魁奈的经济体系后,得出结论说:"劳动创造财富。[……]我们把一切由劳动获得的财产称为财富。"(Sieyès,"Lettres aux Économistes",p. 176.)

[4]　William H. Sewell, *A Rhetoric of Bourgeois Revolution. The Abbé Sieyes and What is the Third State?* The Duke University Press, 1994,p. 10. 罗伯特·扎佩利在斯维尔之前却指出,不要对西耶斯的政治经济学抱有太高的期望,因为他的所有论断是针对旧制度法国的"前资本主义的经济基础"而阐发的,认为他不过"把最现代性最狂热的声誉建立在深受陈旧与错误的生产方法束缚的传统经济之上"。(Robert Zapperi,"Présentation", in *Emmanuel-Joseph Sieyès:Écrits Politiques*,pp. 7－8.)

他思想的主要品质是追求真理的激情,对它的追寻几乎让他达到了忘我的境地。当他关注一个主题时,假如没有深刻地理解它,分析它的各个部分,并随后重构它的整体,他就不会感到满意。然而,一旦求知的欲望得到满足,他就会留下一些只属于他自己的笔记和分析图表。它们整齐、深邃而精美,哪怕是最淡薄文学名声的作家也不会拒绝将之发表,但在他的眼里,它们却令人难以忍受。事实上,他已经转移注意力,开始思考别的问题了。[1]

假使没有 18 世纪末的政治危机,假如国王路易十六没有决定召开三级议会并呼吁全国的有识之士讨论它的组成与议事的方式,对作品如此挑剔的西耶斯可能永远不会发表任何作品。他也许只会成为一个相信启蒙、缺乏宗教热诚但知道如何遮掩其反教权主义情绪的神职人员。三级议会的重召和法国大革命的爆发,彻底改变了他的人生轨迹。

在进入其革命生涯之前,我们首先要回答西耶斯研究中一个经常争论不休的问题,即西耶斯的思想渊源问题。西耶斯究竟受谁的影响,毋宁说,他究竟继承了谁的衣钵?汉娜·阿伦特、雅各布·塔尔蒙和苏姗·邓恩等人断言,西耶斯是卢梭的信徒;帕斯奎尔·帕斯基诺表示,"西耶斯是孟德斯鸠以后对法国宪政学说贡献最大的理论家"[2];皮埃尔-伊夫·季维热则指出西耶斯对卢梭批判甚多,强调他更多地从斯宾诺莎身上汲取了灵感[3];卡特琳娜·拉雷尔和马塞尔·多尔涅倾向于强调西耶斯的政治思

---

[1] *Notice sur la Vie de Sieyès*,p. 10.

[2] Pasquale Pasquino, *Sieyès et l'Invention de la Constitution en France*, Paris, Editions Odile Jacob,1998,p. 74.

[3] Pierre-Yves Quiviger, "Sieyès et Spinoza", in Pierre-Yves Quiviger, Denis Vincent et Jean Salem (ed.), *Figures de Sieyès*, Paris, Publications de la Sorbonne,2008,pp. 227−240.

想中的经济学维度，坚持重农学派和亚当·斯密对他的重要影响；[1]此外，美国学者斯蒂芬妮·法兰克补充说，除了卢梭的公意概念外，西耶斯在构建革命的国民主权理论时，也从天主教的神学理论尤其是马尔布朗什的哲学借鉴了诸多要素。[2]

实际上，让西耶斯受惠甚多的思想家远不止于此，我们还可以列上一份很长的名单：洛克、孔狄亚克、霍布斯、格劳修斯、普芬道夫、巴贝拉克（Babeyrac）、布拉马奇（Burlamaqui），等等。西耶斯从未以某派的传人自居，哪怕他曾经和杜尔哥有过密切的交往，也没有以重农学派的信徒自居。在构建其"社会技艺"（art social）或政治科学时，他完全是根据自己的需要而汲取理论营养，不会照本宣科地鼓吹某个派别或某个思想家的政治学说。

有鉴于此，一些学者坚决反对给西耶斯乱贴标签。1837 年，米涅在纪念刚逝世不久的西耶斯时，就驳斥将之视为卢梭或者孟德斯鸠的信徒的谬论。[3] 法国法学家保尔·巴斯蒂也拒绝把西耶斯的政治学说和某一个具体的启蒙哲人相连。[4] 1836 年，俄罗斯裔著名法学家鲍里斯·米凯恩-盖

---

[1]　Catherine Larrère，"Sieyès，Lecture des Physiocrates：Droits Naturel ou Économie"，in Pierre-Yves Quiviger，Denis Vincent etJean Salem（ed.）*Figures de Sièyes*，pp. 195 — 212；Marcel Dorigny，"La Formation de la Pensée Économique de Sieyès，d'après Ses Manuscrits（1770 — 1789）"，in *Annales Historiques de la Révolution Française*，1988，No. 271，pp. 17—34.

[2]　Stephanie Frank，"The General Will beyond Rousseau：Sieyès' Theological Arguments for the Sovereignty of the Revolutionary National Assembly"，in *History of European Ideas*，No. 37（2011），pp. 337—343.

[3]　米涅指出："西耶斯既没有追随孟德斯鸠的历史学派，也没有效仿卢梭的逻辑学派。他既不承认往昔的宪法，也拒绝纯粹的民主。他倾向于代议制民主。他相信，这种制度可以保障所有公民的权利，能够让最能干的人担任国家领导、管理事务。不同于卢梭，他认为个人应当是国家的目标，而不是它的工具；换言之，人要高于公民，权利要高于法律，永恒的道德要高于社会的不变法律。他希望建立君主制，但希望它受到约束，希望加冕君主，但不支持君主制的大厦。他认为，人们必须彻底颠覆已经麻痹瘫痪的旧社会。"（Mignet，"Sieyès，Sa Vie et Ses Travaux"，in *Revue des Deux Mondes*，tome 9，1837，pp. 6—7.）

[4]　Paul Bastid，"Sieyès et les Philosophies"，in *Revue de Synthèse*，No. 17（1939/06），pp. 137—157.

泽维奇(Boris Mirkine-Guetzevitch)在纪念西耶斯逝世百年诞辰时,对其思想渊源的问题作出精辟的回答。盖泽维奇不否认西耶斯深受卢梭、孟德斯鸠、孔狄亚克、重农学派、马布利等人的影响,但他认为西耶斯和启蒙思想家是两种截然不同的人,两者之间并不存在直接的继承关系:

> 启蒙思想家生活在旧制度之下,在自由国家没有诞生、大革命尚未爆发的时代写作,他们是反对派的哲学家,而不是革命的哲学家。[……]西耶斯拒绝接受 18 世纪哲学家的权威。作为历史的敌人,他拒绝孟德斯鸠的历史社会学。他同样反对卢梭,把让-雅克的理论视为错误和谬论。西耶斯不是哲学家的信徒,他创造了所有法国人都认同,但在他之前没有任何人能够作出清楚阐释的一种新观念。西耶斯是一位革命者:他是现代人;他属于 19 世纪。[1]

诚如斯言,在法国大革命爆发之前,西耶斯经过长达 20 多年的自学,能够博采启蒙运动的各家之长,自成一派。法国史家雅克・吉尔豪缪不无道理地宣称,西耶斯所拥有的知识水平和哲学素养,"绝非任何一个革命者所能望其项背"[2]。

3. 大革命的先知

在自由民主的现代社会,人们在遭遇不顺时,通常会抱怨自己的才智不足、运气不佳抑或命运不济,很少有人会将之完全归咎于社会。然而,在 18 世纪的法国,这样的例子却屡见不鲜。卢梭在《社会契约论》里关于"人是生而自由的,但却无往不在枷锁之中"[3]的控诉,痛快淋漓地道出了许多法国人心中的怨恨。

---

[1] Boris Mirkine-Guetzievitch, "L'Abbée Sieyès", in *La Révolution Française*, No. 5,1936,p. 233.

[2] Jaques Guilhaumou,"Sieyès:L'Individu et le Système", in *Provence Historique*, 2003,tome LII,No. 211(Jan. /Mars 2003),p. 51.

[3] 卢梭:《社会契约论》,何兆武译,商务印书馆,2005 年,第 4 页。

　　然而,从个人的怨恨走向集体的革命,还需要让每个人都觉得目前的社会制度已经病入膏肓产生无法挽救的绝望。波旁王朝连续不断地面临财政赤字,接二连三地遭遇政治危机,走马换将地更换改革大臣,但结果却是一如既往的糟糕透顶。路易十六的优柔寡断、大臣的专断独行、贵族的自私自利以及教士的贪婪迷信,导致法国人民陷入循环往复的期望、失望和愤怒之中,并开始变得群情激昂。[1] 西耶斯也是感同身受,见证甚至目睹了旧制度的腐朽与堕落。

　　在奥尔良参加省级议会(Assemblée Provinciale)的经历是西耶斯走向革命的重要分水岭。1787 年 6 月 22 日,高等法院注册通过了财政总监布里安(Brienne)推动但由其前任卡隆(Calonne)设想的召开省级议会的敕令。这次省级议会的召集与议会方式可能对日后的三级议会产生了重大的影响。第三等级的代表人数和贵族、教士相当,他们共同协商,按人头表决。由于德·吕贝萨克主教的提名,西耶斯以教士的身份入选奥尔良会议。西耶斯加入了公共慈善、农业和"二十分之一税"(les Vingtièmes)的委员会。议会讨论的焦点在于是否要取缔免税特权,按照土地的多寡,平摊"二十分之一税"。德·吕贝萨克、西耶斯等人积极支持平摊赋税的决议,但以卢森堡公爵为首的多数贵族却强烈反对。西耶斯对贵族的厌恶、绝望和痛恨,或许与此次经历有着密不可分的关系。奥尔良议会是西耶斯平生第一次参政,尽管与之相关的记载并不多见,但他的自我感受似乎很好。西耶斯在后来的回忆录中称自己"处事干练,并表现出了对政治和祖国的热爱";他对省级议会的影响也给予高度评价,认为"它们给人们产生的震动充分证明了召开三级议会的必要性,点燃了一种在法国境内得到广泛传播和普遍信奉的政治学说"。[2] 巴斯蒂认为,奥尔良的省级议会是西耶斯人生重要的分界线,因为"从此刻起,西耶斯开始拥抱人民的事业"[3]。

---

〔1〕　庞冠群:《从绝对主义理论看法国旧制度末年君主制改革的困境》,《浙江学刊》2008 年第 11 期,第 42－48 页。

〔2〕　*Notice sur la Vie de Sieyès*,p.16.

〔3〕　Paul Bastid, *Sieyès et Sa Pensée*, Paris,Hachette,1970,p.49.

在 1788 年高等法院和路易十六的两次斗争中,西耶斯都积极地支持前者。但他很快认识到,高等法院的法官们"既没有知识,也没有真正的能量"[1]。在 18 世纪的法国,高等法院曾经是公共舆论的风向标,他们批判王权专断、大臣专制、拒绝注册新税的立场赢得了广大人民的称赞。在 1788 年路易十六流放巴黎高等法院的法官时,人民和公共舆论一边倒地支持他们。但是,他们捍卫自身的政治特权,把国王施加的赋税转嫁到第三等级的身上,并竭力维护教士、贵族和第三等级之间的区分等做法,逐渐让他们失去了民心。1788 年 9 月 21 日,巴黎高等法院作出判决,规定三级议会将"正规地按照 1614 年的方式召开和组成"后,更是让法官们变成了众矢之的。为反抗绝对王权而结成的政治联盟也由此出现裂痕,第三等级开始把矛头直接指向高等法院。时人敏锐地观察到,高等法院的法令突然改变了公众舆论的走向:"公共舆论的情况大为改观。国王、专制主义与宪法的讨论在争论中占次要地位,第三等级与另外两个等级之间的战争开始了。"[2]西耶斯也和他们渐行渐远,在《论特权》中还对法官们时常宣扬的论断——"在国王面前代表人民,在人民面前代表国王"[3]——提出了尖锐的批评。

特权等级的贪婪、省级议会的失败以及高等法院的自私迫使路易十六重新召开自 1614 年起即已停召的三级议会。1788 年 7 月 5 日,御前会议宣布即将召开三级议会;8 月 8 日,国王正式颁布敕令,宣布三级议会定于 1789 年 5 月 1 日开幕。7 月 5 日的敕令还呼吁"王国的有识之士呈送有关未来三级议会的建议和著述"[4]。

由此,在 1788 年下半年和 1789 年前几个月,法国出现了一次前所未有

---

[1] *Notice sur la Vie de Sieyès*,p. 16.

[2] 阿尔贝·索布尔:《法国大革命史》,马胜利、高毅、王庭荣译,张芝联校,北京师范大学出版社,2015 年,第 75 页。

[3] 西耶斯:《论特权 第三等级是什么?》,冯棠译,张芝联校,商务印书馆,1997 年,第 10 页。

[4] Jean-Denis Bredin, *Sieyès:La Clé de la Révolution Française*,p. 77.

的思想解放运动。按照许多法国学者的说法,此时的法国出现了一场令人瞩目的"小册子危机"(crise des brochures)。1788 年末,有人试图搜集所有的小册子,在意识到已经收集的 2500 份不过是沧海一粟后,只得作罢。[1]法国大革命的著名领袖,如米拉波(Mirabeau)、罗伯斯庇尔、穆尼埃、沃尔内(Volney)、拉博·圣埃蒂安(Rabaut Saint-Etienne)都撰写过小册子。瑟吕蒂(Cerutti)的《为了法国人民的报告》、拉博-圣艾蒂安的《关于第三等级利益的思考》、塔尔热(Target)的《我的请愿书》以及丹特雷格(D'Antraigues)的《论第三等级的权益》等作品更是名噪一时,在选举大会上反复被人宣读。[2]

然而,任何人的影响都无法掩盖光芒四射的西耶斯神甫。西耶斯撰写了三本让自己声名鹊起的小册子:《论 1789 年法国代表们拥有的执行手段》、《论特权》和《第三等级是什么?》。西耶斯最先写好《论执行手段》,但可能是高等法院颁布按照 1614 年的方式召开三级议会的法令的缘故[3],他暂时搁置它的出版,又接着撰写了言辞更为激烈的《论特权》和《第三等级是什么?》。随后,他把三本小册子付梓出版。前两本发表于 1788 年年底,《第三等级是什么?》在 1789 年 1 月初出版。匿名的《论执行手段》和《论特权》在 1789 年出现两个版本,《第三等级是什么?》的前三版也是匿名发表,第四版才署上了西耶斯的名字。

出版后,它们立即取得了巨大的成功,《第三等级是什么?》产生的影响尤为惊人。阿尔曼·比雍指出,《第三等级是什么?》之所以能够在革命前

---

[1] Paul Bastid, *Sieyès et Sa Pensée*, p.56.

[2] 依波利特·泰纳:《现代法国的起源:大革命之大混乱》(Ⅱ),黄艳红译,吉林出版集团有限公司,2015 年,第 26 页。

[3] 西耶斯后来回忆了他对巴黎高等法院之反动敕令的看法:"吸引所有法国人关心的政治问题似乎已经改变了性质;人们开始关注不同阶级的差别与诉求。希望把自身权力凌驾于国王绝对权力之上的全体国民已经不再团结;贵族迅速地临阵退缩,妄图利用议会;别有用心的贵族只考虑自身,而毫不关心人民的利益,妄图通过恫吓内阁,使之批准自身古老和新近的特权。"(*Notice sur la Vie de Sieyès*, p.18.)

夕众多小册子当中脱颖而出,主要是因为它拥有一个响亮的标题,"标题就是这本著作的实质,就是宣战书,就是在颁布新的公法"[1]。西耶斯以简洁明快、铿锵有力的语言描述了第三等级的现状、怨恨和目标:

> 第三等级是什么? 是一切。迄今为止,第三等级在政治秩序中的地位是什么? 什么也不是。第三等级要求什么? 要求取得某种地位。[2]

在短短两个月的时间内,《第三等级是什么?》就销售了3万份,被超过100万的读者传递阅读。路人和游客在见面打招呼时,也不忘追问对方:"你读过《第三等级是什么?》吗? 你们或者你是第三等级吗?"[3]马卢埃(Malouet)惊呼:"西耶斯的著作扭转了公共精神。"米拉波更是对西耶斯赞不绝口:"法国由此拥有了一个人物。这个人将注定引导决定我们命运的国民议会。"[4]

在三本小册子中,西耶斯提出了许多足以颠覆旧制度的新原则:取缔等级、消灭特权、国民统一、国民主权、权力分立、制宪权(Pouvoir Constituant)与宪制权(Pouvoirs Constitutés)的区分、代议制理论。并且,他的著作也呈现了法国大革命所特有的政治文化风格,崇拜理性、拒斥历史、鼓吹抽象,等等。[5] 由于西耶斯在大革命爆发之前即已构建了其意识形态,米拉波将之誉为"革命的穆罕默德"[6]。

《第三等级是什么?》等小册子出版以后,西耶斯变成了巴黎名利场上的宠儿。在1788－1789年期间,他经常参加"伐卢瓦俱乐部"(Club de

[1] A. Bigeon, *l'Homme-Le Constituant*, pp. 113－114.

[2] 西耶斯:《第三等级是什么?》,第19页。

[3] Louis Madelin, "Sieyès", in *Revue Hebdomadaire*, 1928/04, p. 57; A. Bigeon, *l'Homme-Le Constituant*, p. 19.

[4] Paul Bastid, *Sieyès et Sa Pensée*, p. 56.

[5] Jean-Denis Bredin, *Sieyès:La Clé de la Révolution Française*, p. 91.

[6] Boris Mirkine-Guetzievitch, "L'Abbée Sieyès", in *La Révolution Française*, No. 5, 1936, p. 232.

Valois)、"三十人协会"(Société des Trente)、"黑人之友"(Amis des Noirs)、"宪法之友社"(Société des Amis de Constitution)等社团,也频繁光顾孔多赛侯爵夫人、爱尔维修夫人、内克夫人等主持的沙龙,并由此结识了一批日后在大革命期间炙手可热的人物,如拉法耶特(La Fayette)、塔列朗(Talleyrand)、孔多赛(Condorcet)、拉梅特兄弟(Lameths)、布里索(Brissot)、列沙白里哀(Le Chaplier)等。他曾经一度还和王室反对派领袖奥尔良公爵"平等-菲利普"走得很近,并为其领地的居民起草了一份选举纲领——《奥尔良公爵致其选区代表的指令》。[1] 这份选举纲领在 1789 年的法国流传甚广,甚至遥远的马赛和弗雷瑞斯也都以它为蓝本。

西耶斯的小册子让保守势力感到害怕。曾经阻挠过杜尔哥改革的高等法院法官塞吉尔(Séguier)要求国王查禁并焚烧《论特权》和《第三等级是什么?》。[2] 在三级议会的教士代表选举中,西耶斯所在的夏尔特教区也拒绝任命他为代表。1789 年 5 月 19 日,巴黎的第三等级在获得西耶斯落选教士代表的消息后,立刻讨论是否要把 20 个名额中最后的一个名额留给他。经过三轮激烈的投票,西耶斯以微弱优势当选。颇具讽刺意味的是,西耶斯在《第三等级是什么?》中反复提醒第三等级不能从特权等级遴选自己的代表,但他本人却是高级教士,凭借巴黎第三等级的支持,才得以入选三级议会。[3] 从此以后,法国便拥有了"大革命的先知"[4]。

〔1〕 Sieyès, *Instruction Donnée par S. A. S. Monsieur Le Duc d'Orléans, à Ses Représentants aux Bailliages. Suivie de Délibération à Prendre dans les Assemblées*, Paris, 1789.

〔2〕 Jean-Denis Bredin, *Sieyès: La Clé de la Révolution Française*, p. 90.

〔3〕 第三等级也基本上遵守了西耶斯的教训,在其近 600 名代表中,只有 11 人是贵族(包括米拉波),3 人是教士代表。(Jean-Denis Bredin, *Sieyès: La Clé de la Révolution Française*, p. 101, note.)

〔4〕 Pasquale Pasquino, *Sieyès et l'Invention de la Constitution en France*, p. 69; Paul Bastid, "Sieyès et les Philosophies", in *Revue de Synthèse*, No. 17(1939/06), p. 156.

4.大革命的鼹鼠

1789 年 5 月 5 日,三级议会开幕。在 5 月 27 日巴黎代表与会之前,[1]米拉波等人采取消极的拖延政策。所以,三级议会始终处在激烈争吵,但却碌碌无为的状态。

西耶斯参加议会后不久,就认为米拉波的消极策略颇为危险,建议第三等级的代表们立即进行权力审查。6 月 11 日,在他的建议下,第三等级的代表们向贵族和教士发出邀请,呼吁建立共同协商、按人头表决的议会。起初,特权等级表示反对,贵族的态度尤为顽固。身为教士,西耶斯深知在教士内部拥有许多对现存制度不满且同情第三等级的代表,主张采取分化特权等级的策略,先积极拉拢教士代表。此种策略果然奏效,多数教士很快选择支持第三等级。

在权力审查获得多数代表的同意后,人们又遇到了新的问题,即新议会的名称问题。代表们出现了严重的分歧。穆尼埃比较遵守法统,主张将之称为"多数国民代表的合法议会",巴莱尔(Barère)在此基础上建议称为"绝大多数的法国人代表所组成的国民议会",米拉波提出更为简洁的"法国人民代表大会",西耶斯则给出较为冗长的名称——"经过法兰西国民承认并审查的代表议会"。6 月 17 日,西耶斯支持勒格朗·德·贝里(Legrand de Berry)提出的,且他本人也在《第三等级是什么?》中曾经使用过的名称——"国民议会"(Assemblée Nationale),并得到了多数代表的通过。[2]

6 月 20 日,在贵族代表的唆使下,优柔寡断的路易十六关闭了三级议

---

[1] 由于国王在 1789 年 4 月 21 日才批准巴黎地区举行选举活动,所以巴黎地区的代表们产生的时间非常晚。

[2] Catherine Larrère, "La Nation chez Sièyes: l'Inflexion Révolutionnaire de l'Université des Lumières", in *La Philosophie et la Révolution Française*, Paris, Librarie Philosophique J. Vrin,1993,p. 146.

会的议事大厅。第三等级的代表们变得愤怒无比,在凡尔赛宫附近的网球场发表了由穆尼埃、塔尔热和西耶斯共同起草的宣言,宣称"除非在王国宪法建立并巩固在坚实的基础之上",国民议会绝不解散。6月23日,路易十六亲临国民会议,要求恢复三个等级的古老区分。第三等级的代表们感到怒火中烧,西耶斯却轻描淡写地说道:"先生们,我们像昨天一样。开会!"[1]于是,国民议会照旧按照共同协商的方式开会。

面对国王可能动用军队的危险,米拉波提议国民议会通过了代表神圣不可侵犯的决议。议会代表的不可侵犯性是保障国民议会正常运转的必要条件,可惜,随着革命的激进化,代表们的财产、自由和生命皆得不到有效的保障。这是相当令人遗憾的事。

6月25日,奥尔良公爵、拉罗什福科(La Rochefoucauld)、拉梅特等贵族宣布加入国民议会。6月27日,三个等级的代表正式合并。从此以后,抵制改革的保守贵族逐渐失去了影响。路易十六的两位王弟普罗旺斯伯爵、阿尔图瓦伯爵及其他大贵族见大势已去,选择流亡国外。

7月6日,在穆尼埃的请求下,国民议会任命了制宪委员会。穆尼埃在报告中称:"我们的委托人禁止我们在确立宪法之前表决通过赋税。因此,我们将服从国民,并连续不断地承担这份重要的工作。"从此以后,国民议会又称制宪议会(Assemblée Constituante)。不过,西耶斯并没有入选第一个制宪委员会。[2]

1789年6—7月,国民议会争论最多的问题是"强制委托"(mandats impératifs)。自从6月16日起,贵族代表拉里－托兰达尔(Lally-Tollendal)、克莱蒙·多内尔等人就宣称,在没有获得委托人授权的情况下,反对废止按等级表决的议事方式。对于强制委托问题,国民议会最初

---

[1]　*Archives Parlementaires*, tome 8, p. 146.

[2]　第一个制宪委员会的灵魂人物是穆尼埃,成员有佩蒂翁(Pétion)、拉博·圣艾蒂安、克莱蒙·多内尔(Clemont-Tonnerre)、拉里-托兰达尔(Lally-Tollendal)、艾梅里(Emmery)、丹德烈(d'André)、贝尔加斯(Bergasse)、巴宜(Bailly)、拉里维埃－勒博(La Revellière-Lépeaux)、亚历山大·拉梅内、兰热内(Lanjuinais)。

的做法是将之搁置,不做任何决断。7 月 7 日,塔列朗首先提出取缔强制委托的问题。西耶斯则认为,无须再多费口舌,因为这个问题实际上在创建国民议会的 6 月 17 日已经得到解决。

1789 年 7—8 月,制宪议会讨论的另一个焦点是人权宣言问题。7 月 11 日,拉法耶特向制宪议会呈递了第一份可能出自美国驻法大使杰斐逊之手的人权宣言草案。在巴黎人民攻占巴士底狱的同一天,制宪议会宣布新的宪法将包含一份人权宣言。制宪议会邀请议员和社会各界就未来的人权宣言发表建言,拟定草案。7 月 20 日,西耶斯提交了自己的人权宣言草案:《理性的认识与陈述:人权与公民权》。[1] 西耶斯的人权宣言草案的独特之处在于,除了列举人们应当享有的基本权利外,还详细论证了人权的哲学基础、社会联合的优点及制定宪法的指导原则。尚比容·德·西塞(Champion de Cicé)和米拉波都承认西耶斯之人权草案的精确性,但他们认为它的缺点也恰恰在于此。前者指出"它的缺陷在于它的完美"[2],后者不无讽刺地说,"西耶斯的精明演绎会得到所有哲学家的拥护",但"自由并不是某种哲学演绎的结果"。[3] 不过,西耶斯似乎并不赞同别人的批评,他在将之出版时,撰写了一篇篇幅很长的序言,为其形而上学风格进行了有力的辩护,认为真理在被普遍接受之前,难免会招致指责、中伤、忽视

---

[1] Sieyès, *Préliminaire de la Constitution Française. Reconnaissance et Exposition Raisonnée des Droits de l'Homme et du Citoyen*, Paris, 1789.

[2] Antoine de Baecque(ed.), *L'An 1. Des Droits de l'Homme*, Paris, Presses du CNRS, 1988, p. 85.

[3] 米拉波反对用抽象的语言起草人权宣言,他表示:"自由从来就不是某一种通过哲学演绎的学说的结果,而是长年累月的经验的结果,是建立在事实基础上进行的简单推理的结果,因此我们越是接近于这些简单的推理,达到的效果越是明显。即便需要使用一些抽象的术语,我们也应当通过联系所有能唤起人们热爱自由的感觉,通过尽可能地避开哗众取宠的改革,使之通俗易懂。"(Antoine de Baecque, *L'An 1. Des Droits de l'Homme*, p. 127.)

和拒斥,但"它们总有一天会不再是形而上学"〔1〕。

在制宪议会讨论人权宣言之际,法国陷入了某种无政府的状态之中。7月14日,巴黎人民攻占巴士底狱。随后,起义的浪潮席卷各大城市,第戎、鲁昂、南特、波尔多、里昂、布尔热也纷纷建立革命的市政府。接着,法国农村也揭竿而起,农民攻打城堡、占领修道院、焚烧地契、瓜分公地。面对如火如荼的革命浪潮,波旁王朝的督办官与市长纷纷宣布辞职,行政机构全面瘫痪,整个社会陷入乔治·勒费弗尔所描绘的"大恐慌"之中。〔2〕为了缓和社会矛盾,制宪会议在8月4—11日期间颁布取缔道路徭役、人身依附、领主权利及赎买世俗什一税等法令。对此,米什莱予以高度评价:"8月4日之夜是已经统治了一千年的封建制度逊位、自绝和被诅咒的庄严时刻。"

西耶斯在革命前夕予以猛烈抨击的旧制度就此轰然倒塌。但是,令人匪夷所思的是,在制宪议会的代表们忙不更迭、一项又一项地取缔封建特权之际,《论特权》的作者却始终保持沉默。8月10日,西耶斯按捺不住,但他的发言却让其他的代表瞠目结舌。他宣布反对无偿取缔教会的什一税,坚持土地所有者应当像赎买世俗领主的什一税一样赎买教会的什一税,认为此举既可以防止好处尽数落在富人的手中,又能够获得7000万利弗尔的公共收入,以解决贫困教士的生计问题和国家面临的财政困难。在演说中,西耶斯也为制宪议会和整个法国的不断激进化感到忧心忡忡:"我们为我们行动的迅速感到吃惊,为不假思索的情感把我们引向极端感到害怕。"〔3〕然而,西耶斯的立场并没有得到教士代表的支持。巴黎大主教还带头表态,主张无条件废止教会的什一税。

---

〔1〕 Sieyès, *Préliminaire de la Constitution Française. Reconnaissance et Exposition Raisonnée des Droits de l'Homme et du Citoyen*, p. 10. 尽管西耶斯的人权宣言没有成为制宪议会的讨论方案,但它却是最受欢迎的方案之一。在制宪议会投票选择讨论方案时,第六组的草案获得620票,西耶斯获得240票,而拉法耶特的提案仅获45票。(Antoine de Baecque, *L'An 1. Des Droits de l'Homme*, p. 149.)

〔2〕 Georges Lefebvre, "La Révolution Française et les Paysans", in *Études sur La Révolution Française*, Paris, PUF, 1984.

〔3〕 *Archives Parlementaires*, tome 8, p. 388.

即便如此,西耶斯依然坚持反对无偿取缔教会的什一税。8月10日,他把这篇演说付梓出版时,特地在封面上醒目地加上了一句话:"他们想要自由,却不知道保持公正。"[1]西耶斯坚决保护教会权益的做法给他引来了不少的非议,很多人批判他的虚伪,认为他在抨击贵族特权时冷酷无情,但对教会的抨击却总是遮遮掩掩,一旦涉及切身的利益,便毫不犹豫地公然反对。对此,很多史家也诟病不已。米什莱提醒人们说,"西耶斯终究是神甫,他是教士的捍卫者";乔治·勒费弗尔指出,"很难让人相信,他在反对无偿取缔教会的什一税时,没有考虑自己拥有的权益"。[2]当然,也不乏为西耶斯辩护的人。阿尔贝里克·内顿表示,西耶斯这么做并非为了私利,而是为了捍卫财产权的绝对性,避免建立劫贫济富的制度,解决革命法国面临的财政危机。[3]我们暂且不论西耶斯的做法是否和其反特权的立场前后矛盾,但我们至少可以肯定,他的声誉由此遭受了沉重的打击。在此后的岁月里,他的政敌反复借此批判他的自私、贪婪和虚伪。保尔·巴斯蒂评价道:"在这以前,西耶斯的思想和大革命的初期发展是完全吻合的。[……]从此以后,两者的分离是不容辩驳的。"[4]

8月10日演说以后,西耶斯陷入沉寂,很少再走向议会的讲坛。8月28日,在穆尼埃汇报其主导起草的宪法报告,要求赋予国王以绝对的否决权,并主张建立两院制后,制宪议会内部掀起了激烈的争论。除了穆尼埃外,拉里-托兰达尔、克莱蒙-多内尔、米拉波等"王政派"表达了相同的立场。激进派佩蒂翁反对赋予国王以否决权,拒绝两院制的议会,但却出于捍卫民主制的理想,又重新抛出了强制委托的问题。对于两派的观点,西耶斯都无法苟同。9月7日,西耶斯发表了《论国王否决权》的著名演说。一方面,他强烈反对国王的否决权,避免国王建立有别于、独立于国民的利

---

[1] Sieyès, *Observations Sommaires sur les Biens Ecclésiastiques*, Bordeaux, De l'Imprimerie de Simon de la Court, 1789.

[2] Jean-Denis Bredin, *Sieyès: La Clé de la Révolution Française*, p. 143.

[3] Albéric Neton, *Sieyès(1748—1836). Après des Documents Inédits*, p. 99.

[4] Paul Bastid, *Sieyès et Sa Pensée*, p. 84.

益,直言不讳地把否决权斥为"一封反对国民意志、反对全体国民的密扎";另一方面,他也竭力抵制佩蒂翁等人主张国民议会通过的法令必须得到人民同意的观点,认为此举会"导致法国支离破碎,分裂为不计其数、规模狭小的民主国家"。他坚决维护国民代表的独立性和国民议会的权威性,宣称唯有国民议会"才有权解释国民意志"。[1]

由于在议会和公共舆论中承受了巨大的压力,由于身材矮小,声音低沉,缺乏演说天赋,西耶斯很少在制宪议会发表演说。他更多地选择坐着聆听、鼓励和支持其朋友们在讲坛上表演。在需要督促制宪议会作出重要决策时,他经常鼓动自己的朋友抛头露面。

行政区划改革的方案即图雷(Thouret)在西耶斯之设想的基础上提出的。对法国的行政区划制度作出改革的念头长期萦绕在西耶斯的脑海里。1789年7月底,身为巴黎代表的西耶斯出版了《略论适用巴黎市的宪法》,针对巴黎市的行政区划与市府组建的问题,表达了自己的见解。在这份小册子里,西耶斯已经勾勒了图雷在9月29日提出的行政区划报告的基本轮廓。他主张按照土地、人口和赋税的比例,把法国本土划分成80个"省"(départements)(巴黎单独设省);省下面设市(communes)和县(cantons);每个县将根据人数的多寡酌情建立相应数量的初级议会(assemblée primaire,或者称为comices)。他表示,在此基础上,人们可以把公共职能分为两种:一是自下而上(ascendants)的立法体系,从初级议会开始,逐级选举可充当同级行政机构的候选人名单以及担任上级立法机构的代表;二是自下而上(descendants)的行政体系,上级行政机构负责从下级选举会议

---

[1] Sieyès, *Sur la Question du Veto Royale* à la séance du 7 Septembre 1789, Paris, 1789, pp. 9−10.

产生的候选人名单中选择下级的行政官员。[1] 西耶斯的目标是通过终结波旁王朝时期主教区（diocèses）、督军区（gouvernements）、行政区（généralités）、司法区（bailliages）、三级会议省（province）等犬牙交错、互不重叠的混乱状态，试图为法国建立统一的行政区划制度。在他看来，这是法国建立相同立法、相同行政的首要前提。

在图雷发表行政区划改革的报告后，西耶斯密切关注着制宪议会内部的舆论动向。在米拉波、巴纳夫（Barnave）等人提出批评意见后，西耶斯在10月2日发表《论宪法委员会重新组织法国的报告》，声援图雷，提醒人们不要贻误千载难逢的改革机遇，否则"各省将永远保留它们的团体精神、特权、诉求与嫉妒，法国将永远不可能在政治层面建立对一个伟大民族而言不可或缺的国民统一性（aduantion）"[2]。对于米拉波等人关于新的行政区划没有尊重历史、传统和自然边界的批评，西耶斯不以为意。他认为，新的行政区划制度不会导致法国的肢解，反而能够促成法国的再生。他提请米拉波们不必杞人忧天，"请你放心吧。难道我不再是布列塔尼人和普罗旺斯人了吗？不，你们始终是布列塔尼人和普罗旺斯人。但是，你们将会和我们一起为获得公民资格而欢呼雀跃；我们将永远拥有法国人的名称。如果法国人的名称指代自由人，人们将会在剧院里礼赞它"[3]。最后，除了把省的数量由81个增加到83个，并在某些省份的具体划分上稍做调整外，制宪议会基本上接受了西耶斯和图雷的行政区划方案。

与此同时，西耶斯也颇为关注司法改革。1790年3月，西耶斯发表了

---

〔1〕 Sieyès, *Quelques Idées de Constitution Applicables à la Ville de Paris*, Versailles, Baudouin, 1789. 在这一点上，西耶斯在革命期间始终坚持相同的立场：颁布法律所必需的信任应当自下而上，必须逐级选举产生立法代表；执行法律所必需的权威则应当自上而下，上级行政官员可在各级立法机构提供的候选名单当中任命下属官员。在1795年热月演说及1799年雾月政变期间，他都坚持相同的观点。

〔2〕 Sieyès, *Observations sur le Rapport du Comité de Constitution, Concernant la Nouvelle Organisation de la France*, Verailles, Baudouin, 1789, pp. 1—2.

〔3〕 Sieyès, *Observations sur le Rapport du Comité de Constitution, Concernant la Nouvelle Organisation de la France*, p. 14.

《管窥法国司法与治安的重新组织》。全文总共 176 条,详细阐述了其改革法国治安体系和审判制度的观念。西耶斯主张实行法官选举制,并坚持把他推崇的陪审团(Jury)制度分别引入刑事审判和民事审判。[1] 但是,制宪议会只同意把陪审团引入刑事审判。

此外,在制宪会议期间,西耶斯还积极介入是否要在法国继续保留君主制的大讨论。国王路易十六逃跑事件发生后,革命矛盾迅速激化,人们开始激烈讨论废止君主制、建立共和国的可能性。孔多赛、托马斯·潘恩率先在法国呼吁建立共和国。7 月 6 日,西耶斯在《导报》副刊上发表文章,反对建立共和国,宣称“公民在君主国里比在共和国里拥有更多的自由”[2]。7 月 8 日,潘恩在《导报》上反唇相讥,指出君主制只会“在地球上制造弊端、痛苦、饥饿、战争与屠杀”[3]。7 月 16 日,西耶斯回应,宣称支持把选举制引入立法领域,但反对将之引入行政领域。[4] 在和潘恩的辩论中,西耶斯实际上是在捍卫某种立宪君主制,而并非要维护绝对的君主制。然而,在公共舆论中,西耶斯却由此留下了保王党的臭名。后来,他的政敌罗伯斯庇尔和巴拉斯(Barras)也经常借此打击他。

1791 年 9 月 3 日,制宪议会颁布新宪法,规定把人权宣言作为序言,赋予国王以延缓的否决权,但建立一院制的议会。1791 年 9 月 30 日,制宪议会宣布闭幕。

1791 年 10 月 1 日,立法议会召开。由于新宪法规定制宪议会的成员不得入选立法议会,西耶斯隐居在巴黎郊区的乡村寓所。在这一时期,西耶斯没有公开发表任何作品,仅存的手稿也没有留下相关的内容。但根据其他人的回忆,西耶斯在立法议会期间和吉伦特派的主要成员孔多赛保持

---

[1] Sieyès, *Appeçu d' une Nouvelle Organisation de la Justice et de la Police en France*, Paris, L'Imperimerie Nationale, 1790.

[2] Sieyès, "Variétés", in *Oeuvres de Sieyès*, tome Ⅱ, 29.

[3] "Lettre de M. Thomas Paine à M. Emmanuel Syèys", in *Oeuvres de Sieyès*, tome Ⅱ, 30.

[4] "Réponse de Sieyès à Thomas Paine", in *Oeuvres de Sieyès*, tome Ⅱ, 30.

了较为紧密的联系。同为杜尔哥的崇拜者,西耶斯和孔多赛在许多方面持有相同的观点,他们皆信奉历史进步的信念,支持定期制宪的观点并坚决捍卫代议制。不过,孔多赛激进的民主主义可能让西耶斯感到厌恶。

1792年8月10日,巴黎人民起义,革命形势再次恶化。而且,由于立法议会在1792年9月21日宣布取缔君主制,1791年宪法变得不合时宜。所以,法国革命者决定重新举行选举,召开新的制宪议会。西耶斯被萨尔特省、吉伦特省和奥恩省同时选为代表,他选择代表奥恩省出席国民公会。

新的国民公会选举西耶斯为主席,但他拒绝担任,仅同意加入新的制宪委员会。大革命的先知在制宪委员会里并不活跃,他宁愿躲在孔多赛及其吉伦特派朋友们的阴影下。孔多赛由于在法国率先呼吁建立共和国,因而在国民公会中享有崇高的威望。1793年2月15—16日,孔多赛向国民公会作了新的宪法草案报告。[1] 但是,雅各宾派却想方设法拖延它的表决,主张在审判国王后再做定夺。

1793年4月15日,国民公会开始讨论孔多赛的宪法。在讨论过程中,吉伦特派和雅各宾派势若水火。最后,孔多赛的宪法被否定,雅各宾派在6月24日颁布了自己起草的宪法。雅各宾派开始大规模清洗吉伦特派,逮捕22名代表,并于10月31日将他们全部处决。孔多赛、佩蒂翁、拉博-圣埃蒂安、科桑(Kersaint)、罗兰等逃跑者也难逃劫数,或者被重新逮捕处死,或者饮恨自杀。面对吉伦特派的灾难,西耶斯痛苦万分,但却没有像其他73位吉伦特派同僚那样勇敢地提出抗议。后来,参加抗议的73名吉伦特派代表尽数被罗伯斯庇尔投入牢狱。

在国民公会期间,西耶斯没有什么惊人的壮举,但也没有做过落井下石的事情。他投票赞成处死路易十六,毫无热情地接受了共和国。在他看来,共和国在当时几乎是唯一可能的选择。稍微值得称道的,就是他分别入选了公安委员会和公共教育委员会,并起草了两份和雅各宾主义明显不

---

[1] Condorcet, *Plan de Constitution*, présenté à la Convention Nationale, Paris, L'Imprimerie Nationale, 1793.

同的报告。然而,由于雅各宾派的阻挠,它们都没有获得通过。

在为抵御外敌入侵而专门成立的公安委员会里,西耶斯起草了一份重组陆军部的报告。西耶斯指出,法国军队之所以在对外作战时节节败退,一个很重要的原因就是陆军系统的组织紊乱。他主张重新改组陆军部,将之分成四个部门:(1)人和物的供给;(2)民事管理;(3)军事领导;(4)统帅部。西耶斯主张成立由 15 名专员和 1 名秘书长组成的"国家经济委员会"(un économat National),专门负责协调各类军事物资的供给;在任命军队的行政管理人员时,他反对引入选举原则,而坚持根据正直、见识和精明的标准,由陆军部长任命专员和秘书长;在战争期间,他认为军队应当由将军指挥,但提议创建一个高级委员会,监督约束他们的活动,使之遵守陆军部的统一指令,而不会损害国家的利益。[1] 1 月 28 日,西耶斯向国民公会提交报告,但被雅各宾派否决。西耶斯难掩失望,在 3 月 26 日选择退出公安委员会。

在雅各宾派和吉伦特派唇枪舌剑地讨论宪法时,不愿卷入纷争的西耶斯试图在公共教育委员会略尽绵薄之力。当时的公共教育委员会汇聚了许多饱学之士,除了西耶斯,还有孔多赛、谢尼埃(Chénier)、路易・大卫、道努(Daunou)、格雷古瓦神甫及开明的雅各宾派成员拉卡纳尔(Lakanal)。他们都相信,教育可以实现人类的可完善性。西耶斯和孔多赛起草了改革法国教育体系的报告,它的主要内容包括:在居民数量达到 1000 人的所有地方,利用公共开支,建立国民学校(即小学),开设算数、几何、物理、道德和社会秩序等课程,而且要求学生必须在工场接受锻炼,使之认识到"人类勤勉的好处";在国民学校之外,允许私人开办更高的特别学校,优秀的贫寒子弟能够获得资助;每个区建造一个国家图书馆,每个县建造一个国家剧院;创设科学与艺术的研究机构,推动人类知识和艺术的进步;设立 40 个国家节日,定期庆祝大自然、人类社会及大革命。[2] 西耶斯预料由他和

〔1〕 Sieyès, *Rapport du Comité de Défense Générale, pour organiser le Ministère de la Guerre*, in *Oeuvres de Sieyès*, tome Ⅲ, 35.

〔2〕 Sieyès et Condorcet, *Du Nouvel Établissement Public de l'Instruction en France*, in *Oeuvres de Sieyès*, tome Ⅲ, 33.

孔多赛署名的教育法案必定会招致雅各宾派的反对,于是把到国民公会做报告的任务交给隶属雅各宾派的拉卡纳尔。罗伯斯庇尔立刻识破了西耶斯的计谋,在国民公会上叫嚣:"公民们,公民们,有人在愚弄你们;这份报告并不是出自目前的报告人;我强烈地反对它的真正作者。"[1]

吉伦特派彻底失势以后,国民公会的反教权主义日趋炽烈。作为昔日的高级神甫,西耶斯也成了众矢之的。1793 年 11 月 10 日,西耶斯迫于压力,在国民公会上发表声明,宣称自己不再是教士,而竭力强调他是人民的代表:"除了自由与平等的宗教,我不承认任何别的宗教;除了热爱人类和祖国外,我不热爱任何别的宗教。"[2]

面对咄咄逼人的雅各宾派,西耶斯一开始是沉默地坐在代表席上,冷眼旁观在国民公会里上演的闹剧。后来,他干脆重新隐居巴黎郊区,除了偶尔约见少数朋友外,对巴黎发生的事情不闻不问。即便如此,雅各宾派的领袖们仍然很忌惮西耶斯的影响,怀疑他躲在幕后从中作梗。巴莱尔回忆说:"西耶斯神甫尽管不抛头露面,但他不断在议会的幕后斡旋;他领导一切、捣乱一切;他钻出地面,旋即又消失;他制造派别,推动它们、分化它们,但又与之保持距离;假如形势有利,他便会坐收渔翁之利。"[3]罗伯斯庇尔的看法也并无二致:"西耶斯神甫并不露面,但他不断躲在议会背后搞阴谋:他是大革命的鼹鼠。"[4]

1794 年热月 9 日(即 7 月 27 日),罗伯斯庇尔的统治被推翻。在此过程中,西耶斯并没有发挥过任何作用,主要是他所不齿的巴拉斯、富歇(Fouché)、弗雷隆(Fréron)、勒让德尔(Legendre)等人的功劳。热月政变后,"大革命的鼹鼠"又试图重新活跃起来。

巴拉斯们似乎并不愿意看到西耶斯东山再起,所以大肆散播谣言,污蔑他是贪财者、保王党和雅各宾派的同谋。为了反击,西耶斯在 1795 年 2

[1] A. Bigeon, *l'Homme-Le Constituant*, p. 42.

[2] Albéric Neton, *Sieyès(1748—1836). Après des Documents Inédits*, p. 217.

[3] *Mémoires de Barère*, tome Ⅱ, p. 280.

[4] Albéric Neton, *Sieyès(1748—1836). Après des Documents Inédits*, p. 209.

第一章 生平

月用第三人称发表了其唯一的回忆录《西耶斯生涯的注脚》,简单介绍了他自出生以来的各种情况,把自己塑造成一个反教权、反特权、坚持正义、热爱自由的正面形象,力图澄清抹黑他的不实之词。除了过于美化自己,对拉法耶特等人的描绘有欠公允外[1],西耶斯的自传基本上符合历史的真实。对于巴拉斯们指责自己在雅各宾专政期间的不作为,西耶斯解释道:

> 你们想怎么样呢?即便我说二加二等于四,但无赖们却会使公众相信我说二加二等于三。事已至此,还有什么积极的希望吗?只能闭嘴了。[2]

西耶斯在国民公会恢复影响后,当务之急就是要为尚在监狱中忍受煎熬的73名吉伦特派代表拨乱反正。1794年12月5日,在西耶斯和谢尼埃等人的共同努力下,国民公会重新召回他们,并恢复其代表资格。西耶斯本人也入选国民公会中最重要的机构——救国委员会,致力于恢复革命恐怖留下的创伤。热月党人和残留的雅各宾派之间的斗争虽然时有发生,但也不至于引起严重的社会动荡。

热月党人把过多的精力用于打击雅各宾派和保王党,很少关心普通民众的生活疾苦。革命政府发行的指券每天都在贬值,巴黎市区的工场经常关闭,失业人口急剧攀升,食物总是供不应求。对此,巴黎民众怨声载道。1795年芽月1日(3月21日),怒不可遏的巴黎人民爆发起义,闯进了国民公会,高呼"要面包和1793年宪法"。起义民众和国民公会代表们起了争执,并杀死了一位上前阻挡的代表。虽然巴黎人民的起义被镇压,但国民公会的代表们再也不能忽视1793年6月24日宪法的存在。后者自从颁布之日起,从未得到实施,因为1793年10月10日,国民公会宣布:"在实现和平之前,法国的临时政府始终是革命的。"

---

[1] 对于西耶斯的指责,拉法耶特在回忆录中作出专门的澄清,并趁机贬低了他一番。参见:Lafayette, "Notice sur la Vie de Sieyès", in *Mémoires, Correspondance et Manuscrits*, Paris, H. Fournier Aîné, 1838, pp. 1—38.

[2] *Notice sur la Vie de Sieyès*, p. 39.

法国必须结束革命的状态,回归宪政的体制。然而,应当实施 1793 年宪法,还是另起炉灶,重新制定一部新宪法呢? 起初,热月党人和西耶斯本人似乎有意实施 1793 年宪法。在芽月起义爆发之前,国民公会为起草1793 年宪法的组织法成立了十一人委员会。西耶斯以自己任职救国委员会,不能身兼立法任务为由,拒绝加入十一人委员会。芽月起义以后,国民公会改组十一人委员会,并主张制定一部新的宪法。根据他们的新宪法草案,执行权将得到强化,不再依附于立法议会,掌握在五人组成的督政府里,他们每年轮流担任主席,并更换 1 名督政;立法机构由元老院(Conseil des Anciens)和五百人院(Conseil des Cinq-Cents)组成,两院代表任期 3年,每年改选 1/3,立法代表可连选两届,但若要再次当选,则必须至少间隔2 年;五百人院的代表必须年满 30 周岁,元老院的门槛是 40 周岁,并且必须是已婚或者鳏夫;五百人院的决议必须得到五百人院的通过,方可成为法律。[1]

十一人委员会的宪法草案或多或少效仿了美国的权力制衡原则[2],并最终获得了通过。西耶斯向来拒斥英美的权力制衡原则,所以强烈反对十一人委员会的宪法草案,竭力主张把劳动分工原则引入政治权力的划分,建立所谓的"协同的体系"。1795 年热月 9 日和 18 日,西耶斯在国民公会阐述了其宪法体系。他区分法律的起草权、表决权、合宪审查权与颁布权,将之分别授予保民院(Tribunat)与国务会议(Conseil d'Etat)、立法机构、宪法陪审团(Jury Constitutionaire)和大选侯(le Grand-Électeur)。[3]

---

〔1〕 "Textes de la Constitution du 6 Fructidor An Ⅲ", in Michel Troper, *Terminer la Révolution. La Constitution de* 1795, Paris, Fayard, 2006, pp. 709—745.

〔2〕 美国宪法对于 1795 年宪法的起草与颁布的影响,可参见:Marc Lahmer, *La Constitution Américaine dans le Débat Français*: 1795 — 1848, Paris, L'Harmattan, 2001, pp. 235—275.

〔3〕 *Opinion des Sieyès sur Plusieurs Articles des Titres* Ⅳ *et* Ⅴ *du Projet de Constitution*, prononcée à la Convention Nationale le 9 Thermidor, l'an de la Républque; *Opinion des Sieyès sur les atributions et l'Organisation du Jury Constitutionnaire proposé le 18 Thermidor*, prononcée à la Convention Nationale le 18 Thermidor, l'An de la Réplublque.

令人惊讶的是,除了宪法陪审团得到过国民议会的讨论外,西耶斯的整套宪法方案遭到了所有人的一致反对。

面对这样的结果,西耶斯的震惊、失望、屈辱与愤怒可想而知。但即便如此,西耶斯在当时仍拥有任何人都无法望其项背的巨大声望。在随后的立法选中,西耶斯被19个省份推选为代表;由于独身无法进入元老院,他只能入选五百人院,但当选了主席。在督政选举中,西耶斯也以高票当选。然而,由于不愿和同时当选的雷贝尔(Rewbell)、拉里维埃-勒博和巴拉斯共事,他宁愿选择留在五百人院里。

像在雅各宾时期的国民公会一样,督政府时期的西耶斯选择隐身于五百人院,很少发表演说。在更多的时候,他居住在巴黎郊区的寓所,刻意和喧闹的政治生活保持距离。在一年的时间内,几乎无人谈及西耶斯。一个偶然的事件让他重新回归公共舆论的视野。一个名叫蒲尔(Poulle)的神甫闯入他的家中,迎面朝他开枪。一颗子弹打中了他的手腕,另一颗子弹擦伤了他的胸膛。在这场有惊无险的事故中,西耶斯保持了出人意料的镇定。在出庭作证回家后,不苟言笑的西耶斯难得地对他的门房开了玩笑:"如果蒲尔再来,你就告诉他我不在家。"[1]

西耶斯在遇刺后,重新变得活跃起来。他经常参加斯塔尔夫人、爱尔维修夫人的沙龙,并入选了法兰西学院,和志趣相投的哲学家们讨论形而上学的问题。在雾月政变期间,他最积极的支持者都来自法兰西学院。西耶斯开始对督政府的当权者们评头论足,嘲弄拉里维埃-勒博的怪诞脾气,抨击巴拉斯的纵情声色。面对来自西耶斯的不断批评,督政府的灵魂人物巴拉斯抱怨道:"督政府被他发出的嗡嗡声搞得精疲力尽。"

为了摆脱西耶斯的纠缠,督政府派他到柏林出任大使,和普鲁士签订友好条约。由于对督政府深恶痛绝,西耶斯也欣然领命。时人如是揣测了西耶斯选择出使普鲁士的心态:"由于对共和派渐趋失望,尤其对共和国的

---

[1]　Mignet,"Sieyès,Sa Vie et Ses Travaux", in *Revue des Deux Mondes*, tome 9, 1837, p. 15.

失望,他希望远离对自己不再有吸引力的祖国。"[1]1798 年 5 月 10 日,西耶斯出使普鲁士。在驻普期间,除了和普鲁士签订友好条约外,西耶斯并没有做过特别出色的工作,但和普鲁士的知识界保持着良好的关系。[2]

5. 雾月政变的灵魂

由于始终面临保王党和山岳党的双重威胁,督政府显得捉襟见肘。在共和五年,督政府流放在选举中获胜的保王党代表。右派的危险刚刚剪除,激进主义又东山再起。在共和八年,雅各宾派在新的选举中取得重大胜利。督政府又故技重施,宣布选举无效,在花月 22 日把 60 多名雅各宾分子从议会中清除。对于督政府罔顾民意,通过非法手段清洗政治反对派的专断做法,公共舆论颇为愤怒。在时隔 30 多年以后,贡斯当仍然愤愤不平地抨击督政府做法的丑陋:

> 如果我有时间,我将讨论以共和国面貌存在的代议制政府的虚弱。把 1798 年政府和 1830 年政府的各自信奉的学说进行比较,并非没有意义。它们都同样厌恶选举自由,排斥异己,宣称要避免选民走向极端,却以智慧与知识的垄断为由窃取权力,诉诸某种和今日君主制一样含糊其辞、难以界定的共和原则。和目前无异,诡辩中夹杂阴险,无理中混合荒谬,愤怒中渗透粗野,奴役中沾染卑鄙,他们沆瀣一气,如同成群结队的秃鹫,盘旋在许诺提供食物的战场的周围。[3]

对于腐败、堕落、专断的督政府及建立督政府体制的 1795 年宪法本身,许多法国人感到深恶痛绝,希望彻底终结它们的存在。谁能堪当如此大任呢? 西耶斯无疑是最合适的人选。他在革命者心里德高望重,在宪法

[1] Louis Madelin,"Sieyès", p. 165.

[2] 西耶斯出使德国的表现,可参见:Marcelle Adler-Bresse, *Sieyès et le Monde Allemand*, 2 tomes, Paris, H. Champion, 1977.

[3] Benjamin Constant,"Souvenirs Historiques", in *Revue de Paris*, Ⅱ, tome ⅩⅥ, 1830, p. 105.

领域拥有的知识更是无人能及。而且,自 1795 年宪法颁布以来,他一直对其心怀不满,处心积虑地要推翻它。

在西耶斯出使普鲁士期间,他的信徒们尤其是布莱·德·拉穆特(Boulay de la Meurthe)和罗德勒(Roederer)为他的复出做积极的准备。1799 年,督政雷贝尔任期届满。共和七年花月 22 日,西耶斯在五百人院获得 420 票中的 236 票,在元老院获得 205 票中的 118 票,当选为新的督政。[1]

西耶斯获知自己当选督政的消息后,马不停蹄地赶回巴黎。1799 年 6 月 8 日,西耶斯回到巴黎。对于西耶斯的回归,人们满怀希望。一个驻巴黎的外交官观察道:“或许,少数君主在危难之时登基所引发的轰动效应也远不及公民西耶斯入选督政府的影响。所有人的目光都聚焦在他的身上。”[2]很多人都认为,西耶斯是能够帮助法国结束无政府状态、重建自由秩序的唯一救星。即便是曾经处心积虑排挤西耶斯的时任督政——巴拉斯也表达了欢迎的态度,“无论就才干抑或性格而言,督政府都相当脆弱”,因而希望获得像西耶斯等人的支持。[3]

1799 年 6 月 23 日(牧月 5 日),西耶斯被任命为督政府的主席。但是,他担任督政的表现却并不尽如人意。拉法耶特甚为不满:“西耶斯像救世主一样来临,但却什么问题也没有解决。他胆小怕事,冷若冰霜,郁郁寡欢。他既不善言辞,也不知道策马扬鞭。他是一个只知道玩弄辞藻的神甫,拥有耍弄阴谋的非凡智慧和杰出才能,但目光短浅,只能看到眼前利益。实际上,他远远没有达到公众的期望。”[4]西耶斯的政敌的抨击更为猛烈,但多数的批评是无中生有的造谣中伤。一些人批评西耶斯置法兰西的利益于不顾,一味地谄媚、屈服于普鲁士的利益;另一些人则混淆视听,

[1]　A. Bigeon, *l'Homme-Le Constituant*, p. 55.

[2]　Louis Madelin, "Sieyès", p. 166.

[3]　Albéric Neton, *Sieyès(1748－1836). Après des Documents Inédits*, p. 362.

[4]　Edmond de Beauverger, *Étude sur Sieyès*, Paris, Imprimerie de Hennuyer et Cie, 1851, p. 15.

紧揪西耶斯在革命初期为奥尔良公爵撰写过政治方案、在 1791 年捍卫过君主制的小辫，污蔑他是保王党。

面对来势汹汹的批评，西耶斯认为废止 1795 年宪法、制定新宪法变得更加迫切。然而，仅凭他自己、德·拉默特与罗德勒及其在法兰西学院的革命旧友，是无法达成目标的。

在经历过无套裤汉的革命狂热后，西耶斯不再把希望寄托于人民群众的选择。事实上，1799 年的法国民众也不可与 1789 年同日而语，因为他们早已丧失了昔日的政治热情。对于当时的公共舆论，斯塔尔夫人作过入木三分的剖析："它足够开明，不会考虑支持王权；但它也缺乏足够的热情，以至于愿意拥抱共和国而放弃安宁。"[1]

与此同时，西耶斯对督政府的政治精英也失望至极，因为巴拉斯之流只知道争权夺利、声色犬马和道德败坏，把国家利益和公众幸福抛之脑后。甚者，他对自己的追随者也心生厌恶。

> 我厌恶社会，是因为人们并不相信道德的善意。如果你谈论若干已经取得成功的政策，谈论精明无比的阴谋，谈论可以博得掌声的方案时，他们会优雅而明智地对待你；当他们认为你准备了他们料想的明智方案时，他们会对你顶礼膜拜，礼遇有加；他们崇奉你的卑鄙，因为他们将之视为一种荣耀。这一半出于他们的无良，一半源于他们的无知。然而，他们却嘲弄我。假如我不加以克制，我的第一反应就是对他们说：呸！因为你们是可怜虫、贪婪鬼，所以就轻易地断定别人和你们是一丘之貉！我最后总是会憎恨他们。什么！我耗尽毕生的精力，从事最艰苦的工作，罔顾个人的不幸，满怀善意、充满激情地为别人追求幸福，结果却被他们看作一个略有才华，可以被贪婪的无耻之徒拉帮结派的人！我要重申，人们既不相信公正，也不相信道德的善意。在他们的眼里，一切公共精神皆很荒谬。在任何社会里，他们都只会组建阴谋团体，成为怯懦者的帮凶和追随者。他们蝇营狗苟，贪

---

〔1〕 Albéric Neton, *Sieyès*(1748－1836). *Après des Documents Inédits*, p. 381.

婪成性,锱铢必较,会为了蝇头小利而欺骗邻居。这就是所谓农村的体面人,这就是所谓正直的、有德的阶级。[1]

西耶斯必须到别处去寻找支持。有一次,西耶斯对他的友人表露了心迹,"必须拥有一个大脑和一个臂膀"[2]。大脑就是他本人,但从何处寻找臂膀呢? 西耶斯需要一把剑,需要一个在关键时刻能为他横刀立马、力挽狂澜的将军。但是,哪位将军最为适合呢?

贝尔纳多特(Bernadotte)将军深受西耶斯的朋友斯塔尔夫人和贡斯当的垂青。他为人正派,洁身自好,和各个党派均保持距离。他的缺点是对雅各宾派充满同情,这让西耶斯对他敬而远之。西耶斯的理想人选是儒尔贝(Jourbet)将军。儒尔贝年轻有为,才华横溢,也颇受人们的欢迎。而且,最让西耶斯欣赏的地方在于,儒尔贝并不贪图名利、恋栈权柄。儒尔贝也接受了西耶斯的邀请。然而,天不遂人愿。1799 年 8 月 16 日,儒尔贝战死在意大利。西耶斯转向莫罗将军。性格腼腆、优柔寡断的莫罗(Moreau)没有接受革命先知的提议,而是向他推荐了拿破仑·波拿巴。

对于远征埃及的拿破仑,西耶斯并非没有耳闻。拿破仑在 1793 年解围土伦、在 1795 年葡月镇压保王党起义以及在意大利战役的出色表现,已经给人们留下了深刻的印象。但是,西耶斯知道科西嘉的将军野心勃勃,因而在是否选择他作为政变工具的问题上,表现得颇为踌躇。波拿巴家族的人纷纷亲自或者借助代理人向西耶斯表达了效忠共和国的誓言。拿破仑的兄弟约瑟夫和吕西安发挥了相当重要的作用。

在获知赢得西耶斯的支持后,拿破仑立即抛弃埃及的军队,匆忙赶赴法国。拿破仑精心选择了在法国的登陆地点,最后从西耶斯的故乡弗雷瑞斯登陆。在获知拿破仑从弗雷瑞斯登陆的消息后,西耶斯的追随者罗德勒在《巴黎日报》上大肆渲染波拿巴登陆弗雷瑞斯的政治含义:

---

[1]　Saint-Beuve, "Sieyès", in *Causeries du Lundi*, tome Ⅴ, Garnier Frères, 1878, pp. 211—212.

[2]　A. Bigeon, *l'Homme-Le Constituant*, p. 57.

波拿巴登陆的弗雷瑞斯是西耶斯的出生城市;这是他抵达巴黎后将会坚持的那些观念的幸福预兆,或者毋宁说,这是促使他出发的那些观念的幸福标记。[1]

拿破仑回到巴黎后,雾月政变的两位灵魂人物没有立即碰面。经过双方多次试探性接触后,拿破仑在雾月2日拜访了西耶斯。拿破仑在私下会谈与公开场合中多次宣称誓死效忠共和国,并颂扬西耶斯之天才的举动,[2]最终让后者下定了决心。雾月15日,西耶斯和拿破仑敲定了推翻共和三年宪法的计划。西耶斯和吕西安·波拿巴负责串通两院,而波拿巴则竭力争取巴黎驻军的支持。

双方把政变定在雾月18日(11月9日)。18日凌晨,元老院借口巴黎人民即将举行起义,宣布把两院迁往巴黎郊区圣-克劳德(Saint-Cloud),拿破仑的军队负责护送。在圣-克劳德的政变中,西耶斯表现得比拿破仑更为冷静。拿破仑在五百人院宣布他"不受法律保护"时,一度惊慌失措。幸亏在西耶斯的镇定指挥下,政变才没有流产。政变成功后,波拿巴、西耶斯和罗杰-杜克斯(Roger-Ducos)分别就任第一执政、第二执政和第三执政。

西耶斯天真地认为,波拿巴将会信守承诺,和他分享权力;他们将分别掌管军队和政府,而新宪法的制定会由他本人来主导。由于既没有时间,也没有耐心起草新宪法,他向德·拉穆特口授了自己的方案。与此同时,他向罗德勒、道努和塔列朗等人也透露了它。除了若干机构的名称及少数职能出现变化外,西耶斯在1799年设想的宪法草案和1795年构建的政治框架并无多大出入:保民院的代表由普通公民选举产生,可连选连任,负责起草代表人民利益的法案;立法院对法案进行表决,但没有讨论、协商和修改法案的权利;1799年的元老院(Collège des Conservateurs)拥有更大的权

---

[1]　A. Bigeon, *l'Homme-Le Constituant*, p. 62.

[2]　拿破仑曾经亲口对西耶斯说了一番后者感到很受用的恭维话语:"我们没有政府,是因为我们没有宪法,至少是因为我们缺乏一部应当拥有的宪法。你的天才将为我们提供一部宪法。一旦完成这项工作,统治就会变得易如反掌。"(Paul Bastid, *Sieyès et Sa Pensée*, p. 236.)

力,除了具备 1795 年宪法陪审团的准备修宪、合宪审查、保护人权等职能外,它可以任命保民院、立法院的成员及"大选侯",甚至还拥有强大的"吸纳权力",即能够把对共和国构成威胁的功勋人物(主要是"大选侯")强制纳入元老院,如果他拒绝,可宣布他叛国;"大选侯"类似于虚位的君主,拥有荣誉宫殿,享有 500 万法郎的年金,负责任命各自掌管对内事务和对外事务的 2 名执政;2 名执政下面分别设有 7 名部长和 1 个国务会议,而两个国务会议拥有起草和各自领域相关的行政法令的权力,等等。[1]

拿破仑知道自己的野心无法从西耶斯的宪法方案当中得到满足,因为他既不愿担任被其斥为"懒王"的大选侯,也不愿出任只能掌握一半权力并且还要受大选侯和元老院双重节制的执政,元老院的"吸纳权力"更让他胆战心惊。在他看来,后者是西耶斯针对自己而特别创设的条款。他曾经回忆说:"在西耶斯给我们提供[……]的宪法里,促使国家强大的因素荡然无存,导致国家虚弱的因素倒是应有尽有。"[2]因此,他强烈反对西耶斯的宪法草案。

拿破仑介入制宪的做法,让西耶斯感到愕然,但他也毫不示弱,拒绝对自己的宪法草案做任何修改:"要么全盘接受,要么什么也不要!"[3]西耶斯相信自己的宪法草案是"一部精心构造的机器",配备了所有必需的零件,而且"它的零件是如此匹配、吻合和契合整体,以至人们触动、取缔、挪移或者改变其中的任何一个,都会中断机器,或者会引入混乱和失序"[4]。所以,无论旁人如何劝解,他也绝不退让。西耶斯的立场之强硬可从他和罗德勒的一次谈话中得到体现。罗德勒劝说西耶斯主动退让,提醒他波拿

---

[1] 西耶斯在 1799 年的宪法草案,可参见：Boulay de la Meurthe, *Théories Constitutionelles de Sieyès. Constitution de l'An Ⅷ*, Paris,Cheze Paul Renouard,1836.

[2] *Mémoires de Napoléon, écrit sous Sa Dictée à Sainth-Hélène*, Paris, Philippe Librairie,1829,pp. 30—31.

[3] Saint-Beuve,"Sieyès", p. 212.

[4] 这是来自德·拉穆特的描述。(Y. Koung, *Théorie Constitutionnelle de Siéyes*, p.122.)

巴毕竟"把法国变成了伟大的国民"。西耶斯骄傲地反驳道:"你说得对。但是,在他之前,我们在制宪议会上创造了国民。"[1]

塔列朗、罗德勒和德·拉穆特为革命先知与军事强人之间的矛盾在公共舆论中引发了越来越多的流言感到不安,来回穿梭,竭力打消双方的矛盾。他们提醒拿破仑说,西耶斯是革命元勋,在广大群众中深孚众望,拥有丰富的宪法知识,将之抛弃是异常危险的举动。与此同时,他们也劝告西耶斯,离开拿破仑及其军队的拥护,雾月政变的成果会付诸东流,雅各宾派与保王党也有可能再次兴风作浪。

经过多次磋商,1799年宪法最终得以颁布。它保留了保民院、立法院、元老院(改名为 Sénat des Conservateurs)和国务会议等机构,但没有创设大选侯,而是建立了三执政的制度,第一执政大权独揽,第二、三执政没有实权,只拥有咨询的权力;没有赋予元老院令拿破仑提心吊胆的"吸纳权力"。从形式的角度来看,西耶斯的宪法草案中的多数内容得到了维持,但从精神的角度来看,它已经遭到严重的扭曲。相反,拿破仑的野心几乎得到了完全的满足。在后来的政治实践中,拿破仑更是随心所欲地改变1799年宪法的条文与实质。他抛弃了保民院,把立法机构变成橡皮章式的存在,把元老院变成旧贵族、革命元老和帝国功勋的养老院,把大批亲信安插到国务会议,将之变成了波旁王朝时期的"御前会议"。从这个意义上说,西耶斯的宪法已经名存实亡,帝国的宪法和他并无多大的关联。

对于拿破仑独断专权的行为,西耶斯深恶痛绝。有一次,西耶斯向友人坦露心迹:"我的朋友们,我们拥有了一个主人。这个青年人知道一切、能做一切、想做一切。"[2]在新主人的铁腕统治下,西耶斯不可能有所作为。所以,他又故态复萌,选择退出公共生活,完全隐居在巴黎郊区。

即便如此,拿破仑依然很忌惮西耶斯的影响。他希望通过给西耶斯提供丰厚的年金和炫目的荣誉,在消除其不满的同时,也在公众形象中将之

---

〔1〕 Paul Bastid, *Sieyès et Sa Pensée*, p. 237.

〔2〕 Paul Bastid, *Sieyès et Sa Pensée*, p. 236.

塑造成追名逐利之徒。拿破仑批准西耶斯担任元老院的主席(后者辞任),将之封为帝国的伯爵,并赏赐收入高达 48 万法郎的科洛斯尼(Crosne)领地。[1] 西耶斯对此是否感到心满意足,我们不得而知,但他在公众心目中的形象却是一落千丈。巴黎到处流传着讽刺西耶斯的打油诗:

> 西耶斯把波拿巴推上了王座,傲慢地以为可以左右他;波拿巴让西耶斯入住科洛斯尼,是为了收买他、贬低他。[2]

在帝国期间,西耶斯不像他的朋友塔列朗那样,为新主子鞍前马后。和雅各宾派统治的国民公会时期无异,他冷眼旁观帝国的兴衰荣辱,只不过这一次,苦涩的味道可能更为浓烈。毕竟,他亲手埋葬了自己从 1789 年以来便孜孜以求的自由事业。

对于西耶斯在雾月政变及此后岁月里的拙劣表现,史家们评价甚低。爱德华·基内表示,西耶斯由"自由的理论家"蜕变为"奴役的理论家"[3];乔治·勒费弗尔指出,雾月政变表明西耶斯等人是"一帮难以想象的庸才"[4]。

6. 风烛残年的老人

1814 年 4 月 6 日,拿破仑·波拿巴宣布逊位,迎来了波旁王朝的复辟统治。在波旁复辟的过程当中,塔列朗和帝国元老院扮演着关键的角色,西耶斯始终没有介入其中。路易十八在元老院宪法草案的基础上,钦定颁布了 1814 年宪章,仿照英国政制,确立君主立宪的政体,建立贵族院和立法院。对于 1789 年推翻的绝对君主制,西耶斯缺乏好感,因而在此期间想方设法置身事外。

---

[1]　Albéric Neton,*Sieyès(1748−1836).Après des Documents Inédits*,p.433.

[2]　Mirkine-Guetzievitch,Boris,"L'abbée Sieyès",in *La Révolution Française*,No. 5,1936,pp.235.

[3]　Edgar Quinet,*La Révolution*,Paris:Belin,1987,p.716.

[4]　乔治·勒费弗尔:《拿破仑时代》,河北师范大学外语系《拿破仑时代》翻译组译,端木正校,商务印书馆,1997 年,第 66 页。

1815 年拿破仑的"百日政变"以及由此导致波旁王朝掀起的"白色恐怖",迫使西耶斯像很多弑君者一样,选择流亡国外。1816 年 1 月,西耶斯来到比利时的布鲁塞尔。在布鲁塞尔流亡期间,西耶斯年事已高,步履蹒跚,说话困难,眼力很差。幸运的是,他的侄子随后也来到布鲁塞尔,可以照料他的生活起居。

在复辟王朝期间,布鲁塞尔是法国革命者流亡的大本营。除了西耶斯,巴莱尔、蒂博多(Thibaudeau)、康巴塞雷斯(Cambacérés)、路易·大卫等人也汇聚于此。流亡的革命者成分异常复杂,吉伦特派、雅各宾派、热月党人、雾月政变派之间的嫌隙并没有因为客居异乡而烟消云散,钩心斗角、挑拨是非、造谣中伤屡见不鲜。

流亡布鲁塞尔的革命流亡者众多,但真正能让西耶斯坦诚对待并乐意与之交往的人却并不多见。他只是经常拜访康巴塞雷斯,并和革命画家大卫过从甚密。1817 年,大卫还为他画了一幅著名的肖像画。1825 年,大卫去世后,西耶斯陷入了某种麻木状态。他越来越少出门。西耶斯的朋友开始劝说他撰写回忆录,但他却毫不犹豫地加以拒绝:"对谁有用呢?我们的事业足够伟大,无须我们的评论家评头论足;我们的行为可以教育任何有兴趣了解我们思想的人。然而,我们的警告也不足以警示我们的后人,让他们避免我们的错误;他们只有在经历过我们的不幸之后,才会获得我们的智慧。"[1]

1830 年 7 月 27—29 日革命爆发,"平等-菲利普"的儿子路易-菲利普出任"法国人的国王"。9 月 11 日,西耶斯选择回国。9 月 15 日,他抵达巴黎。在七月王朝时期,除了入选基佐根据 1832 年 10 月 26 日法令重建的道德政治科学院外,并没有什么特别的事情发生在西耶斯身上。此时,西耶斯的身体每况愈下。他告诉身边的人说:"我看不见了,我听不见了,我想不起来了,我已经变成了一个彻底的废物。"而且,他的精神状态也很糟糕,经常分不清现实和梦境。有一次,他喃喃地对仆人说:"如果罗伯斯庇尔先

---

[1] Saint-Beuve,"Sieyès", p. 214.

生来了，请你告诉他我不在家。"[1]

1836 年 6 月 20 日，油尽灯枯的西耶斯溘然长逝。除了若干报纸刊登讣告外，没有引起更多的轰动。6 月 22 日，他被安葬在拉雪兹神父公墓。参加葬礼的人很少，除了家人，只有若干法兰西学院院士。法兰西学院主席西梅翁(Siméon)在西耶斯的墓前发表简短的致辞：

> 他的旧雨新知尽管可能不支持其所有的观点，但所有的人都会同意，在运用道德与政治的科学造福自由方面，没有人能比他做得更多、做得更好。[2]

---

[1] Jean-Denis Bredin, *Sieyès. La Clé de la Révolution Française*, p. 525.

[2] Jean-Denis Bredin, *Sieyès. La Clé de la Révolution Française*, p. 526.

第二章　权利

　　在西方政治思想史上，把法国大革命倡导的人权原则和"社会的原子化"相提并论的观点源远流长。自大革命爆发以后，埃德蒙·柏克、约瑟夫·德·迈斯特、托克维尔、卡尔·贝克尔及雅各布·塔尔蒙等保守派或者保守的自由主义者纷纷指斥革命者漠视经验、割裂历史、否定宗教，断言他们追求的普世人权观念不过是既抽象又虚妄的幻想，是法国大革命最终走向恐怖的罪魁祸首。圣西门、孔德和涂尔干等社会学家虽然承认启蒙运动和法国大革命的正当性，但强调它们只属于过渡阶段的形而上学或"机械团结"，应当被更为完善的实证主义或"有机团结"取代。马克思尽管指出了法国大革命的历史进步性，但也认为它倡导的人权纯粹是"分隔的权利，是狭隘的、局限于自身的个人的权利"，并宣称唯有消灭财产私有制，"人的解放才能完成"。[1]诸如此类，不一而足。[2]认为法国大革命导致社会解体的论断是如此根深蒂固，以至于在 20 世纪还有很多学者经常把它和美国革命视为近代西方民主革命的两个极端，对前者大加挞伐，而对

---

〔1〕　马克思：《论犹太人问题》，《马克思恩格斯文集》第 1 卷，中共中央马克思、恩格斯、列宁、斯大林著作编译局，人民出版社，2009 年，第 40—41 页。
〔2〕　各个思想流派对革命人权原则的批评，详见：Bertrand Binoche, *Critiques Des Droits de l'Homme*, Paris, Presses Universitaires de France, 1989.

后者推崇备至。[1]

　　无论批判法国大革命的各个流派之间存在怎样的分歧，它们都或多或少地把近代西方自然权利传统简化为原子式的个人主义，自觉不自觉地把雅各宾专政视为革命人权原则的逻辑结果。[2] 事实上，并非所有的自然权利理论家都鼓吹原子论的个人主义，不少法国革命者对个人权利的理解也包含着社会团结的要素。对他们而言，个人的社会不仅是正当的，也是可能的。

　　西耶斯继承了格劳修斯、普芬道夫以及重农学派强调的"社会交往性"观念，创造性地发展甚至超越了霍布斯—卢梭所代表的社会契约论，为近代个人社会构建了一套完整的权利哲学。[3]

1. 个人社会的诞生

　　众所周知，近代自然权利理论家们通常采取分析—综合的方法论，把社会还原为个人，并将之作为政治思考的起点。霍布斯在《论公民》的序言中指出，人们研究社会的正确路径是要"从构成国家的要素入手，然后看它的出现、它所采取的形式，以及正义的起源，因为对事物的理解，莫过于知道其成分。[……]在研究国家的权利和公民的义务时，虽然不能将国家拆

〔1〕　苏珊·邓恩：《姊妹革命：美国革命与法国革命启示录》，杨小刚译，上海文艺出版社，2003 年；汉娜·阿伦特：《论革命》，陈周旺译，译林出版社，2011。

〔2〕　Robert A. Nisbet，"The French Revolution and the Rise of Sociology in France"，in *American Journal of Sociology*，Vol. 49，No. 2(Sep. ，1943)，pp. 156—164.

〔3〕　研究法国革命人权宣言的学者都论述西耶斯在 1789 年 7 月 20—21 日提出的人权宣言草案对于同年 8 月 26 日《人权与公民权宣言》的起草、讨论与颁布的影响(Antoine de Baecque，Wolfgang Schmale et Michel Vovelle，*L'An 1. Des Droits de l'Homme*，Paris，Presses du CNRS，1988，pp. 7 — 35；Stéphane Rials，*La Déclarations des Droits de l'Homme et du Citoyen*，Paris，Hachette，1989，pp. 134—147.)。英国学者穆雷·福尔谢斯则结合西耶斯的私人手稿，专门阐述了其人权哲学(Murray Forsth，*Reason and Revolution. The Political Thought of the Abbé Sieyes*，New York，Leicester University Press，1987，pp. 105—127.)。

散,但也要分别考察它的成分,要正确地理解人性,它的哪些特点适合、哪些特点不适合建立国家,以及谋求共同发展的人必须怎样结合在一起"[1]。在《利维坦》的引言中,霍布斯把国家比喻为一个钟表,"它们的心脏无非就是发条,神经只是一些游丝,而关节不过是一些齿轮,这些零件如创造者所意图的那样,使整体得到活动的"[2]。

在 18 世纪的法国,孔狄亚克(Condillac)尖锐批评笛卡尔开创的欧陆理性主义,积极宣扬英国的经验主义或分析主义,并提出了"感知主义"(Sensationalisme)的理论。青年西耶斯是孔狄亚克的崇拜者,"如果我们希望准确地理解我们认识的事物,并了解我们是如何认识它们的,就应当追随孔狄亚克"[3]。相应地,他也把孔迪亚克倡导的分析—综合的方法论作为理解所有问题的基本路径,宣称他"在探讨某个主题时,假如无法将之深化,没有剖析它的各个部分,并随后重建其整体,绝不甘休"[4]。在《第三等级是什么?》中,西耶斯明确指出了分析主义对于理解社会的不可或缺性:"如果不下决心像剖析一部普通机器那样剖析一个社会,分别察看它的每个部分,随后在想象中把它们全部依次重新组装起来,从而掌握其间的配合,领会由此而产生的全面和谐,我们就永远搞不清楚社会机制。"[5]

对西耶斯而言,厘清社会机制的首要前提是将社会分解为孤立的个人,考察他们的本性,并把个人的意志作为"一切权力的本源"[6]。然而,旧制度法国并不存在这样的个人。所有的人都依附于各个等级、行会、教会、大学、学院或高等法院等特权团体,他们的权利取决于各自在团体中的

---

[1]　霍布斯:《论公民》,应星、冯克利译,贵州人民出版社,2004 年,第 9 页。

[2]　霍布斯:《利维坦》,黎思复、黎廷弼译,杨昌裕校,商务印书馆,1986 年,第 1 页。

[3]　*Des Manuscrits de Sieyès 1773－1799*,tome I,sous la direction de Christine Fauré,Paris,Honoré Champion Éditeur,1999,p. 77. 关于孔狄亚克对青年西耶斯的影响,参见:Jaques Guilhaumou,"Le Cahier Métaphysique(1773－1776):Sieyès Lecture Critique de Quesnay et de Condillac", in *Sieyès et l'Ordre de la Langue. L'Invention de la Politique Moderne*,Paris,Éditions Kimé,2002,pp. 39－43.

[4]　*Notice sur la Vie de Sieyès*,p. 10.

[5]　西耶斯:《论特权 第三等级是什么?》,第 57 页。

[6]　西耶斯:《论特权 第三等级是什么?》,第 57 页。

位置及其所属团体的社会位阶。哪怕在家庭内部，各成员的权利也极不平等，父亲对子女、丈夫对妻子拥有绝对的支配权力。简言之，旧制度法国是一个不折不扣的团体主义社会。

因此，为了把社会分解为个人，就必须打破团体主义的社会结构，解除各个团体对于个人的约束，甚至需要取缔它们的存在。西耶斯表示，在思考人时，只应考察他"处在一切结合之外"[1]的状态。也就是说，人们应当警惕中间团体的存在及其消极影响，把个人从特权、宗教、历史和家庭的束缚下解放出来。为此，他主张：

首先，铲除特权，取缔贵族等级。

旧制度不仅是一个团体主义的社会，也是一个特权泛滥成灾的社会。每个团体都拥有自己的特权，等级、行会、教会、学院、高等法院、三级议会省均享有一些经由国王特许状确认的排他特权。波旁王朝的君主们虽然不断强化中央集权，把越来越多的权力收归国家，但出于财政、军事、宗教以及社会治理的考虑，他们并不愿意或者无法触动各个团体的存在。[2]在某种意义上，各个特权团体变成了"国中之国"（impeium in imperio）[3]。

对于特权，西耶斯深恶痛绝。特权要求"免受法律的管束，或赋予法律所未禁止的某种事物以专属权利"[4]，特权者则宣称可以凌驾于普通法之上，并拥有垄断的权利。西耶斯表示："按照事物性质来说，所有特权都是不公正的，令人憎恶的，与整个政治社会的最高目的背道而驰。"[5]

西耶斯认为，贵族等级对法国的威胁最为严重，他们不仅成为国家的寄生阶层，靠渔利他人的劳动成果为生，而且导致社会陷入了严重的道德

〔1〕 Sieyès, *Vues sur les Moyen d'Exécution dont les Représentants de la France Pourront Disposer en* 1789, Paris, 1789, pp. 14−15.

〔2〕 Jaques Revel, "Les Corps et Communautés", in *The French Revolution and the Creation of Modern Culture*, volume 1, edited by Keith Michael Baker, Oxford, Pergamon Press, 1987, pp. 225−242.

〔3〕 Sieyès, *Qu'est-ce que le Tiers-État*, Troisième Édition, Paris, 1789, p. 9.

〔4〕 西耶斯:《论特权 第三等级是什么?》,第 1 页。

〔5〕 西耶斯:《论特权 第三等级是什么?》,第 3 页。

危机，懒惰成性、阿谀奉承、徇私舞弊、贪赃枉法变成了司空见惯的社会常态。在他看来，特权现象构成了一种"真正的反社会病"[1]，如同折磨病人身体的恶性肿瘤。[2] 所以，必须像切除肿瘤那样，消灭特权等级的存在。

西耶斯提醒人们，不必担心消灭特权等级的后果，因为这有百利而无一害：

> 没有特权等级，第三等级将会是什么？是一切，是自由的欣欣向荣的一切。没有第三等级，将一事无成；没有特权等级，一切将更为顺利。[3]

其次，反对神权政治，解散教士团体。

尽管西耶斯从小在教会中长大，在革命前夕已经晋升为高级神甫（夏尔特主教区的总管），但他对宗教事务毫不热心。对于教士阶层当中仍有不少人主张重建中世纪的神权政治的荒谬观点，西耶斯感到震惊："置身于18世纪的进步中，却故步自封于14世纪，这算哪门子的社会秩序呢？"[4] 对西耶斯而言，天主教会之所以和启蒙时代严重脱节，一个重要的原因就是在为信徒提供神学服务的同时，把自己变成了一个特权团体。[5] 为此，他取缔教士等级的决心异常坚决：

---

[1] 西耶斯：《论特权 第三等级是什么？》，第6页。

[2] 西耶斯：《论特权 第三等级是什么？》，第86页。

[3] 西耶斯：《论特权 第三等级是什么？》，第22页。

[4] *Notice sur la Vie de Sieyès*, p. 12.

[5] 在《第三等级是什么？》一个注释里，他如是表达了对待教士阶层的态度："如果你们把教士视为一个提供某种公共服务的团体，那么它属于社会组织的范畴，因为一切公共服务都隶属于政府。如果有人说教士更多是一种职业而非一个等级，11世纪的教会人士或者由于蝇营狗苟才加入教会的人就会抱怨，这是在压迫他们。事实上，他们搞错了。恰恰相反，教士作为一种职业，才能在我们当中立足。如果它只是一个等级，那么它就没有任何存在的意义。[……]因此，当我宣称教士不应构成一个等级时，并不是要贬低它，把它置于贵族之下。它不应构成一个等级，因为在国民当中，不应存在等级的差别。"（Sieyès, *Qu'est-ce que le Tiers-État*, pp. 10—11.）

第二章　权利

请你们不要容忍教士阶层以团体的形式存在,因为在一个伟大的民族当中,除了公共机构之外,一切团体都会破坏社会机器。[1]

美国学者威廉姆·斯维尔提醒人们,不要为西耶斯在《第三等级是什么?》中所使用的革命措辞所迷惑,认为他的反教权主义颇为有限,只把矛头指向教士阶层中的贵族而不是所有的教士。[2] 实际上,斯维尔明显低估了西耶斯在反教权问题上的激进性。在青年时期留下的手稿里,西耶斯毫不客气地指出,"超自然教义的启示毫无意义",并且宣称:"在各种不同的宗教当中,属基督教造的孽最多。"[3]他是如此嫌恶基督教,以至于开始思考"摧毁宗教,但不伤害道德实践的手段"[4]。

不过,西耶斯没有极端到否认上帝的地步。他信奉自然神论,其立场和伏尔泰、狄德罗较为相近。[5] 他认为,只要基督教传播"追求自然幸福的手段",只要"对来世的惩罚与奖赏的信仰有助于强化和认识自然的动机,而不额外地增加道德的色彩",它就能变成一种"有用的宗教"。[6] 与此同时,他还以某种功利主义的口吻指出,上帝的观念属于人的需求范畴:

> 在人的需求领域中,上帝观念的必然性是切实存在的。[……]上帝是人的终极需求。[……]始终追寻上帝难道不是一桩有益的事情

---

[1] *Des Manuscrits de Sieyès 1773—1799*, tome I, p. 102, note 57.

[2] William H. Sewell, *A Rhetoric of Bourgeois Revolution. The Abbé Sieyes and What is the Third State?* The Duke University Press, 1994, p. 120.

[3] 西耶斯表示,基督教作恶的手段繁多,包括:"1. 它要求人们信仰的教义;2. 它鼓吹的格律与建议;3. 由于否认人类正当行为的动机,它取缔了人类的力量;4. 它在道德中灌输无知,禁止使用理性;5. 保留宗教祭司。"(Des Manuscrits de Sieyès 1773—1799, tome I, p. 102.)

[4] *Des Manuscrits de Sieyès 1773—1799*, tome I, pp. 101—102.

[5] 法国学者阿尔贝里克·内顿这么评价西耶斯在宗教问题上的立场:"作为伏尔泰之子和狄德罗的信徒,他很快摆脱了神学的束缚,放弃神职,回归世俗生活。他是无神论者吗? 不。他是信徒吗? 也不是。那是什么呢? 哲学家,即迷信和狂热的敌人,是错误、偏见与粗野信仰的反对者。"[Albéric Neton, *Sieyès(1748—1836). Après des Documents Inédits*, Paris, Perrin et Cie, 1901, p. 11.]

[6] *Des Manuscrits de Sieyès 1773—1799*, tome I, p. 102.

吗？［……］超越理解的事物（ultramètre），毋宁说上帝，属于人的需求范畴。[1]

对西耶斯而言，上帝更多地属于情感层面的需求。所以，人们在理解它时，无法诉诸纯粹的理智活动，而只能借助道德本能，"人的情感需求将会确切地、必然地导致我们走向无法认识，但却能够信仰并可感受到的超越理解的事物"[2]。

再次，信奉进步的理性主义，抵制复古的历史主义。

作为杜尔哥的信徒，西耶斯推崇理性，相信进步主义的历史法则。他拒绝亨利·德·布朗维利埃（Henry de Boulainvilliers）、孟德斯鸠及高等法院代表的历史主义传统。在《论执行手段》中，西耶斯开门见山地批判了在18世纪法国异常盛行的复古思潮："很多人相信，文明民族的法律应当从野蛮的世纪中追寻。我们不能误入歧途，迷信人们对古代制度与错误作出的离谱研究。人生来具备理性；在谈论最熟悉的利益时，他尤其应该虔诚地聆听理性的声音。"[3]他表示，既然在满足生活需求时，人们会欣然接受现代科学的指导，不会亦步亦趋地模仿原始的塔希提人或者古代的日耳曼人，那么在构建政治制度时，理性自然也不会荒谬地"诉诸西甘布人和威尔士人的立法者的智慧"，"在毫无生气的中世纪著作里寻找社会的法则"[4]。

在西耶斯看来，法国贵族是反动的历史主义的杜撰者和受益人。自从布朗维利埃以来，法国贵族通常以征服高卢的征服者——法兰克人的后裔自居，捍卫自己在税收、司法及军事等领域所拥有的特权；与此同时，他们

---

[1] Jaques Guilhaumou,"Sieyès. L'Individu et les Système", in *Provence Historique*, tome LII(Janvier-Mars 2003), p. 56.

[2] Jaques Guilhaumou,"Fragments d'un Discours sur Dieu, Sieyès et la Religion", in *Mélanges Vovelle*, Aix-Provence, Publications de l'Université de Provence, 1997, p. 262.

[3] Sieyès, *Vues sur les Moyens d'Execution dont les Représentants de la France Pourront Disposer en 1789*, p. 1.

[4] Sieyès, *Vues sur les Moyens d'Execution dont les Représentants de la France Pourront Disposer en 1789*, p. 37.

把第三等级贬为被征服者——高卢人和罗马人的子孙,认为后者不配拥有平等的社会地位,遑论参加政府的权利。对此,西耶斯进行了毫不留情的反击:"第三等级为什么不把那些继续狂妄地自诩为征服者种族后裔并继承了先人权利的所有家族,一律送回法兰克人居住的森林中去呢?"[1]

西耶斯还指出,矢志于革除社会弊端的哲学家,既不能抱残守缺,也不能拘泥于事实而畏缩不前。因为凡事言必称事实的立场非但无法解决法国面临的社会危机,而且还有可能被专制者利用,因为"专制主义总是处处以事实为借口;在所有的问题上,它都会施加自己可以掌控的错误模式,而不愿提供能够脱离它、谴责它的真理"[2]。

和许多学者的论断相反[3],西耶斯并不主张把自然科学的方法引入政治学。在他的眼里,物理学家的方法并不适合分析社会现象,构建政治科学或者"社会技艺"。他特别强调了物理学和社会技艺之间存在的重大差异:

> 物理世界独立于物理学家的思考并将继续存在下去,所以物理学家只应专注于考察事实,物理学只能局限于认识实然(ce qui est);技艺则与众不同,它要改变事实,使之满足我们的需求和享受;它追问应然(ce qui doit être),以求服务于人的利益。[4]

---

[1]　西耶斯:《论特权 第三等级是什么?》,第 24 页。

[2]　Sieyès, *Vues sur les Moyens d'Execution dont les Représentants de la France Pourront Disposer en* 1789, pp. 27−28.

[3]　马克·拉梅尔指出:"像 18 世纪的其他人一样,西耶斯试图把从 17 世纪继承并在物理学与天文学里得到发展的科学方法,运用于研究生活在社会当中的人,旨在创建某种如 19 世纪所言的社会物理学。"(Marc Lahmer, *La Constitution Américaine dans le Débat Français: 1795 − 1848*, Paris, L'Harmattan, 2001, p. 267, note 222.)实际上,拉梅尔的论断只能用于描述孔多塞和观念学派(Idéologues),他们才"把自然科学或数学作为构建人的科学的范式"。(Ceri Crossley, *French Historians and Romanticism: Thierry, Guizot, the Saint-Simonians, Quinet, Michelet*, London and New York, Routlege, 1993, p. 13.)

[4]　Sieyès, *Vues sur les Moyens d'Execution dont les Représentants de la France Pourront Disposer en* 1789, p. 29.

对于那些以历史、传统和习俗为由,反对改革的观点,西耶斯向来不以为然。他表示:"用业已发生的事情评判正在发生的事情,是在以无知判断已知。更恰当的做法是用现在判断过去,指出所谓的真理并不比所谓的宗教真理更为真实。"[1]

在反历史主义的问题上,拉博·圣艾蒂安和西耶斯的立场最为接近。圣艾蒂安猛烈抨击了以历史为借口,抵制改革的特权者:

> 他们为了捍卫现存的制度和法律,诉诸其古老性,但一项法律的古老性除了证明它的古老以外,并不能证明更多。他们诉诸所有权,但往昔的所有权却不是某种可以永久占有的权利。[……]他们诉诸历史,但我们的历史并不是我们的法令。我们蔑视用已然(ce qui s'est fait)证明应然的方法,因为我们批判的恰恰是已然。[2]

对西耶斯和圣艾蒂安而言,无论是历史,抑或事实本身,都不能证明现存秩序的合理与正当。他们认为,随着时代的发展、理性的进步和知识的传播,人们也必须在立法或宪法的层面作出相应的调整和改革。西耶斯和孔多赛之所以如此执着地强调定期修宪的必要性[3],其原因即在于此。

最后,建立平等的家庭关系,并限制家庭的社会职能。

在传统的天主教社会里,家庭的观念颇为神圣,人们把婚姻列入七大圣事,禁止离婚。西耶斯尽管终生未娶,从未进入过家庭生活,但坚持世俗离婚的必要性。在为奥尔良公爵撰写的政治行动纲领中,他提出了离婚的

---

[1] Sainte-Beuve,"Sieyès", in *Causeries du Lundi*, tome Ⅴ, Garnier Frères, 1878, p. 194.

[2] Rabaut Saint-Étienne,*Considérations sur les Intérêts du Tiers État*,Paris,1788, p. 13.

[3] 西耶斯认为合理的修宪期限是 33 年。(Sieyès, *Reconnaissance et Exposition Raisonnée des Droits de l'Homme et du Citoyen*,Paris,1789, p. 51.)哪怕经历过雅各宾派的革命恐怖,他也未曾放弃过定期修宪的念头。孔多赛则主张 18—20 年是更为恰当的间隔时间。(Condorcet, *Sur la Nécessite de Faire Ratifier la Constitution par les Citoyen et sur la Formation des Communautés de Campagne*, 1789,p. 20.)

主张，认为它是"避免糟糕结合的婚姻出现不幸与丑闻，避免分居的唯一手段"[1]。

西耶斯指出，在家庭内部父亲的权威也并非没有限制，"儿童在出生时，属于其父母；年满 15 岁的儿子，则属于国家，他是未成年的公民；年满21 岁后，他将是成年的公民"[2]。父亲的权利只取决于养育子女的责任；一旦子女长大成人，就会变成独立的公民，而国家也会由此承担起监护的义务和保护的责任。在这一点上，西耶斯和洛克、卢梭的立场一脉相承。

西耶斯还主张限制家庭的社会功能。他宣称，家庭应当满足于抚育子女的自然功能，而不能有所僭越。作为重农学派和亚当·斯密的信徒，西耶斯是一位市场原教旨主义者。他认为，为了维护公平的市场秩序，必须禁止家庭的介入：

> 假如当前的法国秩然有序，那么家庭精神就是一种公共的罪行，因为一个人在和另一个人进行拳击比赛时，他们只能以平等的方式击倒对方，必须禁止他人施以援手。如果一个人和另一个人同样强大，那么诉诸大家庭的偶然，帮助其中的一个人实现其目标，就是不正当的做法。开明的立法者要关注家庭的纽带应当止于何处。[3]

在西耶斯看来，家庭观念是世袭制、封建制与特权制得以产生的重要温床。为了"让家庭精神服从公共精神"[4]，他还不无极端地要求取缔家族的姓氏，禁止称呼某人为"先生"或"太太"。[5]

总而言之，西耶斯希望消灭等级、宗教、历史与家庭等中间团体给个人施加的所有束缚。在《第三等级是什么？》中，西耶斯还特意区分了公共利

[1] Sieyès, *Instruction Donnée par S. A. S. Monsieur Le Duc d'Orléans, à Ses Représentants aux Bailliages. Suivie de Délibération à Prendre dans les Assemblées*, Paris, 1789, p. 6.

[2] *Des Manuscrits de Sieyès 1770 — 1815*, tome Ⅱ, p. 437.

[3] *Des Manuscrits de Sieyès 1773 — 1799*, tome Ⅰ, p. 227.

[4] *Des Manuscrits de Sieyès 1773 — 1799*, tome Ⅰ, p. 250.

[5] *Des Manuscrits de Sieyès 1770 — 1815*, tome Ⅱ, pp. 565 — 566.

益、团体利益和个人利益,并呼吁人们在国家内部防范形成"最可怕的公众的敌人"——团体利益。[1]

西耶斯的理想是创造一个纯粹的个人社会。这也是许多革命小册子共同宣扬的论调。吉罗代(Guiraudet)直白地阐明了革命意识形态的反中间团体倾向,"国民不是一个由若干等级构成的大杂烩,而是由将近 2500万服从其自身法律的个人所构成的社会"[2]。

2. 人的社会交往性

法国大革命爆发后,德·迈斯特、德·博纳尔、拉梅内等保守派立刻把矛头指向它确立的个人权利原则,认为在斩断个人和宗教、行会、历史与家庭的联系后,只会催生出一批原子化的个体。

在中国家喻户晓的巴尔扎克也属于保守派的阵营,他猛烈抨击法国大革命铲除中间团体的做法,"为了更好地统治,国家孤立一切、分割一切、削弱一切。它统治一些单元,统治一些汇聚的数字,如同统治谷堆的麦粒一般"[3]。拉梅内则形象生动地描述了原子化的个体所面临的无助、失落与痛苦:

> 当人抛弃了秩序后,苦楚就会如影随形,环顾左右。他要独自面
> 对自己的痛苦,备受内心挣扎的煎熬,变成了不履行义务、放荡不羁并

----

[1] 西耶斯:《论特权 第三等级是什么?》,第 78 页。西耶斯反中间团体的立场和卢梭、马布利并无多大的差别。卢梭表示:"为了很好地表达公意,最重要的就是国家之内不能有派系存在,并且每个公民只能是表示自己的意见。"(卢梭:《社会契约论》,第 36 页。)马布利则宣称:"政党的本性则妨碍人们向善,麻痹公正的精神,叫人都为自己的恶和私利牺牲。它们为了满足党魁的要求,曾经有多少迫使你们作出决定,担负起为祖国的福利的义务?"(《马布利选集》,何清新译,商务印书馆,1997 年,第 127 页。)

[2] David A. Bell, *The Cult of the Nation in France*, Havard University Press, 2003, pp. 73—74.

[3] Dominique Bagge, *Les Idées Politiques en France sous la Restauration*, pp. 240—241.

且从不关心社会的人。由于在世界上茕茕孑立,他会深陷虚无之中,或者总是在追求虚无。[1]

如果把保守派的批评用于描述霍布斯和卢梭的社会契约论,或许能言之成理。霍布斯认为,在自然状态下,"为了自我保全",或者在竞争、猜疑、荣誉等因素的驱使下,人们会走向"人人相互为战的战争状态"。[2] 为了结束自然状态,毋宁说,为了摆脱一切人反对一切人的战争状态,人们缔结社会契约,建立强大政府,并会绝对地服从它。

和霍布斯不同,卢梭没有把自然状态理解成战争状态,反而把它描绘为每个人都可以保持自由的美好状态。在卢梭看来,自由不仅包括最低限度的"自我保全",还应实现个人的独立。不过,他眼里的独立更多是指道德层面的独立,而不是物质层面的富足。毫不夸张地说,卢梭所有的著作皆围绕一个问题展开,即:如何让人们在社会状态中继续保持个人的独立?[3] 和霍布斯一样,卢梭的解决方案也极具争议,因为他要求"每个人都以其自身及其全部的力量共同置于公意的最高指导之下"[4]。

霍布斯和卢梭的政治学说都隐含着一个相同的悖论:尽管他们的论证起点是个人的自我保全或者个人的独立,但他们最终却主张建立一个威权的政府,无论它的名字叫做"利维坦"还是"公意"。

法国大革命时期的混乱状态和拿破仑·波拿巴的军事帝国似乎佐证了保守派们的论断,个人社会只能摇摆于无政府状态和专制政府的两个极端。难道真的如保守派所说,个人权利原则只会催生原子化的个人主义,导致社会的分崩离析?难道个人社会只能在无政府状态和威权政府之间徘徊?

---

[1] Robert A. Nisbet, *The Sociological Tradition*, London, Heinemannn Educaitonal Books, c1984, p. 273.

[2] 霍布斯:《利维坦》,黎思复、黎婷弼译,商务印书馆,1986年,第92—97页。

[3] 卢梭表示,他的目标是"要找出一种结合的形式,使它能以全部共同的力量来卫护和保障每个结合者的人身和财富,并且由于这一结合而使得每一个与全体相连和的个人又只不过是在服从其本人,并且仍然像以往一样地自由"(卢梭:《社会契约论》,第19页)。

[4] 卢梭:《社会契约论》,第19—20页。

实际上，问题远没有如此简单。人们不能把近代自然权利理论化约为霍布斯与卢梭代表的个人主义—威权主义的社会契约论。格劳修斯、普芬道夫、让·巴贝拉克（Jean Babeyrac）和洛克等人坚持另一种天壤有别的社会契约论：自然状态下的个人既不是自私自利的存在，也不会把自己的独立奉为金科玉律；而且，自然状态向社会状态的过渡，或者政府的建立并不必然会导致个人自由的牺牲。对他们而言，人是社会的动物，会心甘情愿地接受与别人和平共处的现实。

格劳修斯表示，除了最低限度的自我保全外，每个人都拥有愿意和他人共同生活的自然倾向。格劳修斯指出："在所有的时代，和同胞一起生活的自然倾向都得到了开明人士的承认。"为此，他援引亚里士多德的论断，佐证自己的观点："人是一种社会性的（sociable）动物，会和与之有着自然亲缘性的人建立关系。所以，在公民社会之外，还存在另一个社会。"〔1〕格劳修斯还发明了"社会交往性"（sociabilité）的概念，认为它是植根于人的本质属性：

> 人缺乏防御的器官，既没有翅膀，也没有利齿，但这恰恰让他变得强大，因为他和同胞将到社会里寻找这些缺失的帮助。自然为了弥补脆弱的、可怜的人类的缺陷，给他提供了两种东西——理性和社会交往性，使之变得异常强大和孔武有力。〔2〕

普芬道夫的论证逻辑和格劳修斯别无二致：

> 尽管人是一种重视自我保全的动物，既贫穷又虚弱，而且假使无法获得同胞的帮助，便无法实现自我保全，所以他会善待同胞，并且也由此能够从同胞处获得善报。但在另一方面，人又狡猾、傲慢、容易动怒、时常伤人，并且拥有为非作歹的力量。所以，如果他没有社会性，或者说，如果他不愿意和同胞进行联合，并按照此种方式行动，如果他

---

〔1〕 Hugo Grotius, *Le Droit de la Guerre et de la Paix*, traduit par Jean Barbeyrac, Amsterdam, Chez Pierre de Coup, 17724, p. 4, note 2.
〔2〕 Hugo Grotius, *Le Droit de la Guerre et de la Paix*, p. 8, note 2.

第二章 权利

只想作恶多端,而不是和同胞缔结契约以维护或者增进自身的利益,那么他就无法生存,无法享用其财产。因此,这就是自然权利的基本法则:每个人都应当拥有社会交往性的情感,也就是说,要竭尽所能地和所有人共同维护符合人类目标的宪法,不得有任何例外。[1]

普芬道夫还强调说:

> 自然尽管命令我们保持社会性,但绝不会让我们完全忘记自己。相反,社会交往性的目标是要通过交换帮助与服务,让每个人都能更好地实现各自的利益。[2]

由于格劳修斯和普芬道夫都使用拉丁语写作,所以"社会性"、"社会交往性"等法语概念的发明权也属于他们的法语译者——让·巴贝拉克。约翰·洛克尽管没有使用过社会交往性的概念,但他积极宣扬不伤害他人的原则的神圣性:"理性,也就是自然法,教导着有意遵从理性的全人类:人们既然都是平等和独立的,任何人就不得侵害他人的生命、健康、自由或财产。"[3]在此原则指引下,人们必然也会承认社会交往性的原则。此外,洛克有关财产权源于劳动的论断也必须以某种正当的社会关系为前提。

在近代西方自然权利传统当中,格劳修斯、普芬道夫、巴贝拉克和洛克是多数人接受的主流,而霍布斯和卢梭属于少数派。[4]事实上,西耶斯也是这么理解的。在青年时期,他把格劳修斯、普芬道夫、巴贝拉克和洛克的书籍列在"自然权利与国际法"的目录下,而把霍布斯、曼德维尔、马基雅维

---

〔1〕 Pufendorf, *Le Droit de la Nature et des Gens ou Système Générale des Principes les plus importants de la Morale, de la Jurisprudence et de la Loi Politique*, traduit par Jean Barbeyrac, tome I, Amsterdam, Chez Henri Schelte, 1706, pp. 177—178.

〔2〕 Pufendorf, *Le Droit de la Nature et des Gens*, p. 184.

〔3〕 洛克:《政府论》下篇,叶启芳、瞿菊农译,商务印书馆,1996年,第6页。

〔4〕 相比18世纪法国多数启蒙作家,卢梭难得一见地对霍布斯作出较为温和的评论:"霍布斯之所以为人憎恶,倒不在于他的政治理论中的可怕的和错误的东西,反而在于其中正确的与真实的东西。"(卢梭:《社会契约论》,第173页。)

利等人的著作归入"自然权利的异端"。[1] 尽管西耶斯没有对两派作家作出具体评论，但结合其所有著述，不难断定他更多地接受了前一批作家的观点，拒绝把个人描绘成自私自利的存在。

相比格劳修斯与普芬道夫，重农学派对西耶斯的影响更为直接，也更加深刻。在西耶斯的自学过程及其日后的革命宪政设计中，重农学派始终是至关重要的灵感来源。尽管西耶斯反复强调和重农学派的不同[2]，但除了抛弃土地是财富的唯一来源的论断外[3]，他的创见并不多见[4]。雷纳尔·巴赫指出："西耶斯神甫通常被视为重农学派的反对者，但恰恰相反，他是其基本立场的支持者，是梅西埃·德·拉里维耶的信徒。"[5]娜迪亚·尤比纳蒂也认为，西耶斯受惠于重农学派甚多。[6]

---

[1] *Des Manuscrits de Sieyès 1770—1815*, tome Ⅱ, pp. 152—158.

[2] 西耶斯在其自传中指出，他在 1773—1774 年致力于批判重农学派的政治体系。他表示："经济学家们的学说僵化、贫乏，但却比令人深恶痛绝的习俗高明上百倍。"(*Notice sur la Vie de Sieyès*, pp. 9—10.)幸运的是，他批判重农学派的最系统著述《论经济学家们的政治与道德体系的信札》得到了完整的保留。(*Lettres aux Économistes sur leur Système de Politique et de Morale*, in *Emmaunel-Josph Sieyès: Ecrits Politiques*, choix et présentation par Roberto Zapperi, Paris, Éditions des Archives Conteporaines, 1985, pp. 25—44；或者见 *Des Manuscrits de Sieyès 1773—1799*, tome Ⅰ, pp. 171—184.)

[3] 魁奈强调说："君主与国民决不能忘记，土地是财富的唯一来源，唯有农业才能增加财富。"(Quesnay, *Maximes Générales du Gouvernement Économique d'un Royaume Agricole*, in *Oeuvres Économiques et Philosophiques de F. Quesnay*, publié avec une introduction et des notes par Auguste Oncken, Paris, Jules Peelman&. Cie, 1888, p. 331.)

[4] 《西耶斯手稿》的重要编者雅克·瓦利耶(Jaques Valier)表示，西耶斯的经济思想颇为贫乏，他对重农学派的批评"虽不无道理，但论证却很糟糕"。(*Des Manuscrits de Sieyès 1773—1799*, tome Ⅰ, p. 188 et p. 190.)

[5] Reinhard Bach, "Du Contrat Social à l'art Social: l'Aliénation Physiocratique de Rousseau", http: www. rousseaustudies. com.

[6] 西耶斯的主要灵感来源是重农学派(尤其是杜尔哥)、洛克的哲学、孟德斯鸠的代表制商业共和国和斯密的社会理论(尤其是劳动分工理论)。(Nadia Urbinati, *Representative Democracy: Principles and Genealogy*, Chicago, The University Press, 2006, p. 140.)

第二章　权利

　　重农学派也继承了格劳修斯、普芬道夫的社会交往性的论断,并在此基础上构建了其政治经济学理论。[1] 重农学派的灵魂人物魁奈曾经撰写过《自然权利》的词条,坚持人们在讨论自然权利时,不能抽象地考察"人们相互之间纯粹独立的状态,只限于人们相互争夺无限权利的斗争状态",因为"包含在自然秩序和正义秩序中的自然权利,只能存在于人们相互交错的一切关系之中"。[2] 梅西埃·德·拉里维耶在其《政治社会之自然与必然的秩序》当中,也曾开宗明义地指出:"由于人有可能产生同情、怜悯、友谊、善行、荣耀、竞争等诸种情感,所以他注定会生活在社会当中。"[3] 在重农学派的理论体系中,社会交往性是一个核心的概念。老米拉波在《人类之友》中宣称:"一切的道德都产生于人和同胞联合的自然倾向,产生于我称之为社会交往性的东西。[……]政府最重要的事情就是应当引导人们拥抱社会交往性的风俗。"[4]

　　重农学派并非简单地继承格劳修斯和普芬道夫的自然权利传统。对政治经济学的深邃思考使得他们能够克服社会契约论的若干缺陷。

　　首先,否认自然状态的存在,反对社会起源于契约的论断。重农学派不仅强调每个人都具备社会交往性,而且认为自然状态是"纯粹的想象"和"绝对错误的假说"。在重农学派的喉舌杂志《公民日志》上,博多(Baudeau)神甫对社会契约理论的支持者提出了严厉的批评:"一群作家反复提及的陈词滥调——'我们联合创建了社会'——只不过是一种荒谬的幻想,因为我们人类的有朽者自打出生起,就生活在社会当中。他是社会

〔1〕　研究重农学派的经典作家若尔热·威尔勒斯明确指出了重农学派和普芬道夫之间存在的直接关联:"他们用普芬道夫的社会交往性、哈奇森(Hatchson)和沙夫兹伯里(Shaftesburistes)的道德感知取代神秘的品质、纯粹消极的本能,作为道德的基础。"(Georges Weulersse, *Movement de Physiocrates en France*, Paris, Félix, 1910, p. 106.)

〔2〕　魁奈:《魁奈经济著作选集》,商务印书馆,1998 年,第 295—297 页。

〔3〕　Mercier de la Rivière, *L'Ordre Naturel et Essentiel des Sociétés Politiques*, tome I, Londres, Chez Jean Nourse, 1767, p. 3.

〔4〕　Mirabeau, *L'Ami des Hommes ou Traité de la Population*, Avignon, 1756, tome I, p. 170.

的结果,而不是原因。"勒特洛斯恩(Le Trosne)宣称:"在所有的时代,人们都知道社会并不是选择和公约的结果。"[1]对他们而言,社会状态不是人为构建的产物,而是真正的自然状态。

其次,强调社会交往性建立在人类需求的互补原则上。格劳修斯,尤其是普芬道夫已经指出,通过交换,人们可以更好地满足自身的需求。重农学派进一步指出,社会交往性植根于每个人的生理需求:"没有消费,我们便无法生存;我们的生存是一种持续的消费;渴求生活资料的生理必要性决定着社会的必要性。"[2]为了满足人的需求,尤其是物质层面的需求,必须让每个人都能拥有两种所有权——"人的所有权"(propriété de personne)以及通过研究和劳动获得的"物的所有权"(propriété des choses)。[3]重农学派认为,人的权利来源于对所有权的享用,而他的义务则产生于对他人的所有权的尊重。

再次,把享受而不是自我保全作为追求目标。梅西埃·德·拉里维耶肯定人们"希望获得享受的自然倾向",杜邦·德·内穆尔则强调,"人类的幸福在于增加享受"。重农学派之所以把魁奈视为奠基人,主要是因为他最早把所有权理论建立在人类追求享受的本能上,"当他希望认识政府科学的原则时,首先触动他的事实是,人们是一群具有感知能力的存在,他们的驱动力是追求享受、克服贫乏、摆脱痛苦。为了认识如何增进对人类而言不可或缺的享受,他追溯到了可以帮助获得它们的所有权"[4]。法国学者卡特琳娜·拉雷尔指出,重农学派在法国政治思想史上的重要贡献,就是把人们的追求目标"从生存(vivre)变成了过得

[1] Léon Cheinisse, *Idées Politiques des Physiocrates*, Paris, Librairie Nouvel de Droit et de Jurisprudence, 1914, p. 39.

[2] Mercier de la Rivière, *L'Ordre Naturel et Essentiel des Sociétés Politiques*, tome Ⅰ, p. 11.

[3] Mercier de la Rivière, *L'Ordre Naturel et Essentiel des Sociétés Politiques*, tome Ⅰ, p. 18.

[4] Catherine Larrère, *L'Invention de l'Économie au ⅩⅧe Siècle*, Paris, Presses Universitaires de France, 1992, p. 201.

好(bien-vivre)"〔1〕。

最后,坚持社会状态增加而不会减少个人自由。社会契约的理论家们通常强调,为了享受社会状态的秩序与好处,人们必须牺牲部分的权利。霍布斯表示,除了不得任意剥夺臣民的生命或损害他们的身体外,〔2〕主权者在其他方面拥有至高无上的权威。卢梭更是使用了一个令人不寒而栗的比喻,来形容人们为进入社会状态而作出的巨大牺牲,"如同一个负伤的人把一只臂膀割掉,来保全身体的其余部分一样"〔3〕。然而,重农学派拒绝接受社会状态导致个人自由减少的论断。杜邦·德·内穆尔指出:"所有哲学家与政论家都认为,人们在联合组建社会时,为了保障自己的一部分自由与权利,必须放弃另一部分的自由与权利。这种观点并不正确。人们进行联合,并不是为了要在结合体中丧失自由与权利,而是希望从中获益,保障并促进对其所有权利的行使与享用。"勒特洛斯恩也表示:"有人认为,在加入社会后,人们保障了一部分的自由与权利,而牺牲了另一部分的自由与权利。这不是对社会状态的准确认识。"〔4〕

人们经常把重农学派视为经济学家,可他们的抱负绝不仅限于此。他们的目标是要创建一门新的政治科学。譬如,杜邦·德·内穆尔就批评了让-巴普蒂斯特·萨依(Jean-Baptiste Say)把政治经济学简化为"财富科学"的做法,强调重农学派"思考政府的方式是政治,而不是政治经济学"。〔5〕

---

〔1〕 Catherine Larrère, *L'Invention de l'Économie au XVIIIe Siècle*, p. 201.

〔2〕 霍布斯:《利维坦》,第 169 页。

〔3〕 卢梭:《论人类不平等的起源和基础》,第 128 页。

〔4〕 Léon Cheinisse, *Idées Politiques des Physiocrates*, pp. 55—56.

〔5〕 Léon Cheinisse, *Idées Politiques des Physiocrates*, p. 30.

总之,格劳修斯、普芬道夫代表的自然权利学派以及与之有着千丝万缕的重农学派是西耶斯政治思想中最浓厚的理论底色。法国学者柯莱特·克拉韦雷尔概括说:"西耶斯的思想植根于自然权利学派理论家的伟大传统,后者重构权力的起源与基础,使它摆脱了一切超验的成分,将之建立在人的基础上。"[1]和他们一样,西耶斯的政治理论也建立在对人性的深刻洞察上,把社会交往性、需求和享受等字眼作为最基本的概念工具。

3. 需求的人类学

1789 年 7 月 20 日,西耶斯向制宪议会提交了一份著名的人权宣言草案——《理性的认识与陈述:人权与公民权》。[2]尽管西耶斯没有参加制宪议会起草人权宣言的辩论,但其草案却产生了不同凡响的影响。[3]8 月

---

[1] Colette Clavreul, *L'Influence de la Théorie d'Emmanuel Syeyes sur les Origines de la Représentation en Droit Public*, tome I, p. 9.

[2] Sieyès, *Préliminaire de la Constitution Française. Reconnaissance et Exposition Raisonnée des Droits de l'Homme et du Citoyen*, Paris, 1789.

[3] 8 月 19 日,在制宪议会挑选一种人权宣言草案,作为全体代表的讨论对象时,西耶斯的方案获得了 240 票,仅次于第六局的草案(620 票),而拉法耶特的草案只获得了 45 票。(Antoine de Baecque, Wolfgang Schmale et Michel Vovelle, *L'An 1. Des Droits de l'Homme*, P. 149.)

26 日《人权与公民权宣言》的第 6、7 条还直接采纳了它的表述。[1]

　　在法国大革命前夕,西耶斯曾经不止一次地公开谈论人权宣言的必要性。在 1789 年初为奥尔良公爵撰写的政治方案里,他希望即将召开的制宪议会制定的权利宣言应当实现两个目标:第一,充当立法机构的指导原则,在为它提供必要权力的同时,也要创设防范措施,使之无法偏离社会目标;第二,充当全体公民的教育手段,传播"有关正当的或自由的人类结合的基本原则"[2]。此外,他为曼特与莫朗(Mantes et Meulent)选区第三等级起草的政治纲领,亦有专门讨论"权利宣言"的章节。[3]

---

[1] 1789 年人权宣言的第 6 条规定:"法律是公意的表达。每一个公民皆有权亲自或由其代表去参与法律的制订。法律对于所有的人,无论是施行保护或是惩罚都是一样的。在法律的眼里一律平等的所有公民皆能按照他们的能力平等地担任一切公共官职、职位与职务,除他们的德行和才能以外,不接受任何其他差别。"第 6 条的表述很多来自西耶斯草案的第 30 条:"法律是公意的表达。在一个人数众多的民族里,它应当是由全体有利益、有能力参与公共事务的公民直接或间接选举产生、任期固定的代表机关的产物。至于利益和能力这两种品质,应当由宪法作出成文的、明晰的规定。"(Sieyès, *Préliminaire de la Constitution Française. Reconnaissance et Exposition Raisonnée des Droits de l'Homme et du Citoyen*,p. 48.)第 7 条规定:"除非在法律所确定情况下并按照法律所规定的程序,任何人均不受控告、逮捕与拘留。凡请求发布、传送、执行或使人执行任何专断的命令者,皆应受到惩罚;但任何根据法律而被传唤或逮捕的公民则应当立即服从,抗拒即属犯罪。"第 7 条是对西耶斯草案的第 21、22、24 条的概括与提炼:"第 21 条:除非在法律所确定的情况下并按照法律所规定的形式,任何人都不得被传唤、逮捕和监禁。第 22 条:任何专断或非法的命令皆无效力。提出、签署和发布此种命令的人有罪。发布、执行或派人执行该命令的人有罪。所有这些人都应该受到惩罚。第 24 条:受此类命令打击的公民,有权以暴制暴。然而,依法被传唤或逮捕的人,应立即服从。如果反抗,即为犯罪。"(Sieyès, *Préliminaire de la Constitution Française. Reconnaissance et Exposition Raisonnée des Droits de l'Homme et du Citoyen*, pp. 46—47.)

[2] Sieyès, *Instruction Donnée par S. A. S. Monsieur Le Duc d'Orléans à Ses Représentants aux Bailliages. Suivie de Délibération à Prendre dans les Assemblé*es,Paris,1789,p. 41.

[3] Sieyès,"Instructions et Pouvoirs pour les Bailliages de Mantes et Meulent", in *Des Manuscrits de Sieyès 1773—1799*,tome Ⅰ,pp. 531—533.

　　我们也必须指出，西耶斯对权利宣言的关注可能只限于 1789 年前后。从他留下的手稿来看，西耶斯在此前长达 20 多年的时间里，从未使用过权利宣言的表述，也没有提及人权（Droits de l'Homme）的字眼。而且，在大革命期间，西耶斯私下的态度似乎也有别于公开的立场。在一篇可能撰写于 1792 年，题名为"虚假的宣言"的手稿里，西耶斯表示自己曾经在 1789 年夏天反对在人权宣言中列举人权。他指出，列举权利的做法属于君主制时代，历史上的各种宪章皆是"主人和起义的臣民签订的协议"。它们虽然详细列举了臣民的权利，但却是建立在不平等的基础之上，因为它们"隐含地承认一个领主、一个封臣、一个主人"。然而，在国民实现独立，拥有完整主权的新社会，列举人权的做法纯属画蛇添足。[1] 有鉴于此，我们便能理解他在上述的两份政治方案中谈及权利宣言时，为何没有详尽列举权利。不过在 1789 年 7 月，西耶斯还是顺从了"公共舆论"的压力，仿效美国各州的榜样，在其人权宣言草案中列举了 42 项人权。

　　尽管西耶斯对列举人权的做法坚持保留的态度，但他并不否认颁布权利宣言的必要性。他认为，权利宣言的主要价值在于通过"分析社会状态的宗旨与手段，考察人的本性、需求及满足它们的手段"，充当"最佳政治宪法的序言"。[2] 所以，在阅读西耶斯的人权草案时，我们应当把重心放在它的"宪法序言"，尤其是由此体现出来的权利哲学上。围绕《理性的认识与陈述：人权与公民权》，并结合其私人手稿的论述，我们认为西耶斯的权利哲学可以概括为五点。

　　第一，每个人都拥有需求，并且有权让自己的需求得到满足。

　　把每个人理解为一个拥有需求的存在，是西耶斯理解人权的起点。在

---

〔1〕　*Des Manuscrits de Sieyès 1773－1799*，tome Ⅰ，p. 499. 西耶斯的立场和联邦党人无异。亚历山大指出，"人权法案就其来源而论，是君主与臣民间的规定"，认为将之写入宪法，"不仅无此必要，甚至可以造成危害"。（汉密尔顿、杰伊、麦迪逊：《联邦党人文集》，程逢如、在汉、舒逊译，商务印书馆，1995 年，第 84 篇，第 429 页。）

〔2〕　*Des Manuscrits de Sieyès 1773－1799*，tome Ⅰ，p. 500.

第二章　权利

青年时期撰写的《论超越理解的上帝以及人的宗教维度》里，西耶斯明确指出，应当把人及其需求"作为一切哲学应当指向的终点，作为一切人类活动的来源"，"任何不以此为目标的研究或运动都是在误入歧途，都是在徒劳地消耗人的力量"。[1] 在其人权宣言草案中，西耶斯重申了相同的原则："依据其本性，人必然具备若干的需求；依据其本性，他亦拥有若干能满足自身需求的手段。无论什么时候，他都希望过得好（bien-être）。"[2] 在1793年6月8日发表的《论社会状态和代议制体系下自由的好处》中，西耶斯更是旗帜鲜明地指出："我们生来拥有需求。需求！这就是人类机器的第一动力，是人权的真正起源，是技艺乃至一切的创造原则。"[3]

西耶斯指出，人的需求分为多个层次，"包括生存的需求、抵制环境变化的需求、社会交互性的需求、好奇心的需求、想象的需求以及希望的需求，等等"。[4] 所谓个人满足需求的过程，就是在"避免痛苦，追求快乐"。[5] 西耶斯划分享受的标准不尽相同。有时候，他把个人的享受分为"内在的享受"和"外在的享受"，前者主要指"第一位的、根本性的享受"（食物），而后者包括"次要的享受"（非食物）、"人身的享受"（个人才干）、"辅助的享受"（劳动）；有时候，他又把个人的享受分为"物的享受"和"人的享受"。[6]

西耶斯认为："在自然界中，任何有需求的存在都有权获得满足，并有权获得满足自身需求的手段（moyens）。"[7] 事实上，自然也给人类提供了分别用于认知、决断和执行的智力、意志与力量，使之能够从外界获取满足

---

[1] Jaques Guilhaumou，"Fragments d'un Discours sur Dieu，Sieyès et la religion"，p. 260.

[2] Sieyès，*Préliminaire de la Constitution Française. Reconnaissance et Exposition Raisonnée des Droits de l'Homme et du Citoyen*，p. 19.

[3] Sieyès，*Des Intérêts de la Liberté dans l'état Social et dans le Système Représentatif*，p. 35.

[4] Jaques Guilhaumou，"Fragments d'un Discours sur Dieu，Sieyès et la religion"，p. 260.

[5] *Des Manuscrits de Sieyès 1773—1799*，tome I，p. 96.

[6] *Des Manuscrits de Sieyès 1773—1799*，tome I，pp. 199—200.

[7] *Des Manuscrits de Sieyès 1773—1799*，tome I，p. 497.

需求的手段。但是,人们无法从自然界获得一切,唯有经过勤勉的劳动,才能满足自己的各种需求:

> 人从自然获得了若干的馈赠;他选择它们、增殖它们;他通过劳动,完善它们。与此同时,他竭力避免和防范损害自己的事物;可以说,为了自我保护,他在从自然获得力量的同时,也会反对自然;他甚至敢于和自然做斗争。他的实业总会得到不断完善;我们可以看到,人的力量能够取得无限的进步,能够越来越好地支配自然的所有力量,从而满足自身的需求。[1]

为了实现满足需求、追求快乐和增加享受的目标,应当允许人们自由地支配自然赋予的智力、意志和力量,自由地享用劳动产品。用西耶斯的话来说,应当尊重并保护每个人的"人的所有权"(la propriété de personne)和"物的所有权"(la propriété réelle)。[2] 由此可见,西耶斯的所有权概念明显打着重农学派的烙印。[3] 因为在他看来,"人的所有权"和"物的所有权"是一切权利的基础,居住、迁徙、思考、演说、写作、印刷、劳动、生产、仓储、交通、交换以及消费权利皆由它们衍生而来。

第二,满足需求的必要性决定了每个人追求的自由具有鲜明的物质性。

对卢梭而言,自由的本质是个人的独立,尽可能地减少对他人的依赖,

---

〔1〕 Sieyès, *Préliminaire de la Constitution Française. Reconnaissance et Exposition Raisonnée des Droits de l'Homme et du Citoyen*, pp. 20—21.

〔2〕 Sieyès, *Préliminaire de la Constitution Française. Reconnaissance et Exposition Raisonnée des Droits de l'Homme et du Citoyen*, pp. 26—27.

〔3〕 在 1789 年 8 月 18 日演说当中,米拉波指出西耶斯的人权宣言草案和重农学派之间存在某种亲缘性,并明确表示他的父亲老米拉波及其朋友魁奈在三十年前就已经提出了一切政治社会的基本原则:"个人在联合组建社会时,并不会放弃任何自然的权利,因为在最崇高的独立状态中,任何人都无权损害他人的自由、安全与财产;他们也不会放弃从上帝与自然获得、不可剥夺的任何权利;相反,他们希望而且也应当通过交互的帮助,扩大安全、自由以及获得与保存财产的能力。"(*Archives Parlementaires*, tome Ⅷ, p. 453.)

因为在他看来,所有的奴役关系皆是"由于人们的相互依赖和使人们结合起来的种种相互需要形成的"[1]。所以,个人的独立必须要以放弃舒适的享受为代价。如果人们过分追求享受,将会"给自己戴上枷锁",同时也给后代增加无限的痛苦。[2] 与此同时,卢梭理解的自由和每个公民积极参与政治的可能性联系在一起。他主张每个公民都应当积极地参与政治生活,平等地分享主权的权力。实际上,卢梭推崇的自由更多地体现了道德主义的诉求,而与物质的享受没有多大的关联:

> 唯有道德的自由才使人类真正成为自己的主人;因为只有嗜欲的冲动便是奴隶状态,而唯有服从人们自己为自己所规定的法律,才是自由的。[3]

在诸多的法国革命者当中,罗伯斯庇尔的立场可能最接近于卢梭,他也把财富视为自由与美德的天敌:

> 权力和财富产生骄傲和一切缺点;劳动、温和、贫穷是美德的捍卫者。弱者的愿望只是以正义和维护良好法律为目的,弱者所尊敬的只是正直所产生的热情。[4]

相反,西耶斯的自由观念则更具物质主义的维度。在一份标题为"自由"的手稿中,西耶斯认为个人自由应当同时包含两种维度的自由:一种是"否定的、独立的自由"(liberté négative ou indépendante);另一种是"积极的自由(liberté active)。所谓"否定的、独立的自由",就是要免于"人的束缚",免于"物的障碍";所谓"积极的自由",则表现为人对自己身体和外部世界的支配能力。[5] 他认为,在谈论自由时,人们应当从这两个角度去理解:

---

〔1〕　卢梭:《论人类不平等的起源和基础》,第 108 页。
〔2〕　卢梭:《论人类不平等的起源和基础》,第 116 页。
〔3〕　卢梭:《社会契约论》,第 26 页。
〔4〕　罗伯斯庇尔:《革命法制和审判》,赵涵舆译,商务印书馆,1986 年,第 141 — 142 页。
〔5〕　*Des Manuscrits de Sieyès 1773 — 1799*,tome Ⅰ,p. 461.

当一个人的意志能够对其能力作出习惯性的支配,当他行使其能力时不受任何外界因素的阻碍,他就是自由的人。而且,人自始至终都希望增加自己的行动力量或支配手段,以期摆脱行动的障碍,或者增加独立。因此,人需要自由,并不是为了自由而自由,而是为了行使或使用他的力量。为了更多地增加力量,他才需要自由。你们应当明白,旨在增加力量和手段的自由需要社会状态,需要社会状态的各种制度,并承受由此产生的各种缺点。这不是在牺牲,而是一种有益的安排。[1]

由此可见,和卢梭、罗伯斯庇尔不同,西耶斯反对把个人自由理解为绝对的独立,拒斥"为了自由而自由"的观念。对他而言,自由不是目的,而是手段,是人们用来满足自身需求的手段。在别的地方,西耶斯更为直白地表达了其物质主义的自由观念:"增加满足我们需求的手段或力量,使我们能够享受更多,劳动更少。这就是自由在社会状态中得到自然增长的基础。"[2]1792 年 6 月 8 日,在雅各宾派已经取得对吉伦特派的胜利之际,西耶斯似乎还不点名地批评了罗伯斯庇尔等鼓吹的卢梭自由观,再次反对"为了自由而自由"的虚无主义立场。他强调说:

人需要自由,并不是为了毫无结果的自由,而是要行使或使用自身的力量,以便增加更多的力量。[……]自由的重要目标就是增加人的力量,因为它越是得到拓展,我们越是会变得自由。无论是生活在自然界的人,抑或生活在社会里的人,都期望不断地增加自身的行动手段或支配力量,扫除妨碍行动的障碍,增加自身的独立。[3]

一言以蔽之,西耶斯的自由更多地指向物质层面的富足,而不是精神层面的自律。他提醒人们,不要赋予自由过多的道德内涵:"如果把社会的

---

〔1〕 Sieyès, *Des Manuscrits de Sieyès 1773 — 1799*, tome Ⅰ, pp. 474—475.

〔2〕 Sieyès, "Travail ne Favorise la Liberté qu'en Devenant Représentatif", in *Emmaunel-Josph Sieyès: Ecrits Politiques*, p. 62.

〔3〕 Sieyès, *Des Intérêts de la Liberté dans l'État Social et dans le Système Représentatif*, pp. 36—37.

命运与道德努力挂上钩,那就太不了解人类了。"[1]

第三,社会交往的需求促使人们建立交互的人际关系。

西耶斯更多受到了格劳修斯、普芬道夫、巴贝拉克和洛克的熏陶,而不是继承了霍布斯、卢梭等人的衣钵。一个有力的证据是他曾专门界定了格劳修斯们经常使用的"社会交往性"(sociabilité)、"社会性"(socialité)和"结合"(association)等概念:"社会交往性是指人具有社会交往的可能,或者能够组建社会;社会性是指无论在什么地方,他都具备社会性,或者说,他始终生活在文明的社会状态里;结合则是指他建立社会状态的联合行为。"[2]和格劳修斯们一样,西耶斯认为人类具有社会交往的本能和需求。不过,他很少使用"社会交往性"的概念,而是更为频繁地使用"交互性"(réciprocité)及其形容词"交互的"(réciproque)。在他看来,交互性应当成为人们处理人际关系、社会关系的基本原则。在他的眼里,交互性的社会关系应当具备两个显著的特征。

一是自由。由于深受重农经济学派和亚当·斯密的影响,西耶斯把人与人之间的所有关系都理解为自由交换,"公民对公民的一切关系都是自由关系。一个人贡献他的时间或商品,另一个人用他的金钱与之交换。这里丝毫不存在隶属关系,而是持续的交换"[3]。他表示,人与人之间的"交互需求"就像木板的榫头和凹槽,可以实现无缝结合。[4] 他甚至认为,所有人权都建立在自由交换的原则之上:

> 人与人之间的权利,来源于相同的源泉——需求;人权只是一种
> 交换。实际上,各种人权皆可以简化为唯一的权利,即不要强迫别人,

---

[1] 西耶斯:《论特权 第三等级是什么?》,第72页。(译文遵照法文版,略有改动。参见:Sieyès, *Qu'est-ce que le Tiers-État*, p. 158.)

[2] *Des Manuscrits de Sieyès 1773—1799*, tome Ⅰ, p. 470.

[3] 西耶斯:《论特权 第三等级是什么?》,第11—12页。

[4] "令人愉悦的社会建立在交互的需求之上。[……]假如一块木板凿有榫头,另一块凿有凹槽,那么它们就能无缝结合。"(*Des Manuscrits de Sieyès 1773—1799*, tome Ⅰ, p. 501.)

让他保持自由，只能通过提供他希望从你身上获取的东西，影响他的意志。因此，人权可以化约为让两个交易者自由达成共识的平等。[1]

二是平等。由于自然赋予的智力、体力和意志的差别，人们必然会出现强弱之分和贫富差别。这是一些自然的不平等，它们理应得到别人和社会的尊重与保护。然而，这并不意味着在身体或财富方面占据优势的人，可以拥有更多的权利，因为"弱者针对强者的权利和强者针对弱者的权利是相同的"，强者压迫弱者不仅不会催生义务，反而会让后者产生"天赋的、不可剥夺的反抗压迫的义务"。[2] 他表示，一切正当的社会都建立在互利、自愿与自由的契约之上。西耶斯猛烈抨击豺狼当道、暴力横行的社会：

> 一个建立在不平等之上的社会，很可能是由饿狼和绵羊、猛兽和其牺牲者构成的社会。[……]任何建立在权利不平等之上的社会，都是一个虚假的社会、一种真正的战争状态、一种压迫人的秩序。[3]

第四，社会状态可以更好地满足个人的需求。

重农学派和自然权利学派的理论家们尽管都坚持人类拥有社会交往性的本能，但两派之间也存在一个重要的差别，即前者强调人是社会的产物，而后者把社会视为契约的产物。在这一点上，西耶斯更多接受了自然权利学派的经典立场，强调社会是个人意志自由联合的产物。《第三等级是什么？》第 5 章中对政治社会形成过程的三个时期的描述，表明他并未放弃社会契约论的理论框架。[4] 他在此处使用的表述和《社会契约论》存在惊人的

---

〔1〕 *Des Manuscrits de Sieyès 1773 — 1799*，tome Ⅰ，p. 498.

〔2〕 Sieyès，*Préliminaire de la Constitution Française. Reconnaissance et Exposition Raisonnée des Droits de l'Homme et du Citoyen*，pp. 22—23.

〔3〕 *Des Manuscrits de Sieyès 1773 — 1799*，tome Ⅰ，p. 457.

〔4〕 西耶斯：《论特权 第三等级是什么？》，第 57—58 页。

相似,不少学者据此断言他是卢梭的信徒。[1] 此种观点似是而非。西耶斯使用的论证逻辑并不专属于卢梭,而是属于近代西方的整个自然权利学派。

但与此同时,西耶斯也抛弃了社会契约理论家们认为个人在缔结社会契约时会牺牲自由的论断,把重农学派关于社会状态扩大自然权利的观点奉为圭臬:

> 社会联合是一种好处,而不是一种牺牲;因此,社会秩序是自然秩序的结果和补充。[……]社会状态并没有使人蜕化,变得堕落,相反却使他们变得高贵,趋于完善。社会不会削弱和减少每个人为私人利益而加入结合体时拥有的私有手段;相反,社会将会扩大它们,通过推动道德与身体之禀赋的发展,使之得到拓展;它还借助公共劳动和公共救济等提供不可低估的帮助,增加它们。由是观之,哪怕公民为公共事务缴纳赋税,那也只是某种形式的回馈;和他从中获得的利益和好处相比,这只是最微不足道的部分;这是一种所有人都能获得最多利益的联合。[……]社会状态非但不会减少个人的自由,反而会拓展和保障个人自由的行使;它将为个人行使自由,扫除各种通常在只存在私人力量的保护的情况下才会出现的障碍和危险;它把个人自由置于整个结合体的强大保护之下。[2]

既然社会状态增加了而不是减少每个人的自由,那么任何理智健全的人都不会轻言退出社会,遑论撕毁社会契约。相反,卢梭却理直气壮地宣称:"在国家之中,并没有任何根本法是不能予以废除的,即使是社会公约也不例外;因为如果全体公民集合起来一致同意破坏这个公约的话,那么

----

[1] Bronislaw Baczko,"Le Contrat Social des Français: Sieyès et Rousseau", in *The Political Culture of the Old Regime*, edited by Keith Michael Baker, Pergamon Press, 1987,pp. 493－513;陈端洪:《人民既不出场,也不缺席》,《制宪权与根本法》,中国法制出版社,2010 年。

[2] Sieyès, *Préliminaire de la Constitution Française. Reconnaissance et Exposition Raisonnée des Droits de l'Homme et du Citoyen*, pp. 24－26.

我们就不能怀疑这个公约之破坏是非常合法的。"〔1〕

所以,西耶斯尽管接受了社会契约论的原则,但他并不认为在社会诞生的过程中,缔结社会契约的行为是一个不可或缺的环节。对他而言,交互性的人际关系已经隐含着所有人缔结社会契约的可能,或者更准确地说,交互性的人际关系已经让缔结社会契约的行为变得无足轻重,仅仅具有象征的意义。柯莱特·克拉维雷尔不无道理地指出:"由于西耶斯,人们走出了社会契约的年代。"〔2〕

最后,社会状态的若干缺陷要求建立公共机构。

出于满足需求、追求快乐和增加享受的本能,人们必然会建立互利、平等和自由的社会。然而,由此形成的社会却并非尽善尽美。一方面,虽然多数人是开明的公民,在追求个人快乐时,不会以牺牲同胞的利益为代价,〔3〕虽然作奸犯科之徒始终是少数,但如果不对后者作出有效的防范并施加必要的惩罚,弱肉强食的丛林法则将会重新支配整个社会。另一方面,公民们自愿组成但颇为松散的联盟并不足以抵制外敌入侵的风险。因此,人们应当捐献必要的赋税、时间和人力,组建"公共机关"(établissements publics),使之专门承担满足公共需求的任务。

西耶斯主张建立的"公共机关"不仅仅限于扮演"守夜人"的角色。除了治安与国防外,它还应当把一切有利于公共繁荣和公众幸福的事务纳入施政的范畴。〔4〕为了改善公共交通,应当修建公路、架设桥梁和开凿运河;为了提高全体社会成员的知识水平、道德素养和职业能力,应当大力发展教育事业;为了提供最低限度的社会正义,应当对天生存有缺陷、缺乏生

---

〔1〕 卢梭:《社会契约论》,第 129 页。

〔2〕 Colette Clavreul,"Sieyès et la Genèse de la Représentation Moderne", in *Droits*, no. 6,1987,p. 47.

〔3〕 *Des Manuscrits de Sieyès 1773 — 1799*,tome Ⅰ,p. 96.

〔4〕 "社会的一般目标是满足公共需求,并尽可能地促进公共繁荣和公共幸福。而且,人们也要指出,公共繁荣和公共幸福本身也属于公共需求的范畴。人们能够说,公共意志的目标是满足公共需求。"(*Des Manuscrits de Sieyès 1773 — 1799*, tome Ⅰ,p. 413.)

活自理能力的人提供必要的救济,等等。[1] 可见,在西耶斯对公共机关之职能的界定中,现代福利国家的某些观念已经初见端倪。

西耶斯也清醒地意识到,由于拥有庞大的财力、物力及官僚机器,政府有可能变成个人自由最大的威胁。所以,人们必须"分立所有的公共权力,并为之提供一部能够保护国民与公民的良好宪法,它是避免极端不幸的唯一屏障"[2]。然而,如何才能建立良好的分权制度?人们在组建和划分公共权力时,必须遵守如下原则:(1)维持社会和国家的分野,最大限度地保留公民的自由与权利;(2)限制国家机器的活动范围,它们的权力仅限于提供对所有人而言都必不可少的公共服务;(3)把公共权力划分为立法权、执行权与司法权,并分别让它们掌握在不同的代理人手中,避免建立专制主义。

为了有效地保障人权,避免政府蜕变为暴政,人们还必须确保公共权力始终牢牢地掌握在公民的手中:"所有的公共权力无一例外地来源于公意,一切的权力皆来自人民,即国民。"[3]所以,应当赋予公民以定期选举公职人员的权利。这就产生了各色各样的政治权利。

由此可见,西耶斯谈论的个人从来不是一个抽象的、孤立的存在,他拥有社会交往的本能,是始终生活在同胞当中的"社会人"(homme social),[4]并且必将建立一个自由、自愿的社会结合体。在这个意义上说,西耶斯所构建的个人社会既不是一个原子化的社会,也并不必然会在无政府状态和独夫专制之间摇摆,因为它建立在"需求的人类学"(anthropologie

---

[1] 西耶斯主张成立"总务部"(la Surintendance Générale),负责公共教育、公共工程和公共慈善。(*Des Manuscrits de Sieyès 1773—1799*,tome Ⅰ,p. 414.)

[2] Sieyès, *Préliminaire de la Constitution Française. Reconnaissance et Exposition Raisonnée des Droits de l'Homme et du Citoyen*, p. 30.

[3] Sieyès, *Préliminaire de la Constitution Française. Reconnaissance et Exposition Raisonnée des Droits de l'Homme et du Citoyen*, pp. 38—39.

[4] *Des Manuscrits de Sieyès 1773—1799*,tome Ⅰ,p. 481.

des besoins)[1]上。

我们不妨组合西耶斯使用过的术语,用一句话来概括其权利哲学:"开明的人"(homme éclairé)会拥有"正确理解的个人利益"(l'intérêt particulier bien entendu),[2]遵守"交互性"原则,形成"不损害他人"的正义社会,并制定能够让个人需求和公共需求同时得到满足的良好宪法。就其权利哲学来看,西耶斯更多继承了以洛克为代表的古典自由主义,而非如某些学者所言继承了卢梭的衣钵。

不过,西耶斯的理论并非没有缺陷。西耶斯虽然宣称自己的"社会技艺"立足于对人性的深刻洞察,立足于对个人需求及其满足的深入分析,但是他对人性的理解显然太过理想,也失之片面。在他看来,满足自身需求的本能尤其是理性能够把每个人都变成"开明的人",形成"正确理解的个人利益",并会齐心协力缔造可以满足所有人的共同需求的良好社会。在多数民众缺乏识文断字的能力,并且食不果腹的 18 世纪法国,西耶斯却把政治社会的建立寄希望于人人皆有理性与自由意志的论断之上,是否有些书呆子的天真呢?

对此,许多革命者提出了毫不客气的批评。1789 年 7 月 27 日,尚比永·德·西塞(Champion de Cicé)批评西耶斯的人权宣言草案,说:"它的缺陷就是它的完美。这个杰出的天才在起草它时,他假定的东西远比能够从阅读它、聆听它的所有人身上期许的部分,要多得多。"[3]1795 年热月,蒂博多更是尖酸刻薄地指出,西耶斯的宪政方案只适合"哲学家的民族",只适合"柏拉图的哲学王"。[4]

---

[1] Pasquino, Pasquale, *Sieyès et l'Invention de la Constitution en France*, Paris, Éditions Odile Jacob, 1998, p. 119; Catherine Larrère, "Sieyès, Lecteur des Physiocrtes: Droit Naturel ou Économie?" sous la direction de Pierre-Yves Quiviger, Denis Vincent et Jean Salem, *Figures de Sièyes*, Paris, Publications de la Sorbonne, 2008, p. 198.

[2] *Des Manuscrits de Sieyès 1773 — 1799*, tome Ⅰ, p. 96 et p. 467.

[3] Antoine de Baecque, Wolfgang Schmale et Michel Vovelle, *L'An 1. Des Droits de l'Homme*, p. 85.

[4] Michel Troper, *Terminer la Révolution. La Constitution de 1795*, Paris, Fayard, 2006, p. 560.

第三章　国民

　　法国大革命奠定了现代民主国家最重要的公法原则——国民主权。1789 年 8 月 26 日,《人权与公民权宣言》庄严宣告:"整个主权的本原,主要是寄托于国民。"1791 年 9 月 3 日宪法第三篇第 1 条重申了相同的原则:"主权是统一的、不可分割的、不可剥夺和不可转移的;主权属于国民;任何一部分人民或任何个人皆不得擅自行使之。"

　　国民主权并非是无可争议的概念,人们对它的讨论持续不断。大革命爆发后,人们首先针对主权的概念及其归属问题展开了激烈的争论。[1]第三共和国的法学家们不无争议地指出,明显带有自由主义色彩的国民主

---

〔1〕　1794 年,约瑟夫·德·迈斯特指出了人民主权原则的自相矛盾,"命令的人民不是服从的人民",坚持"主权来自上帝"。(Joseph de Maistre, *De la Souveraineté du People*; *un Anti-Contrat Social*, Paris, PUF, 1992, pp. 92−93.)拿破仑帝国覆灭后,本雅曼·贡斯当坚持人民主权原则的正当性,但强调它并非拥有绝对的权力。(本雅曼·贡斯当:《古代人的自由与现代人的自由》,阎克文、刘满贵译,世纪出版集团,2005 年,第 58−66 页。)基佐及其所属的"信条派"则断言,"尘世上不存在任何的主权",坚持主权只能属于理性、真理与正义。(François Guizot, "Philosophie Politique: de la Souveraineté", in *Histoire de la Civilisation en Europe*, établie, présentée et annotée par Pierre Rosanvallon, Paris, Hachette, 1985, pp. 319−389.)

权有别于具有专制内涵的人民主权。[1] 二战以后,汉娜·阿伦特、雅各布·塔尔蒙等人在追溯当代极权主义的思想根源时,总会把人民主权或国民主权视为罪魁祸首。[2]

然而,在很长的一段时间内,人们却把国民视为一个不证自明的概念,很少有人关注它的模棱两可性。法国大革命两百周年前后,情况有所改观。在弗朗索瓦·孚雷和莫娜·奥祖夫主编的《法国大革命批判辞典》中,著名历史学家皮埃尔·诺拉撰写了"国民"的词条,认为西耶斯构建了革命时期的国民概念,在宣称第三等级即为国民的同时,也引入了内战的逻辑,催生了"国民的病理学"。[3] 卡特琳娜·拉雷尔则从国民和宪法之关系的角度,分别考察了统计学意义上的国民、整体的国民以及公民的活动,指出了西耶斯虚构的国民观念和现实的法国社会之间存在巨大的反差。[4]

诺拉和拉雷尔为我们理解西耶斯的国民概念无疑做出了重大的贡献,但遗憾的是,他们没有阐明它同时具有革命和保守的双重维度,并借此对西耶斯在革命期间立场的变化作出合理的解释。与此同时,他们也没有论及西耶斯为证明第三等级即为国民所使用的劳动原则对后来社会主义运动的影响。笔者希望对这两方面有所补阙,以期完整地呈现西耶斯的国民概念。

---

[1] Maurice Hauriou, *Principes de Droit Public*, Paris, Recueil Sirey, 1916, p. 630; Raymond Carré de Malberg, *Contribution à la Théorie Générale de l'État*, tome II, pp. 175—177; Paul Bastid, *Sieyès et Sa Pensée*, p. 573.

[2] Hannah Arendt, *On Revolution*, New York, The Penguin Books, 2006, p. 147. 雅各布·塔尔蒙:《极权主义民主的起源》,孙传钊译,吉林人民出版社,2004 年。

[3] Pierre Nora, "Nation", in *Dictionnaire Critique de la Révolution Française*, sous la direction de François Furet et Mona Ozouf, Paris, Flammarion, 1988, pp. 801—811.

[4] Catherine Larrère, "La Nation chez Sièyes: l'Inflexion Révolutionnaire de l'Université des Lumières", in *La Philosophie et la Révolution Française*, Paris, Libraire Philosophique J. Vrin, 1993, pp. 143—153.

第三章　国民

1.贵族和国王的国民观念

　　"国民"不仅是当代世界出现频率最高的政治术语之一,而且在西欧出现的时间也很早。法国学者热拉尔·努瓦利耶指出,"国民"的概念首次出现于 1270 年,而它的形容词形式"nationale"诞生于 1550 年。[1] 国民概念的原始含义和动词"出生"(naître)有关,指代出生于同一个地理空间的人。17、18 世纪,法国的诸多词典皆从这个意义上来解释"国民"。譬如,1690年的 Furetière 词典和 1752 年的 Trévoux 词典对国民作出如下定义:"一个数量众多的人民,他们共同居住在一块拥有确定范围的土地之上,或者服从相同的统治。"1762 年版的法兰西学院词典也采用类似的定义:"集体名词。同一个国家、同一个地区的全体居民,他们遵守相同的法律,述说相同的语言。"1765 年,狄德罗主编的《百科全书》第 11 卷给出的定义也几乎是大同小异:"集体名词,人们用以指代相当数量的人民,他们居住在确定范围,集中于固定边界之内,并服从相同的政府。"[2]

　　根据 17、18 世纪的词典对"国民"概念的界定,我们至少可以看出,国民共同体的意识在 18 世纪的法国已经初具雏形。所有的人都认为,生活在相同领土范围内的事实,应当成为判定一个人是否隶属于国民范畴的重要标志。但是,国民的含义并不仅仅局限于空间的维度,它还包含政治、语言、文化、历史等多方面的内涵。各种词典不约而同地指出,同一个国民的所有成员应当使用相同的语言,服从相同的政府或者遵守相同的法律。不过,它们对国民的定义更多地体现了人们对于国民应当具备的属性的美好期待,而不是对 18 世纪法国社会现状的如实描绘。

　　实际上,旧制度法国的现实和各种词典对国民的理想定义相去甚远。

〔1〕　Gérard Noiriel, "Socio-Histoire d'Un Concept. Les Usages du Mot 'Nationalité' au XIXe Siècle", in *Genèses*, No. 20(Sept. ,1995), p. 7.

〔2〕　Pasquale Pasquino, *Sieyès et l'Invention de la Constitution en France*, Paris, Éditions Odile Jacob,1998, p. 56.

在语言的层面上,法国呈现出相当多元的局面。尽管法语很早就被确立为官方语言,[1]但在很长时间内,它并没有成为所有法国人的日常用语。布列塔尼人、普罗旺斯人、巴斯克人都拥有各自的方言,阿尔萨斯人和洛林人更是使用德语。从行政区划的角度来看,法国也颇为混乱,主教区(diocèses)、行政区(intendance)、财政区(généralité)、司法裁判区(sénéchaussée)、三级会议省(province 等犬牙交错、互不重叠。在法国社会内部,居民也分裂成贵族、教士和第三等级,并且分别隶属于不计其数的特权团体,如行会、教会、高等法院、学院、修道院等。

从政治的角度而言,也并非所有的人都心悦诚服地接受波旁王朝的绝对君主制。由于中央集权的日趋膨胀,贵族在地方的势力逐渐被剪除,他们在军事、行政、财政等领域的影响日趋式微。然而,贵族并不甘心于自己的失败,他们利用手中残存的权力,尤其是利用在奥尔良公爵摄政时期得以重建的高等法院,对绝对主义进行了猛烈的抨击。在批判王权的基础上,法国贵族提出了其特有的"国民"概念。

在路易十四统治末年,以费内隆(Fénelon)主教为中心的贵族作家率先对绝对君主制理论提出了尖锐的批评。布朗维利埃是其中的一位核心人物。为了维护贵族的特权、批判王权的专制,他对法国君主制的早期历史进行了重新解读。他指出,贵族和国王都是公元 5 世纪的征服者法兰克人的后裔,起初保持着平等的关系;贵族通过参加三月会议或五月会议,和国王共同商议决定战争、和平、赋税等重大事务;国王并非世袭,而是由贵族选举产生。[2] 与此同时,布朗维利埃也对波旁王朝重用第三等级,把中央政府的许多重要官职以及掌握地方行政大权的"督办官"(intendants)授予平民的做法表达了强烈的不满,竭力强调贵族相对于第三等级的特权地

---

〔1〕 譬如,弗朗索瓦一世在 1539 年就颁布敕令,规定所有司法与行政的文件都必须采用法语誊写。(David A. Bell, *The Cult of the Nation in France*, Havard University Press,2003,p. 171.)

〔2〕 Augustin Thierry, *Récits des Temps Mérovingiens*, *précédés Considérations sur l'Histoire de France*,Paris,Just Tessier,1842,pp. 85－89.

位。布朗维利埃尽管并不否认等级划分是一种糟糕的制度，但认为既然它已经变成了法国风俗与法律的重要组成部分，就应当将之当作事实加以接受。[1]

美国学者哈罗德·埃利斯（Harold A. Ellis）表示，布朗维利埃对法国近代政治思想史做出的重要贡献，就是构建了"独立于甚至对立于王权的国民"[2]概念。然而，布朗维利埃理解的国民并不涵盖法国境内的所有居民，它只包括征服者的后裔，只包括贵族尤其是世系可追溯久远的军功贵族。对布朗维利埃而言，贵族和平民实际上是两个不同的国民。对于布朗维利埃的国民概念，米歇尔·福柯概括说："贵族是一个国民，资产阶级也是一个国民。"[3]

布朗维利埃把贵族单独视为一个国民的论断在18世纪法国的公共舆论当中，尤其在高等法院的法官圈子内拥有广泛的影响。18世纪30年代，冉森派的法官把高等法院称为"国民的参议院"，把国王称为"国民的领袖"。1748年，孟德斯鸠出版了《论法的精神》。他尽管驳斥了布朗维利埃关于法兰克人把所有罗马人置于奴役之下的论断[4]，但却毫无保留地接受了自由肇始于法兰克人的观点[5]。18世纪50年代，阿德里安-路易·勒佩热（Andrien-Louis Le Paige）主张把"国民的权利"、"国民的权利与特权"、"国民的权利、自由与特权"、"国民的神圣权利"等字眼写入高等法院

---

[1] 布朗维利埃指出："根据普通法，所有人皆平等；暴力引入了自由和奴役、贵族和平民（roture）的差别。尽管此种起源很糟糕，但由于习俗已经长期扎根于世界，所以它也就获得了一种自然法的力量。"（Sylvain Venayre, *Les Origines de la France*, Paris, Seuil, 2013, p. 21.）

[2] Harold A. Ellis, *Boulainvilliers and the French Monarchy: Aristocratic Politics in Early Eighteenth-Century France*, Ithaca, 1988, p. 57.

[3] Michel Foucault, *Society Must Be Defended*, translated by David Macey, Picador et New York, 2003, p. 142.

[4] 孟德斯鸠：《论法的精神》下册，张雁深译，商务印书馆，2002年，第311页。

[5] 孟德斯鸠认为英国的政治自由可追溯到"日耳曼的森林"，指出英国人"从日耳曼人那里汲取了他们的政治体制的观念"。（孟德斯鸠：《论法的精神》上册，第165页。）

公开发表的诤谏书。[1]

王权的理论家们则宣称，国王才是国民当仁不让且独一无二的代表。卢瓦索(Loyseau)表示："无论对于上帝，抑或对于人民，国王是掌管一切事务的官员和领主。作为上帝的代理人，国王是上帝的官员，代表全部的尘世权力。[……]正如国王的权力代表着上帝之全能的光辉与威严，官员们的权力代表着国王之权力的光辉与威严。"[2]路易十四的重臣博絮埃(Bossuet)也说："陛下是由国王体现的上帝的伟大形象。上帝是无限；上帝是全能。作为君主，国王不能被视为一个个体的人格。相反，他是一个公共的人格，是寄寓在其人格之中的整个国家，是和其人格水乳交融的人民意志。正如一切的完满与美德和上帝相连，所有个体的力量也汇聚在国王的人格上。"[3]

御用的理论家们不仅鼓吹国王凌驾于所有臣民之上，也驳斥了布朗维利埃宣扬的法国存在两个国民的论断。让-巴普蒂斯特·杜波(Jean-Baptiste Dobos)神甫不满于布朗维利埃的论断，对法国早期君主制的历史作出了针锋相对的解释。杜波不无争议地否认征服战争的存在，认为法兰克人、高卢人都是日耳曼人，最初充当罗马帝国的士兵，后来和罗马人逐渐融合；法国君主也并非由贵族选举产生，他们的权力来源于罗马帝国的任命；罗马帝国解体后，他们便理所当然地继承了帝国的权杖，变成了世袭的君主。[4]杜波和布朗维利埃的史学解释可谓针尖对麦芒，孟德斯鸠对此评论道："德·布朗维利埃和杜波神父各有一套理论：一个就像对第三等级(平民)的诅咒；另一个就像对贵族的诅咒。"[5]

由此可见，18世纪中叶，法国业已形成了两种截然不同的国民概念。

---

[1] David A. Bell, *The Cult of the Nation in France*, pp. 58—59.

[2] André Lemire, *Les Lois Fondamentales de la Monarchie Française d'après les Théoriciens de l'Ancien Régime*, Paris, Albert Fontemoing, 1907, p. 153.

[3] Nannerl O. Keohane, *Philosophy and the State in France. The Renaissance to the Enlightenment*, New Jersey, Princeton University Press, 1980, p. 252.

[4] Sylvain Venayre, *Les Origines de la France*, p. 23.

[5] 孟德斯鸠：《论法的精神》下册，第311页。

第三章　国民

一方面,高等法院宣称贵族就是国民。除了布朗维利埃外,孟德斯鸠也在《论法的精神》中指出,在中世纪的法国,国民只包括贵族和主教。[1]不过,在现实的政治实践中,贵族可没有这么极端。贵族出身的法官们通常满足于宣称,他们在君主和国民之间扮演着一种举足轻重的中介角色,坚持在没有召开三级议会的情况下,高等法院可以代行议会的职能。1757年,布列塔尼高等法院发表声明:"唯有高等法院,才能以国王的名义,向人民说话;同样,唯有它,才能以人民的名义,向国王说话。"[2]1771年,雷恩高等法院宣称:"当国民没有被召集时",法官"能够独自向国王陈情国民的冤屈,争取国民的权利"。1788年,雷恩高等法院又旧调重弹:"在三级议会缺席的情况下,国民既然无法让自己的声音得到倾听,那么它有权期望在自身权利受到侵犯时,高等法院能够提出抗议,因为它们是君主和人民的中介。"[3]

另一方面,波旁的君主们则竭力否认高等法院充当国民中介的必要性,认为唯有他们自己,才能真正地代表国民。路易十四扬言"朕就是国家",路易十五在"鞭笞议会"上也振振有词:"一切公共秩序的起点皆是朕。他们[即高等法院的法官们——笔者注]竟然胆敢割裂国民和君主的联系。殊不知,国民的权利与义务和朕的权利与义务紧密相连,并且只取决于朕。"[4]

贵族派和王政派尽管坚持着针锋相对的政治立场,宣称自己才是国民的捍卫者,但他们在谈论国民时,更多的是为了捍卫贵族特权抑或巩固王权,而很少把第三等级的利益真正放在心上。在他们长达将近一个世纪的政治斗争中,占国民绝大多数人口的第三等级基本是缺席的,其权益也没

[1] David A. Bell,*The Cult of the Nation in France*,p. 60.

[2] Keith Baker,*Inventing the French Revolution*,p. 230.

[3] Keith M. Baker,"Representation Redefined", in *Inventing the French Revolution. Essays on French Political Culture in the Eighteenth Century*, Cambridge & New York,Cambridge University Press,1990,p. 234.

[4] Jules Flammermont et Maurice Tourneux,*Remontrances de Parlement de Paris au XVIII Siècle*,tome II,Paris,Imprimerie Nationale,M. DCCC,XCV,p. 558.

有得到保障。

但是,无论是贵族的代言人抑或王权的理论家在谈论国民时抱有怎样的目的,他们在客观上却导致了"国民"成为 18 世纪法国政治生活中最为重要的政治词汇之一。"国民"的概念日趋变得流行和神圣,国民主权的观念亦由此呼之欲出。甚者,在 18 世纪 70 年代,自由贵族劳拉盖(Lauragais)伯爵在反对莫普改革时,即已喊出了国民主权的口号:"国民是主权者。无论就其力量而言,抑或根据事物的本性,它都是主权者。"[1]

2. 第三等级就是国民

在贵族和王权之间旷日持久的政治斗争当中,第三等级逐渐得到了启蒙,慢慢地认识到自己才是真正的国民,必须把国家的命运牢牢地掌握在自己的手中。1788 年 8 月 8 日,路易十六决定重新召开三级议会并在同年年底呼吁各个社会阶层就未来三级议会的组成与议事方式进行讨论。由此,法国在 1788－1789 年期间出现了一次短暂的、真正的舆论自由,涌现出不计其数的宣传册和陈情书。人们不仅竞相谈论"国民",而且把解决政治危机的希望寄托于它。美国学者大卫·贝尔告诉我们,仅在 1788－1789年两年时间内,书名含有"祖国"或"国民"的小册子就不下 520 种。[2]

不过,任何一部小册子都无法与西耶斯的《第三等级是什么?》相提并论。西耶斯的《第三等级是什么?》以振聋发聩的方式,宣泄了第三等级积压甚久的怨气,并表达了他们要求改变现状的强烈诉求:

> 第三等级是什么?是一切。迄今为止,第三等级在政治秩序中的
> 地位是什么?什么也不是。第三等级要求什么?要求取得某种
> 地位。[3]

---

[1]　David A. Bell, *The Cult of the Nation in France*, p. 70.

[2]　David A. Bell, *The Cult of the Nation in France*, p. 71.

[3]　西耶斯:《论特权 第三等级是什么?》,第 19 页。

第三章　国民

西耶斯不仅坚定地捍卫第三等级的利益,还竭力证明它就是国民本身。在《第三等级是什么?》一书中,西耶斯在第三等级和国民之间直接画上等号,"第三等级就是国民。以此资格,他们的代表组成整个国民议会;他们拥有国民议会的一切权力"[1]。法国有学者据此断言,《第三等级是什么?》的书名亦可称为"国民是什么?"。[2]

西耶斯以何种理由,将特权等级排除在外,而把第三等级视为国民?西耶斯使用了三种迥然不同的话语,用以证明第三等级和国民的同一性。

首先,在统计学的意义上,第三等级占据法国人口的绝大多数。

西耶斯反复强调,第三等级在人数上的绝对优势足以让他们自称为国民,并因此能够单独组建国民议会:

> 第三等级的会议代表两千五百万人,商议的是国民利益。而另外两个等级,即使他们合在一起,也只不过拥有近二十万人的权力,而且只考虑他们的特权。有人会说,第三等级不能组成三级议会。啊! 那更好,他们将组成国民议会。[3]

和许多革命者不同,西耶斯并不认为把贵族和教士排除在外会危及革命行动的合法性。譬如,在1789年6月讨论贵族和教士的代表们拒绝参加权力审查的会议名称时,穆尼埃指出人们应当把议会称为"少数人缺席,多数国民代表的合法议会",巴莱尔坚持称为"绝大多数的法国人代表所组成的国民议会",西耶斯则主张使用"国民议会"的提法。[4]

在西耶斯看来,坚持"共同意志(volonté commune)是多数人的意见,

---

〔1〕　西耶斯:《论特权 第三等级是什么?》,第76页。

〔2〕　Catherine Larrère, "La Nation chez Sièyes: l'Inflexion Révolutionnaire de l'Université des Lumières", in *La Philosophie et la Révolution Française*, Paris, Libraire Philosophique J. Vrin, 1993, p. 143.

〔3〕　西耶斯:《论特权 第三等级是什么?》,第71页。

〔4〕　Catherine Larrère, "La Nation chez Sièyes: l'Inflexion Révolutionnaire de l'Université des Lumières", p. 146.

而不是少数人的意见"的原则[1],乃是无可厚非的事情。对他而言,除了假定在缔结社会契约的时刻,共同意志是所有个人意志的总和外,人们不能认为共同意志始终是全体社会成员的一致意见,否则会导致社会的解体。他表示,为了满足社会的共同需求,必须满足于承认"共同意志的所有特征存在于多数的同意之中",并且不能据此断言"社会统治在本质上建立在某种不完整的意志之上"。[2]

然而,多数原则并不必然导致建立正义的王国。汉娜·阿伦特批评说,西耶斯的方案"没有也不可能导致建立法治而非人治的王国",只会催生多数的暴政。[3]吕西安·若姆(Lucien Jaume)也指出,西耶斯在鼓吹"共同意志是多数人的意见"时,"开启了反对特权的战争机器,只使用了数字的概念",却不区分正义和不义的标准。[4]阿伦特和若姆指责西耶斯用算数的原则取代正义的标准,结论失之偏颇。因为多数原则固然是西耶斯捍卫第三等级的重要理由,但却不是他使用的唯一论据。

其次,在物质的层面上,第三等级通过劳动创造了全部的国民财富。

西耶斯表示:"一个国民要生存下去并繁荣昌盛,要靠什么呢? 靠个人劳动与公共职能。"[5]他把劳动者分为四类,农民、工人、商人和自由职业者(上至科学家,下至仆人),认为他们构成了第三等级的所有成员,为法国社会经济生活贡献了全部内容。除此之外,第三等级还支撑着军队、法院、教会和行政等公共职能部门,承担了其中二十分之十九的服务,而且基本上都是苦差事。

由此可见,西耶斯在反对把特权者纳入国民的范畴时,不像阿伦特和若姆所批评的那样,仅用算术的逻辑取代正义的标准,而是确立了更加重

---

[1] 西耶斯:《论特权 第三等级是什么?》,第 67 页。

[2] Sieyès, *Vues sur les Moyens d'Exécution dont les Représentants de la France Pourront Disposer en* 1789, pp. 17—18.

[3] Hannah Arendt, *On Revolution*, p. 155.

[4] Lucien Jaume, *Discours Jacobin et les Démocratie*, Paris, Fayard, 1989, p. 163.

[5] 西耶斯:《论特权 第三等级是什么?》,第 20 页。

要的劳动原则。实际上,他还提醒人们要慎用算术的法则。在一个不见于中文版的注释里,西耶斯明确表示无法接受第三等级等于国民减去教士和贵族的论断:

> 假如你们思考过什么是国民,思考过它的各个组成部分,认识到只存在公共劳动和私人劳动,认识到第三等级足以完成所有的劳动;假如你们已经观察到,国家从一个特权种姓获得的帮助只有破坏;假如你们已经意识到,不幸的特权制造了法兰西国民曾经承受并将长期承受的一切错误和弊端;假如你们知道君主制和所有的政治制度无异,总会区分统治者和被统治者;假如你们知道最愚蠢的偏见允许一个种姓攫取所有的官职,依靠特权为生,让统治者建立专制,却强迫被统治者服从,假如你们知道这是愤怒的上苍给国民施加的最严厉惩罚,假如你们知道这会妨碍正义的重建和社会秩序的进步;假如你们的思想能迅速领会这些以及其他相关的真理,你们怎么不会坦然地承认,第三等级就是一切呢?你们怎么还可能如此冷漠地接受"第三等级就是国民减去教士和贵族"的论断呢?[1]

既然第三等级创造了全部的社会财富,承担了绝大多数的公共服务,那么"谁敢说第三等级自身不具备组成整个国民的一切必要条件呢?"既然特权等级不事劳动,寄生于国民的劳动,那么"除掉特权等级,国民就不会少些什么,反而会多些什么。因此,第三等级现在是什么?是一切"。[2]

西耶斯的根本目标就是用根据劳动原则建立的平等关系取代根据出身原则建立的不平等社会,建立和第三等级的贡献相匹配的政治秩序。对于西耶斯关于劳动创造权利的论断,帕斯基诺精辟地概括道:"劳动把个体变成了公民,即国民的成员。"[3]或者,套用意大利左翼哲学家安东尼

---

〔1〕　Sieyès,*Qu'est-ce que le Tiers-État*, Troisième édition,Paris,1789,pp. 15－16, note.

〔2〕　西耶斯:《论特权　第三等级是什么?》,第22页。译者把"nation"译为国家,笔者在此将之统一译为"国民"。

〔3〕　Pasquale Pasquino,*Sieyès et l'Invention de la Constitution en France*,p. 61.

奥·内格里的说法，他希望制定一部"劳动的宪法"[1]。

最后，从法律的角度而言，社会成员是自由与平等的存在。

西耶斯认为，在判定一个人是否拥有国民成员的资格时，除了看他是否履行劳动的义务外，还应当看他是否遵守普通法，是否遵守社会契约的基本精神。

一方面，社会契约应当是自由意志的产物。在西耶斯看来，肇始于自由意志的社会契约才能产生道德义务，而强制的约束只会催生反抗的权利。

> 人们要么希望自由，要么会被强制，没有中间地带。在前一种情况下，我看到一份源自其真正源头的真实契约。[……]应当保障每个人和他人缔结合约的权利，但与此同时，也要确保他自己履行责任。唯有他的意志才可能为其合约提供某种道德义务的特征。否则，我们只会看到弱肉强食的帝国及其厚颜无耻的后果。然而，这样的帝国绝不可能产生道德力量。假如人们允许的话，我们可以说它只是一部能够产生后果，但却无法产生义务的压缩机，或者说，即使暴力原则会在弱者的脑海里唤醒或激发某种义务，那也是永不间断、竭尽所能地反抗压迫的自然的与神圣的权利。[2]

另一方面，社会契约也必须遵循平等的精神。为了满足各自的需求，人们才会选择相互联合，所以他们必须尊重彼此，建立平等的关系。根据西耶斯的理解，平等原则实际上包含了两个层面。第一，人与人的平等。每个人都能自由地享用自然的馈赠和自己的劳动成果，同时必须尊重他人拥有的相同权利，把"不损害他人作为母法"[3]。第二，法律面前人人平等。法律要为每个公民的生命、自由与财产提供平等的保护，而"公共机构

---

[1] Antonio Negri, *Le Pouvoir Constituant. Essai sur les Alternatives de la Modernité*, traduit par Étienne Balibar et F. Matheron, Paris, PUF, 1992, p. 283.

[2] Sieyès, *Vues sur les Moyens d'Exécution dont les Représentants de la France Pourront Disposer en* 1789, Paris, 1789, p. 16.

[3] 西耶斯：《论特权 第三等级是什么？》，第 2 页。

应当保持公正,平等地为所有人利用,它是每个人可以根据自身的力量或需求来汲取的公共资源,不能偏袒任何个人"[1]。对于法律平等,西耶斯作出一个形象的比喻:

> 我将法律比作一个庞大球体之中心;所有公民无一例外,在圆周上均与中心保持同等距离,所占位置相等;所有人都同等地依存于法律,所有的人都将其自由与财产交由法律保护;这就是我所称的普通权利。在这点上,他们彼此全部类同。[2]

对西耶斯而言,第三等级不仅占据法国人口的绝大多数,用劳动创造了全部的国民财富,还发自内心地接受自由平等的原则,所以他们完全有理由自视为国民,并单独组建国民议会。[3] 相反,特权等级由于拒绝劳动,凌驾于普通法之上,和第三等级之间的敌对性"不亚于英国人对法国人在战时表现的敌对性"[4],因而是"处于战争状态的人"[5]。

西耶斯据此得出结论说,国民(或第三等级)在捍卫、行使和享有自身的权利时,并不需要贵族或王权的代言人。西耶斯明确否定高等法院的论断,指出国民在反抗王权的专制时,并不需要仰仗高等法院。他批评高等法院的法官们"自以为对生活在君主制下的任何社会都是不可或缺的。在

---

〔1〕　Sieyès, *Des Manuscrits de Sieyès 1773—1799*, tome I, p. 490.

〔2〕　西耶斯:《论特权　第三等级是什么?》,第 80 页。

〔3〕　西耶斯的论断得到了不少革命者的响应。布瓦西·丹格拉(Boissy d'Anglas)指出:"第三等级实际上就是国民,另两个等级不过是附属的等级。"拉博·圣艾蒂安也宣称:"如果剔除特权者,第三等级就是国民;反之,如果剔除了国民,第三等级则不能构成国民。"(Colette Clavreul, *L'Influence de la Théorie d'Emmanuel Sieyès sur les Origines de la Représentation en Droit Public*, p. 171, note 11.)然而,并非所有人都会赞同西耶斯关于第三等级可单独行使制宪权或宪制权的论断。譬如,蓬迪厄(Ponthieu)地区的第三等级明确主张,制宪权应当由国王和国民分享;布盖(Bugey)地区的贵族也认为,主权者是国民与国王的结合体;莫城的贵族则重申布朗维利埃的老调,坚持新宪法应由贵族和国王制定。(Paul Bastid, *L'Idée de Constitution*, pp. 145—146.)

〔4〕　西耶斯:《论特权　第三等级是什么?》,第 23—34 页。

〔5〕　Sieyès, *Des Manuscrits de Sieyès 1773—1799*, tome I, p. 466.

同政府首脑或同君主本人讲话时,他们就以王权的支持者和国王的天然捍卫者的身份出现,反对人民;反之,在同国民讲话时,他们就一变而为人民的真正保卫者,仿佛人民没有他们,就会马上被专制制度碾得粉碎"[1]。

与此同时,西耶斯也把矛头直指绝对君主制鼓吹的父权制政治学说。在现代民主制度确立之前,"家国同构"学说异常流行。譬如,英国的罗伯特·菲尔麦(Robert Filmer)在批评霍布斯的社会契约论时,曾经指出君主权力并非来源于臣民的同意,而是来自父亲对子女的支配权。[2] 安德烈·勒弭尔(André Lemire)概括了在旧制度时期,人们对于父权制政治学说的普遍看法,"公法把国家视为一个庞大的家庭:国王是家长;教士、贵族和第三等级是它的三个分支"[3]。

西耶斯认为,把父权制和君主制混为一谈的观点实乃荒诞不经。他表示:"我们的宪法并不是建立在父权制政府的假说上。把国家视为一个家庭的东方观念是导致专制主义长期存在的错误之一。"父亲的威严和君主的权威不可同日而语,"一个家庭的父亲创造、扶植、供养和培育他的子女;相反,君主由国民创造、扶植、维持。因此,没有什么学说比父权制政府的观念更加错误、更加危险"。[4] 父权制的家庭和君主制的政府有着根本的不同,"家庭出于自然的组织,而社会的组织取决于技艺"[5]。

西耶斯得出结论说:"父权制政府并不属于政治政府的范畴。它本质上是反政治的。"他提醒人们说,把父权制作为政治社会的基础将会产生难以想象的危险:

> 父权制的政府不会承认平等,而且,不平等的危害也不会得到抑

〔1〕 西耶斯:《论特权 第三等级是什么?》,第 11 页。

〔2〕 Robert Filmer,*Patriarcha and other writings*,edited by Johann P. Sommerville,中国政法大学出版社影音出版,2003 年。

〔3〕 André Lemire, *Les Lois Fondamentales de la Monarchie Française d'après les Théoriciens de l'Ancien Régime*, p. 287.

〔4〕 *Des Manuscrits de Sieyès 1773—1799*,tome Ⅰ,pp. 400—401.

〔5〕 *Des Manuscrits de Sieyès 1770—1815*,tome Ⅱ,p. 553.

制。[……]只要你们把父权制政府引入共和国,你们就会失去一切。你们的共和国将首先变成一个极权的国家(rem totale),随后将变成一个私人的国家(rem privé),因为父亲最终会变成一个真正的所有者。你们想拥有父权制的政府吗?你们只会得到父权制的懒惰。所谓的父亲没有父亲的心肠,他不想劳动,却要坐享其成,还对你们颐指气使;你们一天也不能从他那里获得母亲对子女的谆谆教导,而只会永远地变成他的奴隶。唯有在政治领域内摒弃一切父权制观念,政治自由才可能出现在地球上;人们应当把社会的成员视为平等的结合者,认为每个人都能自在自为,并共同创造社会企业。父权制政府是一种政治的幻想。它是不可能的。[1]

3. 国民由两个民族构成

和《社会契约论》的作者无异,西耶斯的目标也是要消灭等级森严的旧制度,创建自由平等的新社会。但是,什么是平等的社会?西耶斯和卢梭的理解判然有别。

卢梭尽管承认年龄、健康、体力、智慧以及心灵的差异将会不可避免地产生某些自然的不平等(inégalités naturelles),但他主张人们应当尽量约束和减少它们产生的消极后果,尤其要避免它们得到固化和发展,变成"道德的或合法的不平等"(inégalités morales ou légales)[2]。对他而言,立法者肩负的责任颇为艰巨,不仅要确立政治平等和法律平等,还应当建立社会平等。因为在他看来,"不平等产生于财富,因为贫穷和富裕的字眼密不可分;在人人平等的地方,既不存在富人,也不存在穷人。财富催生奢侈和

---

[1] *Des Manuscrits de Sieyès 1770—1815*, tome Ⅱ, pp. 555—556.
[2] 卢梭:《论人类不平等的起源与基础》,李常山译,商务印书馆,1997年,第70页。

懒惰;奢侈带来艺术,而懒惰发明科学"[1]。因此,政府面临的一个重要挑战就是"要防止财富分配的极端不平等"[2]。

相反,西耶斯的平等观念具有更为狭隘的内涵。西耶斯对旧制度存在的特权现象进行了冷酷无情的揭露,把矛头指向暴力和门第催生的不平等,主张彻底消灭"分裂性的不平等"(inégalités factices)[3]。但是,他无意于否认合法劳动和自由竞争所产生的财富、知识与能力的不平等。他明确表示,法律应当"保护每个人拥有的差异以及不平等的财物(avoir),保障所有人都享有相同的权利"[4]。

在其1789年的人权宣言草案中,西耶斯指出,由于自然给社会成员提供了有差别的智力、体力与意志,所以会催生强者和弱者,并致使他们产生劳动的不平等、产品的不平等、消费的不平等或享受的不平等。所谓的权利平等就是要法律保护这些"自然的不平等",同时防止它们产生"有害的影响"。[5]对于法律应当发挥的恰当作用,西耶斯在手稿中有过精彩的论述:

> 社会联合是一种纠正不平等的良方。它只保证强者不能支配我,不能掠夺我的劳动产品,但它并不平分强者和弱者的产品,因为法律保护弱者,但也不能剥削强者。人们创建社会,并不是为了保护或者

---

[1] Rousseau,"Réponse au Roi de Pologine,sur la Refutation faite par ce Prince de son Discours", in *Oeuvres Completes de J. J. Rousseau*, tome Ⅰ, P. Dupont Librairie-Editeur,1823,p. 110.

[2] 卢梭:《政治经济学》,王运成译,商务印书馆,1962年,第20页。在《社会契约论》中,卢梭也说过:"要以道德的与法律的平等来代替自然所造成的人与人之间的身体上的不平等;从而,人们尽可以在力量上和才智上不平等,但是由于约定并且根据权利,他们却是人人平等。"(卢梭:《社会契约论》,第30页。)

[3] Sieyès, *Instruction Donnée par S. A. S. Monsieur Le Duc d'Orléans à Ses Représentants aux Bailliages. Suivie de Délibération à Prendre dans les Assemblées*,1789,p. 24.

[4] *Des Manuscrits de Sieyès 1773—1799*,tome Ⅰ,p. 458.

[5] Sieyès, *Préliminaire de la Constitution Française. Reconnaissance et Exposition Raisonnée des Droits de l'Homme et du Ctitoyen*,Paris,1789,pp. 22—24.

第三章 国民

扶持弱者,而牺牲强者。掠夺性的不平等属于事实的压迫,应当受公民平等或法律的禁止。[……]然而,法律是否具有贵族性? 政治平等将会产生合法的不平等。[1]

智力、体力、意志、劳动及财富的不平等皆属于自然的、合法的不平等,应当得到每个人的尊重、社会的承认和法律的保护。因此,国民注定无法变成一个同质的群体。相应地,社会不平等在政治层面也应该有所体现。西耶斯根据其拥有权利的差别,把国民的成员分为两类人。

一类人属于"可用阶层"(classes disponibles)。对于"可用阶层",西耶斯作了如下定义:"我和大家一样,把生活较为富裕,从而能够接受自由教育,形成理性,并关心公共事务的阶层,称为可用阶层。这些阶层唯以人民的利益为重。"[2]西耶斯的"可用阶层"概念借鉴自杜尔哥,后者用"可用阶层"指代拥有必要的财富、知识和技能的农场主和富有耕作者,[3]但前者拓展了它的社会范畴,认为"贵族(假如它能够存在的话)、殷实的土地所有者、长期或终生的租地者、工场主、批发商等人"更容易获得"才能、知识、道德、体力以及处理公共事务所不可或缺的智慧或者计谋",所以"更适合管理公共事务"[4]。

另一类人则属于"劳动机器"(machines de travail)。因为"追求财富的欲望把所有的欧洲国家都变成了巨大的工场,人们更多地考虑消费和生产,而不是幸福",所以多数的社会成员将由此不可避免地变成"劳动机器",缺乏参加公共生活所必需的闲暇、知识与能力。[5] 或许无法让我们今人理解的是,西耶斯并不把多数人无法成为"可用阶层"的事实归咎于财

---

[1] *Des Manuscrits de Sieyès 1773—1799*, tome Ⅰ, p. 472.

[2] Sieyès, *Qu'est-ce que le Tiers-État*, p. 45.

[3] 杜尔哥把社会成员区分为三个阶级,即生产阶级(耕种者)、领薪阶级(工匠)和可用阶级(有产者)。(*Des Manuscrits de Sieyès 1770—1815*, tome Ⅱ, p. 310, note 8.)

[4] *Des Manuscrits de Sieyès 1773—1799*, tome Ⅰ, p. 488.

[5] Sieyès, *Sur la Question du Veto Royale*, pp. 13—15.

富分配的不平等,而是将之视为现代性的产物和社会正义的要求。他在一篇题为《代理政府》的手稿里指出,在古代希腊城邦,公民由于通过剥削奴隶劳动解决衣食住行的问题,所以能够专注于公共事务的管理;但在现代国家,"社会原则建立在更伟大、更人道的基础上",人们不再能够容忍奴役、剥削和特权的存在,故而必须通过劳动谋生。[1]

在公开表述中,西耶斯指出"可用阶层"和"劳动机器"之间的差别并非是不可逾越的鸿沟。随着技术的革新、社会的进步、财富的增加和教育的普及,今日的"劳动机器"可以向上流动,变成明日的"可用阶层"。但在私人手稿中,西耶斯的态度要悲观许多,认为"可用阶层"和"劳动机器"犹如两个不同的民族。在题为"奴隶"的札记中,他如是论断:

> 一个人口庞大的国民必然由两个民族(peuples)组成:生产者和作为生产工具的人;明智的人和只拥有消极力量的工人;有教养的公民和既没有时间,也缺乏教育手段的助手。

此种歧视性的提法并不是西耶斯的无心之过,而是其发自内心的真实想法。紧接的文字可资证明:"乍一看,这种观点颇有些不同寻常,缺乏道德。但是,这是我长期思考的结果。在一个人口庞大的国民当中,尤其在过于炎热或过于寒冷的国家,你们找不到任何方法,能够让生产的领导者和纯粹的劳动工具共同生活。"[2]

若非采用奴隶制,"生产的领导者"和"纯粹的劳动工具"便无法共同生活?《第三等级是什么?》的读者很难想象,它的作者在公开场合声嘶力竭地捍卫第三等级的权利,但在内心深处却是如此鄙夷其多数的成员。西耶

---

〔1〕 *Des Manuscrits de Sieyès 1770—1815*,tome Ⅱ, pp. 424—425.

〔2〕 Robert Zapperi,*Emmanuel-Joseph Sieyès:Écrits Politiques*,p. 75.

斯对后一类人的评价是如此之低,以至于他还把他们和猴子相提并论。[1]

西耶斯不止一次地对人类作出如此令人触目惊心的划分。他在题为"制度与三类人"的手稿中指出,一个人扮演的社会角色,通常取决于他拥有的智慧、情感抑或本能:

> 假如你们拥有高等的理解禀赋,就能够把自己上升到真理、理性和普遍利益的高度,能够拥有管理、统治和立法的能力。假如拥有中等的情感禀赋,你们能够成为一个好父亲、好丈夫、好朋友、好同伴,但却有可能变成令人深恶痛绝的立法者和统治者。[……]假如你们拥有低等的禀赋[本能——笔者注],就会把利己主义、自私自利、贪图享受当做完美的东西加以追求。[2]

在别处,西耶斯也重申了相同的分类标准:"拥有动物本能的人,是被统治的臣民。拥有自由情感的人,可充当激情四射的艺术家,他们是道德享受、荣耀和社会荣誉的泉源。拥有智力的人,则可充当他人的法官,唯有他们,才能担任公职,才能超越个别的利益,才能思考普遍的利益并平衡个人的激情。"[3]

既然西耶斯认为国民在财富、理性和道德等方面的不平等是无法抹杀的人类学现象,那么他提出"积极公民"(citoyen actif)和"消极公民"(citoyen passif)的区分也就不那么令人意外了。

---

[1]　"我们拥有三种尺寸不一的黄毛猴:pongo、jocko 和 pithèque。这三种猴子恰好能够和我们人类生育,从事家务,并能得到改良。这些种族的杂交可以为我们提供:第一种身体强壮,身高 6~8 尺,能够在农村或城市从事艰苦劳动,它们是pongos;第二种中等身材,身高 3~4 尺,能够从事家庭杂活,它们是 jockos;第三种身材矮小,身高 12~15 寸,能够从事微不足道的家务,并逗人开心;第四种则是命令它们,给它们穿衣、指挥它们的奴隶。[……]由此,公民、生产领导人是白人,辅助性的劳动工具将是奴隶,而新的猴子变种将也会变成你们的奴隶。"(Robert Zapperi, *Emmanuel-Joseph Sieyès: Écrits Politiques*, Paris, Montreux, 1985, p. 75)

[2]　*Des Manuscrits de Sieyès 1770—1815*, tome Ⅱ, p. 565.

[3]　*Des Manuscrits de Sieyès 1770—1815*, tome Ⅱ, pp. 541—542.

西耶斯主张,"消极公民"可以享有"自然与公民的权利",而"积极公民"则能够行使政治权利:"自然的、公民的权利是人们创建社会的宗旨,社会必须维护和发展它们;政治权利则是人们创建社会的手段。更准确地说,我们可以把前者称为消极权利,把后者称为积极权利。"[1]

"消极权利"能为全体社会成员拥有,所有的男女劳动者、残障人士、乞丐、游民甚至栖居法国的外国人,皆可以为他们的生命、自由和财产获得法律和公共机关的平等保护。"积极权利"只能属于对公共机构做出贡献的人。西耶斯列举了积极公民资格必须具备的条件:(1)拥有社会知识;(2)具备劳动能力;(3)法国人或归化的法国人;(4)在所属选区居住的时间不得少于 1 年;(5)成年人;(6)纳税者;(7)每年缴纳 3 利弗尔的政治献金(tribut)。[2] 在他看来,唯有同时满足这些条件,一个人方能证明自己拥有参与政治的利益(intérêt)、能力(capacité)和公民责任(civisme),方能证明自己是"结合体的真正成员"和"社会企业的股东",[3]并由此获得积极公民的资格。按照西耶斯的说法,自愿缴纳 3 利弗尔政治献金的积极公民只能拥有初级议会的投票权,若要取得被选举人的资格,他还得再缴纳 12 利弗尔。[4]

需要指出的是,把政治权利和某种财产资格相连的观点在 18 世纪的法国颇为流行。霍尔巴赫在《百科全书》中写道:"正是财产造就了公民;凡在国家中拥有财产者,不管特定的公约赋予他何种身份,皆会关注国家的利益。正是始终作为有产者,正是因为他的占有,他才要求有发言权,或要求有选举自己的代表的权利。"孔多赛也表示:"既然一个国家是一片由边界所围起来的领土,人们应当把(土地的)所有者看做唯一名副其实的公

---

[1] Sieyès, *Préliminaire de la Constitution Française. Reconnaissance et Exposition Raisonnée des Droits de l'Homme et du Citoyen*, pp. 36—37.

[2] Sieyès, *Quelques Idées de Constitution Applicables à la Ville de Paris*, Versailles, Baudouin, 1789, p. 21.

[3] *Des Manuscrits de Sieyès 1770—1815*, tome Ⅱ, p. 526.

[4] Sieyès, *Quelques Idées de Constitution Applicables à la Ville de Paris*, p. 21.

民。"〔1〕和他们不同的地方在于,西耶斯反对把公民资格建立在强制的纳税标准上,强调政治献金的缴纳纯属自愿性质。〔2〕

制宪议会接受了西耶斯关于积极公民和消极公民的提案。考虑到法国各地经济水平的发展差异,它没有在全国范围内实施统一的政治献金标准,规定任何人只要缴纳相当于本地 3 个工作日收入的直接税,即能成为积极公民;若要获取被选举人的资格,则必须缴纳一个"银马克"(marc d'argent)。尽管 3 个工作日的政治献金标准没有妨碍第一次初级议会的选举活动变成"准普选的选举",〔3〕但它还是受到了人们的猛烈抨击,银马克制度更是遭到雅各宾派的口诛笔伐。〔4〕

对于雅各宾派取消政治权利的财产资格的做法,对于他们鼓吹全体的男性成年公民可共同分享主权的平等主义,西耶斯感到深恶痛绝。在 1794

---

〔1〕　皮埃尔·罗桑瓦隆:《公民的加冕礼》,吕一民译,上海世纪出版集团,2006 年,第 32、37 页。

〔2〕　1799 年雾月政变后,西耶斯建议逐级形成市镇(commune)、省级和国家的"信任与贤能的候选名单"(liste de confiance et notabilité),主张各级的议会代表和公职人员应当从相应的名单中遴选产生。即便在此时,他仍然反对把贤能的候选名单和财产资格相连,认为这是贵族制的观念在作祟,与共和原则背道而驰。(Boulay de Meurthe, *Théories Constitutionelles de Sieyès*, p. 15.)

〔3〕　1791 年宪法赋予近 450 万人选举权,而当时年满 25 岁的男性公民有 600 万。(Pierre Rosanvallon, *Le Sacré du Citoyen. Histoire du Suffrage Universal en France*, p. 56.)

〔4〕　1789 年 10 月 22 日,罗伯斯庇尔在制宪议会上鼓噪,公民资格不应受财产多寡的限制:"一切公民,无论是谁,都有权担任各级代表,没有比这更符合你们的人权宣言了。在人权宣言面前,任何特权、差别和例外都应该消除。宪法规定主权在民,在人民的每个成员。因此每个人都有权协助制定那些约束自己的法律,也有权参加管理公共事务,亦即自己的事务。不如此,人人权利平等,每个人都是公民的原则便没有真正实现。"马拉则在《人民之友》上猛烈抨击制宪议会试图建立金钱的统治:"与直接税额成正比的代表制把帝国交到了富人手里。而一向被控制、压迫和奴役的人,他们的命运永远不可能通过和平的方式得到改善。这里,钱财对法律的影响无疑得到了触目的证实。但是,只有当人民甘愿服从时,法律才能具有权威。如果说人民已经砸碎了贵族的枷锁,那么它也必将砸碎阔佬们的枷锁。"(阿尔贝·索布尔:《法国大革命史》,北京师范大学出版社,2015 年,第 118－119 页。)

年热月政变后撰写的手稿中，他在反对封建不平等的同时，也反复提醒人们要准确把握平等的真正含义。他表示，人们应当追求法律的平等、保护的平等、保障的平等、社会与人性的平等，而不要盲目地谋求建立道德的平等、体力的平等、魅力的平等、原始的平等、手段的平等、能力的平等。[1]对于雅各宾派颁布的限价法令等激进措施，西耶斯表达了自己内心的强烈不满：

> 平等不是夷平（nivellement），而是公平（équité）。对普遍的、非特权的优势，要实施消极的公平（équité passive）；对不平等的企图，则应采取积极的或惩罚性的公平（équité active ou répressive）。[2]

> 我要防止不平等超越限度，既不因强者的富有而剥夺他们的自由，也不因弱者的无力而践踏他们。哪怕法律从勤劳的人手中拿走一个苏，将之给予懒惰的人，那么它也是不平等的。如果法律平均分配产品，而不考虑劳动的差别，那么它就是不道德的，并违反了其自身的宗旨。[3]

西耶斯专门区分了两组和平等相关的概念，认为"égalité－égaux－équifier"、"aequalité－aequaliser－égaux"和恰当的平等原则相连，而"égaliser－égalisation－égaliseur－égalisé"则代表着堕落的平等观念。[4]社会应当扶持老弱病残，但也绝不能允许好吃懒做的人不劳而获，因为这样做"既不公平，也会扰乱社会"[5]。在他看来，在大革命期间向国家索取面包的四肢健全者和旧制度的特权者没什么两样。雅各宾派的重大罪行即在于鼓吹这种堕落的平等观念，并由此破坏了真正的自由与平等："平等不再是权利的平等，不再是公共福祉的社会保障，而变成了权利的不平等

---

〔1〕 *Des Manuscrits de Sieyès 1773－1799*, tome Ⅰ, p. 458.

〔2〕 *Des Manuscrits de Sieyès 1773－1799*, tome Ⅰ, p. 458.

〔3〕 *Des Manuscrits de Sieyès 1773－1799*, tome Ⅰ, p. 491.

〔4〕 *Des Manuscrits de Sieyès 1773－1799*, tome Ⅰ, p. 471.

〔5〕 *Des Manuscrits de Sieyès 1773－1799*, tome Ⅰ, p. 492.

和痛苦的平等。我们追求的自由变成了无赖们反对善良公民的自由。"[1]

罗伯斯庇尔经常绕开国民公会,诉诸无套裤汉的政治狂热的做法[2],更是让西耶斯觉得丑陋无比。雅各宾专政时期出现的各种闹剧似乎更加证明了西耶斯的论断,国民当中的多数人"没有任何的社会观念",并不适合参与公共事务,因为"依据事实,他们永远不可能成为公民","他们之所以能够变成公民,得归功于法律"。[3] 由此我们也不难理解,西耶斯为什么在 1799 年到军队当中寻找改变宪法的力量,而不是把希望寄托于国民多数的选举结果。

西耶斯在批判特权与王权的基础上,构建其匠心独运的国民概念。在西耶斯看来,国民只包括遵守自由与平等原则的劳动者即第三等级,而必须把凭借世袭特权而渔利他人的特权者排除在外。与此同时,他眼里的国民也不是一个同质的群体,而是由"可用阶层"和"劳动机器"构成。他猛烈抨击雅各宾派的平等主义国民观念,竭力捍卫财富、理性和能力的自然不平等,并由此不断走向保守的立场。

不难看出西耶斯在论证其国民概念时使用的劳动原则具有不可辩驳的模棱两可性:一方面,在攻击特权等级时,他主张用平等的劳动原则取代旧制度的不平等现象;另一方面,在批评雅各宾派时,他又提醒人们需要尊重合法劳动所催生的结果,需要保护财富、知识与能力的差别。对他本人而言,在捍卫劳动原则的正义性和保护劳动成果的差别性之间,并不存在任何矛盾。

但是,后来的社会主义者却不这样认为。和西耶斯不同,社会主义者

---

〔1〕　*Notice sur la Vie de Sieyès*, p. 47.

〔2〕　时人在评价罗伯斯庇尔的演说时,如是论道:"他的演说的独特地方在于它们总是提前为人所知;在国民议会发表演讲之前,这位代表的观点已经在首都的所有小酒馆里取得了巨大的成功。"(Patrice Gueniffrey, "Ropespierre", in *Dictionnaire Critique de la Révolution Française*, p. 322.)

〔3〕　Sieyès, *Observations sur le Rapport du Comité de Constitution*, pp. 20—21.

试图为劳动原则建立首尾一贯的逻辑,不仅鼓吹劳动原则的崇高,也要求平等分配劳动成果。1848 年 2 月 27 日,蒲鲁东虽然采纳了西耶斯的革命修辞,但却得出了迥然不同的结论:"生产者是什么? 什么也不是。他应该是什么? 是一切。资本家是什么? 是一切。他应该成为什么? 什么也不是。"[1]与此同时,马克思也以相同的逻辑,吹响了摧毁资产阶级社会的号角:"资产阶级生存和统治的根本条件,是财富在私人手里的积累,是资本的形成和增殖;资本的条件是雇佣劳动。[……]资产阶级的灭亡和无产阶级的胜利是同样不可避免的。"[2]从这个角度来看,我们也就能够理解社会主义学者为什么更推崇卢梭和雅各宾派,而指斥西耶斯的思想缺乏统一性了。[3]

毫不夸张地说,西耶斯为构建其国民概念所使用的革命话语不仅适用于法国的资产阶级民主革命,也为后来的社会主义运动所继承。[4]

---

[1] 米歇尔·维诺克:《自由之声:19 世纪法国公共知识界大观》,吕一民、沈衡、顾杭译,中国人民大学出版社,2006 年,第 353 页。需要补充,皮埃尔-约瑟夫·蒲鲁东批判财产权的经典著作《财产权是什么?》的书名,无疑从《第三等级是什么?》获得了灵感。(Pierre-Joseph Proudhon, *Qu'est-ce que la Propriété? ou Recherches sur le Principe du Droit et du Gouvernement*, Paris, Imprimerie de César Bajat, 1840.)

[2] 马克思:《共产党宣言》,《马克思恩格斯文集》,第 2 卷,人民出版社,2009 年,第 43 页。

[3] Georges Lefebvre, "Sieyès", in *Annales Historiques de la Révolution Française*, 1939, p. 365.

[4] William H. Sewell, *A Rhetoric of Bourgeois Revolution. The Abbé Sieyes and What is the Third State?* p. 202.

第四章　代议制

人们通常认为，"代议制"（représentation）起源于中世纪的封建制。[1]但是，中世纪西欧采取的代议制和近代西方民主革命确立的代议制政府不可同日而语，它们是两种迥然不同的政治体系。前者采纳"强制委托"（mandat impératif），后者把代议制建立在国民主权之上。

---

[1]　卢梭：《社会契约论》，何兆武译，商务印书馆，1997 年，第 127 页；法国革命的批评者德·迈斯特也认为代议制是中世纪的产物："代议制度根本不是现代的新发现，而是过去封建政体的一种产物，或者，说得好一点儿，是封建政体的一种构成部件。当封建政体达到成熟阶段，内部势力比较均衡时，总的来说就会采用世界上这种最完美的代议制度。"（约瑟夫·德·迈斯特：《论法国》，第 55 页。）黑格尔也表示："代议制和封建宪法的本质是如此不可分割，和中产阶级的兴起结合得如此之紧密，以至于人们可以把认为它属于近代发明的观念视为愚蠢的幻想。"（Hegel, *Political Writings*, edited by Laurence Dickey and H. B. Nisbet, Cambridge University Press, 1999, pp. 66.）

在中世纪的强制委托向现代的代议制转变的过程中，[1]西耶斯发挥了不可替代的作用。[2] 他在反对强制委托的基础上，构建了独树一帜的代议制理论，它包含三种截然不同而又密不可分的维度：人民代表制、政治协商制和劳动分工原则。

1. 反对强制委托

在 18 世纪，尽管没有人对法国实行直接民主制抱有任何幻想，但这并不妨碍许多人将之视为理想的政治制度。

孟德斯鸠的态度颇为典型。他指出直接民主"在大国是不可能的，在小国也有许多不便，因此人民必须通过他们的代表来做一切他们所不能做的事情"，并认为代议制政府有助于建立温和、审慎和理性的政府，因为"代表的最大好处，在于他们有能力讨论事情，而人民是完全不适宜讨论事情的"。即便孟德斯鸠承认代议制拥有不可辩驳的优势，也不否认民主拥有

---

[1] 法国法学家德·马尔贝格在其《国家总论》就曾详细地阐述了从强制委托制向国民代议制的转变过程，并阐明了两者之间存在的重大差别。（Carré de Malberg, *Contribution à la Théorie Générale de l'État*, tome Ⅱ, Paris, Sirey, 1922, pp. 232—280.）美国学者基斯·贝克则指出，国民代议制有着更为复杂的起源，除了中世纪的强制委托外，波旁王朝的霍布斯、绝对君主、高等法院、卢梭、重农学派及西耶斯皆从不同角度推动代议制政府的发展。（Keith M. Baker, *Inventing the French Revolution. Essays on French Political Culture in the Eighteenth Century*, pp. 224—253.）中国的法国史专家高毅教授也深入分析了代议制政府在革命法国的发展举步维艰的政治文化阻力，并着重揭示了强制委托权，尤其是卢梭不可分割的主权理论所产生的负面影响。（高毅：《法兰西风格：大革命政治文化》，第 66—100 页。）

[2] 西耶斯的研究专家都不约而同地强调了他在代议制问题上的理论创见。巴斯蒂、克拉韦雷尔、福谢斯和帕斯基诺等人的著作均有专门的章节介绍其代议制理论。（Paul Bastid, *Sieyès et Sa Pensée*, pp. 578—586; Colette Clavreul, *L'Influence de la Théorie d'Emmanuel Sieyès sur les Origines de la Représentation en Droit Public*, pp. 180—209 ; Murray Forsyth, *Reason and Revolution. The Political Thought of the Abbé Sieyes*, pp. 128—150; Pasquale Pasquino, *Sieyès et l'Invention de la Constitution en France*, pp. 31—52.）

更高的价值,"在一个自由的国家里,每个人都被认为具有自由的精神,都应该由自己来统治自己,所以立法权应该由人民集体享有"。[1]

　　不同于温和的孟德斯鸠,卢梭对民主作了更为热情洋溢的辩护。卢梭是古代城邦民主尤其是斯巴达政制的崇拜者,对直接民主更是推崇备至。卢梭心知肚明,民主制度只适合小国寡民的古代城邦国家,而且必须"依靠奴役才能维持"[2]。所以,他不得不承认:"真正的民主制从来就不曾有过,而且永远也不会有。[……]如果有一种神明的人民,他们便可以用民主制来治理。但那样一种十全十美的政府是不适合人类的。"[3]卢梭对待直接民主的态度颇为暧昧,他既钦羡古代城邦的民主制度,但又痛苦地知道它们在现代欧洲国家注定无法实现。

　　卢梭看待直接民主的暧昧立场也导致他不可能毫无保留地拥抱代议制。对于代议制,卢梭多有批评。从起源的角度而言,代议制便让人难以产生好感,"它起源于封建政府,起源于那种使人类屈辱,并使人这个名称丧失尊严的、既罪恶又荒谬的政府制度。在古代的共和国里,而且甚至于在古代的君主国里,人民是从不曾有过代表的,他们并不知道有这样的一个名词"[4]。从实践的角度看,代议制也带有很大的欺骗性,因为它允许人民选举代表的事实容易让它产生拥有自由的假象:"英国人民自以为是自由的;他们是大错特错了。他们只有在选举国会议员的期间,才是自由的;议员一旦选出之后,他们就是奴隶,他们就等于零了。"他提醒人们不要对代议制抱有任何幻想:"不管怎么样,只要一个民族选举出了自己的代表,他们就不再是自由的。"[5]

　　由此可见,卢梭对待代议制的态度和他对直接民主的看法一样模棱两可。他一方面承认国土广袤、人口众多的现代欧洲国家必须采纳代议制,

<hr />

〔1〕　孟德斯鸠:《论法的精神》上卷,第158页。
〔2〕　卢梭:《社会契约论》,第127页。
〔3〕　卢梭:《社会契约论》,第88、90页。
〔4〕　卢梭:《社会契约论》,第121页。
〔5〕　卢梭:《社会契约论》,第123—128页。

但另一方面又坚持它在价值上低于直接民主,并认定代表们随时都有可能篡夺人民的权力,因而对它满腹狐疑。是故,卢梭在建议波兰人民采纳代议制的同时,要求他们对代表施加"强制委托"。波兰的国会代表在参加国会之前,必须接受各省议会确定的"指令"(instructions),"人民之所以选派代表到国会,不是让他们在国会发表个人的意见,而是让他们表达人民的意见"。如果国会代表违反了受托的强制指令,各省可以进行严厉惩罚,甚至可以砍下他们的脑袋。[1]

卢梭之所以鼓吹强制委托,是和其激进的民主诉求密不可分的。但是,卢梭也会因此导致其信徒陷入一个进退两难的境地,"要么完全排除代议制的可能性,要么排除强制委托"[2]。而且,从实践的角度来看,人们也很难区分清楚卢梭理解的强制委托和旧制度法国流行的封建代表制。

德·马尔贝格指出,在旧制度时期,人们把代议制理解为纯粹的"委托"(mandat)、"代表"(délégation)、"授权"(commission)。他对波旁王朝时期三级议会的代表、所属选区和国王之间的关系,做了细致的描述:

> 议员只代表各自的选区或等级。议员并不代表全体国民,只代表某个特殊的团体:他是其所属团体的特派员和代理人;他就是字面意义上的代表。正因为如此,他拥有的权力并不属于自己,除了委托人授予的权力外,他无法拥有更多的权力。他是一位必须严格遵守法律委托的代表。作为代理人,他参加议会时,负责传达选民施加的指令和陈情书:他必须服从它们,只能向国王同意委托人授权的部分。[……]作为代理人,议员在履行职责时,必须对委托人负责:他必须为自己的行为负责;选民能够否决甚至撤销他。最后,作为代理人,他有权从委托人即选区获得报酬。[3]

由此不难理解,"强制委托"具有不可忽视的模棱两可性。它既可以成

---

[1] 卢梭:《论波兰的治国之道及波兰政府的改革方略》,第41—42页。

[2] Keith Baker, *Inventing the French Revolution*, p. 247.

[3] Carré de Malberg, *Contribution à la Théorie Générale de l'État*, tome Ⅱ, p. 236.

为贵族等级和特权团体反抗王权专制的有力工具，[1]也能够承载激进派的直接民主诉求。正因为如此，在革命期间，不仅雅各宾派宣称自己是卢梭的虔诚信徒，许多保守派也经常援引《社会契约论》。[2]

1789年5月5日，三级议会召开后，围绕未来的议会应当按照人头或者依据等级表决的问题，人们展开了激烈的争论，并由此提出了强制委托的问题。若干贵族和教士的代表支持强制委托，宣称他们必须遵守对委托人的承诺，在未获得明确授权的情况下不能随意改变三级议会的组成和议事方式。6月13日，拉里-托兰达尔（Lally-Tollendal）伯爵代表贵族发表声明，宣称要继续沿用"此前三级议会的惯例"，维护各等级的区分及独立。[3]

囿于把强制委托视为王权之威胁的传统偏见，国王路易十六率先对贵族代表提出了批评。1789年6月23日发表的王室声明第3条宣称："国王裁定并取缔那些违反宪法、违反召集敕令并和国家利益背道而驰的限权行为，因为它们妨碍三级议会代表的自由，阻止他们根据三个等级的意愿，接受按等级表决或共同商定而作出的决议。"[4]尽管在历史上，贵族曾经利用"强制委托"反抗王权，但在1789年它却是能够帮助王权以及旧制度继续苟延残喘的唯一手段。然而，路易十六错误估计了政治形势，他的声明加快了波旁王朝的覆灭。

第三等级的代表们清楚地知道，强制委托将会给他们追求的自由事业带来怎样的伤害。7月7日，塔列朗主教首次将取消强制委托的问题提上了议事日程，希望借此消除它对国民议会造成的妨碍。巴莱尔也表示：

---

[1] 基斯·贝克指出，卢梭倡导"强制委托"的公意理论和旧制度传统的代表制惯例可以和谐共存，从而能够为保守派所用。（Keith Baker，"Sieyès"，in *Dictionnaire Critique de la Révolution Française*，p.341.）

[2] Marisa Linton，*Choosing Terror: Virtue, Friendship and Authenticity in the French Revolution*，London，2005，p.39.

[3] *Archives Parlementaires*，tome Ⅷ，p.94.

[4] *Archives Parlementaires*，tome Ⅷ，p.143.

个别的委托人不能成为立法者，因为公共议会应考虑的并非只是他们的个别利益，而是一般的利益。所以，任何个别的委托人都不能成为公共利益方面的立法者。立法权力只是在组成代表大会之时才形成的。［……］承认那种强制委托权和有限委托制度，显然会阻碍议会达成任何决议，因为这无异于承认向议会派遣了代表的全王国 177 个大法官管辖区，或者说 431 个等级分野，各自都有一份令人生畏的否决权。[1]

西耶斯走得更远，在第二天建议国民议会发表声明，要求各选区赋予三级议会的代表们以"必要的自由，使之成为真正的国民代表"，并且宣布：

因为法兰西国民由多数议员来代表是完全正当的做法，所以无论是强制委托，或者某些议员的自愿缺席，抑或少数派的抗议，皆不能阻止国民议会的活动，破坏自由，损害其章程的效力并限制可以渗透到法兰西国家各个地区的立法权。[2]

国民议会接受并通过了塔列朗、巴莱尔、西耶斯等人要求取缔强制委托的提议。至此，保守派对国民议会的威胁已经基本剪除，但这并不意味着"强制委托"的观念从此彻底消失。

1789 年 9 月，在讨论国王否决权的问题时，又有人提出了强制委托的问题。不过这一次，主张强制委托的声音来自激进派。9 月 5 日，佩蒂翁（Pétion de Villeneuve）对强制委托作出热情洋溢的辩护："立法机关的成员是代理人，而选择他们的公民是委托人，所以代表们要服从授予其使命和权力的人的意志。"佩蒂翁之所以主张把代议制建立在强制委托上，是因为他笃信卢梭的人民主权理论，认为全体法国人都能分享并行使国民主权。他表示：

组成结合体的所有个人都拥有不可剥夺的、神圣的形成法律的权

---

〔1〕 高毅：《法兰西风格：大革命的政治文化》，第 71—72 页。
〔2〕 *Archives Parlementaires*，tome Ⅷ，p. 207.

第四章　代议制

利;如果每个人都能够让其个别意志得到倾听,如果所有个别意志能够真正形成公意,那么就达到了政治完善的最高境界。不得以任何借口,禁止任何人行使此种权利。[……]我承认唯有一个原因,方可阻止公民参与法律的制定,即它的不可能性:只要国民能够清晰地表达自身的意图,它就应当如此行事;如果有人反对国民这么做,就是在犯罪。人民为什么要选择代表? 因为他们亲自行动的困难几乎是无法克服的。假如人数众多的结合体能够轻而易举地集合,那么代表们就会变得毫无用处甚至很危险。[1]

在佩蒂翁对强制委托的辩护当中,渗透着对代议制的不信任感,因而难免会给代议制政体的建设带来危险的障碍。自由王政派的领袖穆尼埃在前一天就已经嗅出了强制委托的潜在危险:

> 如果你们希望选民能够提供一些强制委托,难道你们不害怕王国面临各种风险,陷入民不聊生的骚乱当中吗? 难道你们就不害怕最动荡不安的民主吗? 因为如果每个地区的议会都能够制定法律,那么你们邪恶的结合体就配不上政府的名称;在经历过更为恐怖的动荡后,它将会解体。[2]

同样,西耶斯也敏锐地察觉到了佩蒂翁言论的危险。9月7日,西耶斯对强制委托的观念提出了尖锐的批评:

> 我知道,一方面由于概念的差异,另一方面由于概念的混淆,有人在看待国民意志时,似乎认为它可以有别于国民代表的意志,似乎认为国民可以摆脱代表而说话。一些错误的原则在此显得极其危险。它们完全有可能导致法兰西支离破碎,形成不计其数、规模狭小的民主国家。这些民主国家只能结成一个松散的联邦,[……]。[3]

---

[1]　*Archives Parlementaires*,tome Ⅷ,p. 582.

[2]　*Archives Parlementaires*,tome Ⅷ,p. 560.

[3]　Sieyès,*Sur la Question du Veto Royale*,pp. 9—10.

按照穆尼埃和西耶斯的理解,强制委托将会导致法国陷入四分五裂的混乱局面。他们对法国陷入分裂的担忧并非空穴来风。在地理、语言、风俗、法律和宗教等方面存在的巨大差别让很多人为法兰西国民不是一个同质群体的事实感到忧心如焚。1788 年的一份小册子曾经宣称,"这个由无数微小的、不同的民族构成的人民,并没有构成一个整体的国民";米拉波也认为"法国只不过是若干缺乏联系的人民所组成的大杂烩"。[1]尽管大革命期间从未出现过真正意义上的分裂活动,但对国家分裂的普遍担忧却是法国革命者不断走向激进化的重要原因。

当然,西耶斯之所以主张法国采纳代议制,并不仅仅因为强制委托有可能导致国家的分裂。和孟德斯鸠、卢梭等人一样,西耶斯也认为近代欧洲民族国家地广人多的事实是人们必须采纳代议制的客观原因。在《第三等级是什么?》中,西耶斯说道:"由于结合者为数过多,分布的地域过广,所以无法亲自执行他们的共同意志。怎么办? 他们从中分拨一批人去照看和满足公共事务的需求。这部分人代表国民意志。"[2]在《奥尔良公爵给其选区代表的指令》中,西耶斯表示:"政治领域内的代议制概念,并不意味着被代表者的缺席,而毋宁是由于委托人——公民群体的人数与距离的缘故,无法亲临议会。如果没有这两个原因,便不可能存在代议制,公民们将会亲自出席议会。"[3]他在一份题为"代理政府"的手稿里再次重申,古代共和国之所以没有采用代议制,主要是因为它们小国寡民。[4]

然而,西耶斯主张在法国实行代议制的原因绝不止于此。他之所以积极鼓吹代议制,乃是因为代议制是一种更为高级的政治体系,它兼具三种各不相同,但又密不可分的重要维度:首先,它是一种人民代表制度;其次,它是人们政治协商与理性决策的主要渠道;最后,它是劳动分工原则在政

---

[1] David Bell, *The Cult of the Nation in France*, p. 14.

[2] 西耶斯:《论特权 第三等级是什么?》,第 57—58 页。

[3] Sieyès, *Instruction Donnée par S. A. Monsieur Le Duc d'Orléans, à Ses Représentants aux Bailliages*, p. 22.

[4] Sieyès, *Des Manuscrits de Sieyès 1770—1815*, tome Ⅱ, p. 421.

治领域内的自然延伸。

2.人民代表制

近代社会契约论的一个核心观点就是要把政治权力的合法性建立在结合者的同意之上。霍布斯、格劳修斯、普芬道夫、洛克以及卢梭皆强调，公民自愿缔结的契约或者达成的同意不但是合法权威的唯一来源，也是他们政治服从的主要原因。

在《政府论》下篇第 8 章中，洛克强调说："当每个人和其他人同意建立一个由一个政府统辖的国家的时候，他使自己对这个社会的每一成员负有服从大多数的决定和取决于大多数的义务。"[1]在洛克看来，权力的合法性和民众服从的责任如同一个硬币的两面，皆来源于人民的同意。除此之外，无论是征服战争抑或父权制，皆不能使人服从。在《社会契约论》中，卢梭也开门见山地指出，任何正当的社会都无法建立在征服、武力、奴隶制和父权制之上，而必须"追溯到一个最初的约定"，追溯到"至少有过一次全体一致的同意"。[2]

近代西方民主革命也的确遵照相同的原则，把人民的同意作为建立合法政府的唯一依据。1647 年，一位英国的平等派领袖宣称："任何接受政府领导的人首先应当根据自身的同意而服从这个政府；严格地说，哪怕是最为贫困的英国人，假如他没有明确表示接受政府，那么他便与之没有瓜葛。"[3]

1776 年，美国《独立宣言》更是把人民的同意提升到神圣权利的高度："我们认为这些真理是不证自明的：人人生而平等，造物主赋予他们若干不可剥夺的权利，其中包括自由、生命和追求幸福的权利。为了保障这些权

---

[1] 洛克：《政府论》下篇，第 60 页。
[2] 卢梭：《社会契约论》，第 17—18 页。
[3] Bernard Manin, *Principes du Gouvernement Représentatif*, Paris, Calmann-Lévy, p.114.

利,政府才被人类创建,它们的正当权利来源于被统治者的同意。"

"同意－服从"理论构成了贯穿自然权利学说和近代民主革命的基本内核。在这一点上,西耶斯也不例外。他表示,自古以来,所有的人类法律都必须体现人民的同意:"哪怕在最野蛮的君主制时代,各项法律的颁布都无一例外是人民同意的结果,或者至少需要得到人民的同意。在当时,由于行政官们更少一些无知,所以人民同意他们发挥更大的作用,并认为此举符合公共利益。"既然在愚昧、落后和野蛮的君主制时代,法律的制定尚且离不开人民的同意,遑论在社会取得重大进步、知识革命日新月异的启蒙时代。西耶斯指出:"如今,国民不仅比过去更加能干,而且也比政府更加开明。因此,难道人们还有理由认为,人民在行使权利时,应当受到更多的限制吗?"〔1〕

西耶斯反复重申,法律是人民的同意,是被统治者的意志。在《论执行手段》中,西耶斯表示:"法律不是财力或武力的结果,而是有权服从之人所表达的意志";"个人意志是形成法律的唯一要素,正当的结合体必须以结合者的意志为基础,此乃永恒的真理"。〔2〕在《论国王否决权》的演说中,他强调说:"人们能够赋予法律唯一合理的定义,就是将之称为被统治者之意志的表达。"〔3〕在《反思宪法委员会的报告》中,他又老调重弹:"法律应当是服从法律之人的自由产物,应当是其意志之清楚与公开的表达。"〔4〕

西耶斯表示,判断一个社会是自由社会抑或专制社会的主要标准,就是要看它的法律是否产生于其成员的个体意志,毋宁说,是否产生于他们合法选举产生的代表们的意志:

---

〔1〕 Sieyès, *Vues sur les Moyens d'Exécution dont les Représentants de la France Pourront Disposer en* 1789, p. 13.

〔2〕 Sieyès, *Vues sur les Moyens d'Exécution dont les Représentants de la France Pourront Disposer en* 1789, p. 12 et p. 17.

〔3〕 Sieyès, *Sur la Question du Veto Royale*, p. 4.

〔4〕 Sieyès, *Observations sur le Rapport du Comité de Constitution, Concernant la Nouvelle Organisation de la France*, p. 35.

第四章　代议制

当一个社会的意志由其成员形成时,它便是自由的。唯有在把共同意志建立在所有个体意志之上的社会里,自由和政府才能和谐共存。如果法律不是社会意志的表达,就不可能存在自由,而只会出现特权。如果共同意志无法形成,或者形成得很糟糕,就不可能存在政府,而只会出现无政府状态。和我们相比,僧侣被赋予了更多的自由,但他们知道构建社会机器的技艺,保障自由并使之长久存在吗?我看他们并没有做到这一点。共同意志得以形成的条件是:1.所有公民和谐共处;2.他们选择了最懂得协调民主政府和代议制政府的人。除此之外,只存在篡权,只存在专制,无论它是独夫的专制抑或若干人的专制。〔1〕

西耶斯认为,只要社会意志无法体现社会成员的共同意志,只要它来自外界的强制,无论它来自上帝抑或国王,皆属于神权政治的范畴。西耶斯曾经如是论证现代政治和神权政治之间存在的重要差别:

> 在我的体系中,义务产生于契约。在道学家的体系中,它总是假定存在一种最高的权威,一种有权进行发号施令的意志;他们要么追根溯源到神的意志,要么构建形而上学的幻想,将之建立在一种绝对理性的权威之上,并认为此种理性先于人的意志而存在,应当作为人们的典范;除了对此种抽象物顶礼膜拜外,他们什么也没有干。因此,他们归属神棍阶层。同样,国王、君主由于宣称自身的权威来源于世袭,来源于我不知道是什么地方的彼岸,所以也属于神棍之列。

西耶斯在此把矛头指向了旧制度法国时期流行的两种政治理论,即神权政治和君权神授,把它们斥为"形而上学的幻想"。西耶斯虽然并不否认上帝的存在,但主张严格区分神学的领域和政治的领域,让政治完全遵守自治的原则。他接着论道:

> 神的意志已经给自然提供了一些机械的法则。它告诉人类说:我

---

〔1〕　Sieyès, *Des Manuscrits de Sieyès 1770—1815*, tome Ⅱ, p. 400.

给你提供了活动的原则(即自由),让你实行自治,由你制定法律。因此,人能够自我确立义务;他借助契约,和别人订立义务。这就是平等人之间的政治结合。在我的体系里,一切皆井然有序。他是自由人,他自己订立义务,唯有他本人才能和同胞确立义务;甚至,他还需要服从某些在自然界里并不存在,也与之毫无干系,但对他自己而言却是既愉悦又有利的事物。[1]

在1789年的法国,很少有人鼓吹神权政治,所以威胁主要来自王权的专制。西耶斯认为,人们首先应当防范世俗的统治者(无论是世袭的国王抑或民选的行政官)把自身的意志变为法律。他再三提醒人们,绝不能让"统治者完整地或部分地取代被统治者的意志,否则必将或多或少地催生专制主义"[2];"唯有迷信和暴政的声音才能让我们止步不前,才能迫使我们把不可剥夺的制定法律的权利交给统治者。如果法律的管理者有权制定法律,那么他们将会变成主人"[3]。

为了确保法律百分之百地体现国民的意志,西耶斯竭力反对赋予国王以任何形式的立法否决权,无论它是绝对的否决权,抑或延缓的否决权。他指出,国王的立法否决权不仅违反法律应当由被统治者制定的根本原则,而且会背离权力分立的原则,导致建立独夫的专制:

> 如果在法律的制定过程当中,一个人的意志可以等同于两个人的意志,那么他也可以取代2500万人的意志。那时,法律将变成独夫意志的表达,国王将成为国民的唯一代表。[……]政治不平等会催生贵族制;同样,此种令人深恶痛绝的体系也会让我们走向最为荒谬的专制。[4]

---

〔1〕 Pierre-Yves Quiviger, *Le Principe d'Immanence. Métaphysique et Droit Administratif chez Sièyes.* p. 446.

〔2〕 Sieyès, *Sur la Question du Veto Royale*, p. 4.

〔3〕 Sieyès, *Observations sur le Rapport du Comité de Constitution, Concernant la Nouvelle Organisationde la France*, p. 35.

〔4〕 Sieyès, *Sur la Question du Veto Royale*, p. 6。

第四章 代议制

西耶斯毫不留情地把穆尼埃等人主张建立的国王否决权斥为"一封反对国民意志、反对全体国民的密札"[1]。然而,他的立场并没有被多数代表所接受,制宪议会在巴纳夫(Barnave)和图雷(Thouret)的主导下,最终还是把国王的延缓否决权写进了1791年宪法。1791年宪法颁布后,西耶斯尽管没有在公开场合提出过批评,但在手稿里还是表达了强烈不满:

> 如果立法的意志能够被授予一个世袭的官员,那么显然,此种意志便不可能是人民的意志,国王及其顾问将建立一个王室议会。国民议会也将因此由世袭的代表构成。也就是说,立法代表机关将会变得微不足道,人民将丧失其主权中最重要的部分。最后,法律也不再是法律,因为它已不再是国民意志的表达。我们应当提出一个明确的问题:除了人民定期选举产生的代表外,还有别人能够制定法律吗? 我们可以不假思索地回答:没有![2]

在禁止国王和行政官员参与立法的问题上,西耶斯很可能受到了卢梭的影响。后者坚持说:"法律既然结合了意志的普遍性与对象的普遍性,所以一个人,不论他是谁,擅自发号施令就决不能成为法律;即使是主权者对于某个个别对象所发出的号令,也绝不能成为一条法律,而只能是一道命令;那不是主权的行为,而只是行政的行为。"[3]

很多革命者也都接受了类似的立场。1791年8月10日,西耶斯的挚友罗德勒(Roederer)发表议会演说,反对新宪法赋予国王以否决权,坚持不能把代表的资格授予世袭的国王,因为"代表的本质在于,每个人借助某种自由的信任,把其个人意志和代表意志融合在一起。所以,没有选举,就没有代表;世袭的观念和代表的观念水火不容;世袭的国王并不是代表"。同一天,罗伯斯庇尔也附和道:"国王不是国民的代表;代表的观念意味着人

---

[1] Sieyès, *Sur la Question du Veto Royale*, p. 8.

[2] Pierre-Yves Quiviger, *Le Principe d'Immanence. Métaphysique et Droit Administratif chez Sièyes*, pp. 429—430.

[3] 卢梭:《社会契约论》,第47—48页。

民的选择",强调国王更恰当的称呼应当是"第一公务员、行政首脑",而不是"国民代表"。[1]

和巴纳夫、图雷以及更早的穆尼埃不同,西耶斯、罗德勒和罗伯斯庇尔始终认为立法代表必须和选举挂钩。在他们看来,唯有通过选举,人民和代表之间才能建立起真正的信任关系。西耶斯表示:

> 人民向代表们施加影响;除非获得委托人的信任,任何人都无法取得代表的资格;如果失去了他们的信任,任何人都无法保留代表的资格。[……]必须让统治者获得被统治者的尊敬和信任。这些情感自由地产生于人民,它们对维护良好的秩序不可或缺。[2]

简言之,立法代表必须由人民选举产生。选举之于现代民主的价值,不仅在于它是人民选择政治代表的程序机制,而且它还具有难以低估的象征意义,在为代表的权力打上合法标签的同时,也会让他们赢得人民的信任和支持。不过,西耶斯并不认为,所有的法国人都拥有选举和被选举的权利。在他看来,选民和代表只能从"可用阶层"或积极公民当中产生。而且,国民议会的代表并非由全体积极公民直接选举产生,而是多重选举的结果。

在西耶斯的选举体系中,国会代表的产生,需要经过县(canton)、市(commune)和省(département)的层层筛选。首先,县级的初级议会要对各自辖区的法国居民进行甄别,区分消极公民和积极公民。积极公民有权在初级议会上选举市级代表;市级代表大会有权选举省级代表;省级代表大会有权产生国会代表。热月政变以后,西耶斯的选举体系变得更为保守,他试图限制各级议会的选举权力。初级议会、市议会、省议会逐级产生"市镇名单"(liste communale)、"省级名单"(liste départementale)和"国家名单"(liste nationale);入选这些"贤能名单"(liste des notabilités)的人有资格入选或担任相应级别的议会代表或行政官员;国家层面的保民院和立法院的成员并非由各个省级议会选举产生,而是由元老院从它们提供的"国

---

[1] Carré de Malberg,*Contribution à la Théorie Générale*,tome Ⅱ,pp. 270—271.

[2] Sieyès,*Quelques Idées de Constitution Applicables à la Ville de Paris*,pp. 4—5.

家名单"中遴选。[1]

　　西耶斯认为,多级选举的好处是可想而知的,因为它能够确保国民议会的大门只向生活无忧、德才兼备、忧国忧民的人敞开,从而建立一个负责、理性和爱国的精英政府。但是,精英政府并非没有风险,它很有可能蜕变为贵族专制。要知道,法国革命者对贵族制度的嫌恶程度,远甚于绝对君主制。穆尼埃表示:"贵族制是最糟糕的政府,哪怕它行使权威颇为温和;它腐蚀公共精神,鄙视绝大多数的公民,唯少数家族是瞻。"[2]卡米耶·德穆兰之所以批评制宪议会,就是认为它建立了"贵族制的政府"[3]。米拉波也承认,代议制的先天不足就是它有可能催生"某种事实的贵族",所以他呼吁"国王和人民建立天然的、必要的同盟,共同抵制一切的贵族"[4]。西耶斯同样指出,"人民对贵族专制的痛恨远甚于大臣的专制"[5],所以他提醒革命者"应当小心谨慎,避免建立贵族制"[6]。

　　如何才能防止不可或缺的精英政府蜕化为令人生厌的贵族专制? 西耶斯认为,立法代表的定期轮换制度是一种有效的保障措施。他坚持各级代表的任期只能为 3 年,每年改选 1/3,任期届满的代表在间隔至少一届议会的时间后,方可重新当选。在他看来,定期的选举制与轮换制既可以防止形成新的政治寡头,又能够保证"立法机构持续地得到民主精神的洗礼"[7]。换言之,唯有借助人民定期的、自由的选举活动,人民代表制度才能够真正落到实处。

---

〔1〕　Boulay de Meurthe, *Théories Constitutionelles de Sieyès. Constitution de l'An VIII*, pp. 11—14.

〔2〕　Mounier, *Considérations sur les Gouvernements*, p. 14.

〔3〕　Pierre Rosanvallon, *La Représentation Difficile*, p. 46.

〔4〕　François Furet, *Les Orateurs de la Révolution Française*, Paris, Gallimard, 1989, tome Ⅰ, p. 676.

〔5〕　Sieyès, *Vues sur les Moyens d'Exécution dont les Représentants de la France Pourront Disposer en* 1789, p. 30.

〔6〕　Sieyès, *Sur la Question du Veto Royale*, p. 30.

〔7〕　Sieyès, *Vues sur les Moyens d'Exécution dont les Représentants de la France Pourront Disposer en* 1789, p. 127.

3.政治协商制

如果我们只把代议制视为人民选举代表的程序机制,或者将之视为直接民主的替代形式,那么就有可能严重低估它的价值。在 18 世纪,几乎所有的人都认为,民主和代议制是两种迥然不同甚至无法兼容的政治体系。[1] 民主只适合小国寡民的古代城邦,并被视为民粹主义的代名词,因为在民主国家里,激情、阴谋、冲突和动乱总是如影随形。相比于民主制度,他们更加青睐于精英统治。哪怕是卢梭,也承认少数人统治多数人更加符合自然的秩序。[2] 因此,对绝大多数的人(卢梭除外)而言,代议制并不是民主的廉价替代,而是更为优越的政治制度。

麦迪逊就经常把"纯粹的民主政体"和"代议制的政体"置于对立的两极。麦迪逊指出,除了可以统治更多的人口、治理更广袤的国土外,代议制还拥有民主所不具备的优点,它能够从人民当中选出智力卓越、道德高尚的政治精英,"他们的智慧最能辨别出国家的真正利益,他们的爱国主义以及对正义的热爱不太可能让他们为了暂时的或局部的利益而牺牲国家;他们构成的机构能够升华并扩大公共精神"[3]。

西耶斯认为,正当的政府必须是人民自由选择的结果,但它拥有两种合法的表现形式:直接民主和代议制政府。在《论宪法委员会重组法兰西的报告》中,西耶斯如是阐述了"纯粹的民主"和"代议制宪法"的关系:

> 对诉诸理性而不盲从书本的人而言,人们只可能拥有一种正当的政府。但是,它能够以两种面貌出现。为了公共需求得到照顾与监督,政治结合体的成员希望亲力亲为,或者选择若干人等承担。第一种情况是纯粹的民主(démocratie pure),我要说它几乎是原始的

---

[1] Bernard Manin, *Principes du Gouvernement Représentatif*, pp. 11—18.

[2] "多数人统治而少数被统治,那是违反自然的秩序的";"最好的而又最自然的秩序,便是让最明智的人来治理群众"。(卢梭:《社会契约论》,第 88、91 页。)

[3] 《联邦党人文集》,第 10 篇,第 49 页。(笔者根据英文本,对译文略有改动。)

(brute)，如同自然界给人类提供的原材料和天然食材，而人类会借助勤勉的劳动，改变它们，加工它们，使之适合自身的需求与享受。[……]纯粹民主的宪法不但在一个规模庞大的社会里无法实现，哪怕在土地更为狭小的国家里，在满足社会的需要和达成政治联合的目标方面，它的作用也远远不及代议制的宪法（la constitution représentative）：纯粹民主只是第二正当的政府形式。[1]

在西耶斯看来，纯粹的民主和"代议制宪法"皆属于合法政府的范畴，但在其价值序列中，代议制排名第一，民主只能屈居次席。他指出，直接民主是"纯粹的民主"、"原始的民主"，它如同未经修饰的原材料或者天然食材，需要经过加工，才能符合现代民族国家的需要。相反，"代议制的宪法"是更为高级的政治制度，是一种"有机的民主"（démocratie organisé）[2]。在手稿中，西耶斯也作过大致相同的论述：

> 原始民主即便是可能的，那也很荒谬。代议体系更为高级，唯有它才能让人享有真正的自由，改善人类的命运。尽管民主是代议体系和公共机构的基础，然而，建立在民主之上的政府却不能采取民主制，而必须采取代议制。代议制不仅因为领土的范围而成为必然，而且，无论处于何种情况，把组成公共机关的所有权力置于代议体系之下，对人民皆百利而无一害。哪怕是原始民主最狂热的支持者，也无意于把民主推及执行权、行政权和司法权，他们只想在立法领域建立民主制。因此，问题的关键是要为立法权建立代议制，因为这恰恰是代议制和纯粹民主的本质区别。[3]

对西耶斯而言，现代民族国家必须采取代议制，而不是直接民主，原因有二。

---

[1] Sieyès，*Observations sur le Rapport du Comité de Constitution Concernant la Nouvelle Organisation de la France*，p. 33 et p. 35.

[2] *Des Manuscrits de Sieyès 1773—1799*，tome Ⅰ，p. 465.

[3] *Des Manuscrits de Sieyès 1773—1799*，tome Ⅰ，p. 519.

一方面，代议制是国民表达意志的唯一手段。

《第三等级是什么？》中某些充满诡辩色彩的激进话语[1]，或许会让人得出结论说，西耶斯和卢梭无异，坚持国民是一种先验的、独立的并拥有无限决断能力的存在。事实上，并非如此。西耶斯在一份题名为"没有什么凌驾于作为整体的代议机关之上"的手稿里指出，作为集体存在的人民，既无法形成共同意志，也缺乏政治行动能力：

> 分散的人民无法一起表达意志，所以它不能制定任何法律；既然它缺乏法律便无法生存，那么它就什么事情也做不了。人民没有而且也不可能拥有协商和表达意志的能力。因此，严格地说，代议机关并非由人民任命，而是由人民的各个部分产生。既然所有的结合者无法以别的方式聚集，那么唯有代议机关，方可称为统一的人民。在统一的人民即代议机关形成意志之前，不可能出现国民的统一性与完整性。统一性肇始于此。所以，没有什么可以凌驾于代议机关之上，它才是最重要的有机身体。分散的人民不是一个有机身体，因为它既无法表达意志，又没有思想，缺乏任何自我（moi）的成分。[2]

在西耶斯看来，若非诉诸代议机关的政治活动，人民就如同一盘散沙，根本无法形成统一的意志，更别提什么行动能力了。他表示，人民和代议机关的关系就好像身体和大脑，两者密不可分，缺一不可：

> 如果你们把人民和代议机关进行比较，人民就是一个没有大脑的身体，而代议机关是一个没有身体的大脑；两者共同构成了一个完整的存在。难道你们能够说，身体的某一个部分高于另一个部分，或者说，人民是唯一的主权者，是代表们的主权者，却把代表们看作是没有头颅的身体吗？你们要知道，代表们才是大脑。混淆代议体系和纯粹的民主制，将会导致自相矛盾的混乱。难道这不是一目了然的道理

---

〔1〕 "国民意志则相反，仅凭其实际存在便永远合法，它是一切合法性的本源。"（西耶斯：《论特权 第三等级是什么？》，第 60 页。）

〔2〕 *Des Manuscrits de Sieyès 1773—1799*, tome Ⅰ, pp. 462—463.

吗？在代议体系中，不可能同时存在两个有机身体——人民和代议机关。在代议体系中，唯有公共机关才是有机身体，普通代表机关是它的大脑，而政府是它的臂膀。[1]

西耶斯尽管不敢冒天下之大不韪，公然对国民的政治行动能力提出质疑，但在其内心深处却是满腹狐疑。对他而言，人民不是一个先验的存在，所谓人民的意志、人民的思想抑或人民的统一性皆不过是代议机关的创造。对于雅各宾派大肆吹捧人民的激进做法，对于巴黎无套裤汉宣称自己就是人民而拒斥代议制的荒谬观点，西耶斯难掩自己的嫌恶之情，把它们怒斥为"神权的迷信"[2]。

需要指出的是，认为唯有诉诸代议机关，人民方能形成统一性的观点，并不是西耶斯的独创。基斯·贝克和吕西安·若姆均已指出，霍布斯的政治学说和法国绝对君主制理论也隐含着相似的逻辑。[3] 霍布斯在《利维坦》中强调说："当一群人由一个人或一个人格代表时，他们就形成了单一的人格。因为代表者的统一性，而不是被代表者的统一性，才创造了人格的单一性。代表者，体现了人格，而且是体现了单一的人格。总之，在一群人中，统一性无法作为其他的理解。"[4]法国绝对王权的代表逻辑在路易十五的《鞭笞会议》宣言中体现得淋漓尽致。路易十五批判了高等法院宣称自己可以代表国民的政治理论，坚持国家的统一性只能存在国王的身上：

他们好像已经忘记：主权只存在朕的身上，它的特征是协商、正义

---

〔1〕 *Des Manuscrits de Sieyès 1773—1799*，tome Ⅰ，p. 464.

〔2〕 *Des Manuscrits de Sieyès 1773—1799*，tome Ⅰ，p. 463.

〔3〕 Keith Baker, *Inventing the French Revolution*, pp. 224 — 226；Lucien Jaume, "Constituent power in France：The Revolution and its Consequences"，in *The paradox of Constitutionalism. Constituent power and Constitutional form*，edited by Martin Loughlin and Neil Walker，Oxford，Oxford UniversityPress，2007，p. 85.

〔4〕 霍布斯：《利维坦》，第 16 章，第 125 页。（译文参照英文版，略做修改。）

和理性的精神;高等法院的存在及其权威,只能来自朕;依据朕的名义而行使的权威,始终存在朕的身上;立法权不能倚之别处,也不可分割,它只能归属朕;借助朕的权威,高等法院的法官们虽然无权制定法律,但能够登记、发表和执行法律,能够以贤臣良谋的身份,向朕提出谏诤;一切公共秩序的起点都是朕。他们竟然胆敢割裂国民和君主的联系,殊不知,国民的权利与义务和朕的权利与义务紧密相连,并且只取决于朕。[1]

由此可见,西耶斯虽然拒斥波旁君主和霍布斯的绝对主义,把国民的权利置于首要的位置,但却自觉不自觉地在一点上继承了他们的立场,即否认国民先验地拥有集体的政治行动能力。但我们也需要特别指出,在国民是否可以独立存在的问题上,西耶斯的观点和霍布斯、路易十五判若天壤。对路易十五和霍布斯而言,如果没有君主或者代表机关,社会将分崩离析,陷入一种令人不寒而栗的无政府状态或者战争状态;但西耶斯认为,假如缺乏代议制,人民只是无法形成"意志的统一性和行动的统一性",但并不妨碍它的独立存在。[2]

另一方面,政治协商是代议机关正常运转的前提条件。

在三级议会召开以前,西耶斯在《论执行手段》中已经明确反对"强制委托",要求人们赋予代表以真正的独立。他指出,各选区把代表变成"传声筒"(porteurs des votes)的做法十分糟糕,"假如代表们被迫严格执行委托人的观点,无法进行相互调停,那么人们经常无法从所有的投票当中得出一种共同意志。然而,问题的关键恰恰是要形成共同意志。是故,一切

---

[1] Jules Flammermont et Maurice Tourneaux, *Remontrance du Parlement de Paris au XVIIIe Siècle*, tome 2, Paris, Imprimerie Nationale, M DCCC XCV, pp. 557—558.

[2] Pasquale Pasquino, "Le Concept de Nation et les Fondements du Droit Public de la Révolution", in *L'Héritage de la Révolution Française*, pp. 318—319.

无助于形成共同意志的手段,都是糟糕至极的方法"[1]。西耶斯主张国民给予代表们"更多的信任",允许他们自由地"集会、协商、妥协并形成公共意志"。[2]

在为奥尔良公爵撰写的政治方案中,西耶斯重申了三级议会代表不要满足于扮演"传声筒"的角色,而应当为"共同意志"或毋宁说"多数的意志"进行积极的政治协商。

> 三级议会代表的职能并不限于充当简单的传声筒。三级议会的目标是什么?在众多个别意志的基础上,形成共同意志。假如每个投票者无法改变自己曾经说过的话,那又如何达成这个目标呢?[……]代表大会的成员们要做的事情,和一个狭小的人民共和国(Peuplade)的公民们在公共广场的所作所为如出一辙;他们进行集合,不是为了认识彼此在前一天已经形成的观点,然后欣然归家,而是为了平衡、改变和提炼各自的观点,在吸收所有人的智慧基础上,形成一个多数的意见,形成可以制定法律的共同意志。为了获得人们期望的结果,个人意志的融合以及由此形成的团结,变得不可或缺。所以,应当允许投票者共同商议、相互妥协、彼此改变;否则,它就不再是协商议会,而会变成邮差们的聚会。[3]

西耶斯断言,代议制政府的本质不是统计票数,而是理性协商。他还试图打破在古代城邦国家,每个公民都能独自思考和独立抉择的神话,认为哪怕在"最为民主的国家里",参加公共集会的公民始终无法做到彻底的独立自主,而是时刻会受到同胞的影响。

---

[1] Sieyès, *Vues sur les Moyens d'Exécution dont les Représentants de la France Pourront Disposer en* 1789, pp. 19—20.

[2] Sieyès, *Vues sur les Moyens d'Exécution dont les Représentants de la France Pourront Disposer en* 1789, p. 21.

[3] Sieyès, *Instruction Donnée par S. A. Monsieur Le Duc d'Orléans à Ses Représentants aux Bailliages. Suivie de Délibération à Prendre dans les Assemblées*, pp. 70—71.

　　即便是最为珍视自由的民主派,他们也不会在前一天,就在家中形成并固定自己的意见,随后将之带到公共场所,始终使自己处于孤立的状态。在这种情况下,人们不可能根据孤立的观点得出一种能够为多数人所接受的共同意志。我们要斩钉截铁地强调:这种形成共同意志的方法实属荒诞不经。人们之所以召开会议,正是为了协商、认识各自的意见、利用彼此的智慧、交锋个别的意志、修正并协调它们,最后形成一个为多数接受的共同结果。我现在要问:在最严格、最具怀疑精神的民主国家里也被视为荒唐的东西,难道应当成为指导代议制立法机关的准则吗? 因此,代表们参加国民议会,并不是为了宣布委托人业已形成的意志。应当准许代表们经过议会为每个人提供的智慧启迪后,根据自己的意见,进行自由的协商和表决。这是不容辩驳的真理。[1]

西耶斯始终相信,唯有通过自由辩论、政治协商和共同决策,代表们才能够在五花八门、相互冲突的个人利益中分辨出共同利益,并形成可以指定法律的共同意志。

　　在所有的协商中,都有一个问题需要解决,即要在某种确定的情况下,发现公共利益。当讨论开始时,人们并不能立刻判断出发现公共利益的准确方向。毋庸置疑,假如公共利益不是个人的利益,那么它就什么也不是;它是一些个体利益的利益,是绝大多数投票者的利益。因此,各种观点进行合作,颇为必要。一种在你们眼里是黑漆漆的杂乱无章,却是走向光明的必要前奏。应当允许所有的个体利益相互冲击、彼此碰撞、直面问题,允许它们运用自己的力量,把问题引向目标。经过交锋,有用的意见和有害的意见会分隔开来,一些意见开始消失,另一些意见继续运动,相互平衡,并经过彼此的改变与提炼,最终达成妥协,形成一个唯一的意见。正如在物理世界,统一的、更强

---

[1]　Sieyès, *Sur la Question du Veto Royale*, pp. 17—18.

大的运动是由众多相互冲突的力量所促成的。[1]

也就是说,共同意志抑或卢梭所言的"公意",并不是先验的存在,而只能是人们理性协商的结果。正因为对理性协商的重视,西耶斯尽管反对建立两院制的议会,但主张把议会分成两、三个小组,先分别讨论议题,最后再统一表决。[2] 政治协商的作用是如此之大,以至于撇开最后作出的决断不论,它也具有不可忽视的象征价值:"哪怕人们什么也没做,只是经过漫长时间的协商,他们也会认为自己为一项伟大的事业进行过合作。或许会一无所获,但问题的关键是,人们已经进行过协商,并且装模作样地耗费时间了。"[3] 西耶斯在说这一句话时,主要是在嘲讽革命议会的讨论漫无边际,毫无效果,但它至少可以从反面说明,是否举行过政治协商的事实本身也是人们最终能够达成共识的一个前提条件。

强制委托的荒谬之处恰恰在于,它忽视、误解甚至有意贬低政治协商的价值,把人民代表变成纯粹的"传声筒"。不可置疑的是,强制委托和代议制格格不入。西耶斯反复重申这一观点。在《论适用巴黎之宪法的若干观念》中,西耶斯仔细区分了民主国家和代议制政府:"在民主国家中,公民亲自制定法律,直接任命公共官员。根据我们的方案,公民直接或间接地选举立法议会的代表。由此,立法机构不再是民主制,而变成了代议制。"[4] 在《论国王否决权》的演说里,西耶斯指出普通公民的政治权利仅限于通过选举活动影响代表,"如果他们要口授意志,那么代议制将不复存在,会催生一个民主国家"[5]。

实际上,和西耶斯一样,近代西欧最重要的代议制理论家都把理性协

[1] Sieyès, *Vues sur les Moyens d'Exécution dont les Représentants de la France Pourront Disposer en* 1789, pp. 90—91.

[2] Sieyès, *Sur la Question du Veto Royale*, p. 27.

[3] Pierre-Yves Quiviger, *Le Principe d'Immanence. Métaphysique et Droit Administratif chez Sièyes*, p. 447.

[4] Sieyès, *Quelques Idées de Constitution Applicables à la Ville de Paris*, p. 3.

[5] Sieyès, *Sur la Question du Veto Royale*, p. 16.

商作为代议制的核心原则。埃德蒙·柏克在其著名的《致布里斯托选民的演说》中宣称:"政府和立法是理性和判断的事务,而不是意志的事务。[……]议会并不是大使们参加的大会,他们代表不同甚至对立的利益,每个人都是某种利益的代理人或拥护者,和别的代理人或代言人针锋相对。相反,议会是一个协商议会,它代表相同的国民,维护相同的利益即整体的利益。在议会当中,普遍理性确定的公共利益而不是地方的目标或地方的偏见,应当成为议会的向导。"[1]又如,基佐曾经引述帕斯卡的经典名言,对政治协商的功能作出更为深入的论述:

> 帕斯卡说过:无法化约为统一性的多样性是混乱,不是源自多样性的统一性是暴政。这是代议制政府最美妙、最精确的定义。多样性是社会;统一性是真理,是应当统治社会的正义与理性的法律之总和。如果社会始终维持多样性的状态,如果孤立的意志没有在共同法则之下实现团结,如果它们拒绝承认正义和理性,如果它们无法化约为统一性,就不可能存在社会,而只会存在混乱。如果统一性并非产生于多样性,而是为一个人、少数人或者无论多少人强加的结果,那么它就是虚假的、专断的统一性,就是暴政。代议制政府的目标就是要同时防范暴政和混乱,促成多样性形成统一性,并提醒多样性要认识并接受统一性。[2]

基佐对国会代表的协商结果满怀信心,相信他们"借助共同协商,能够发现理性的法则,发现大小事务中存在而且应当作出决断的真理,然后让全体公民认识并执行已经发现和颁布的法律"。他旗帜鲜明地指出:"对共同事务进行共同协商,是政治自由的原则和简单形式。"[3]

---

[1] Bernard Manin, *Principes du Gouvernement Représentatif*, p. 238, note 35.

[2] François Guizot, *Histoire du Gouvernement Repésentatif en Europe*, Bruxelles, Meline, Cans et Cie, 1851, p. 81.

[3] Guizot, *Histoire des Origines du Government Représentatif en Europe*, p. 190 et p. 241.

第四章　代议制

4.劳动分工原则

西耶斯令人信服地指出,代议制不仅是人民当家做主的代表制度,也是形成良好法律的政治协商体系。但如果仅限于此,那么西耶斯的代议制理论和同时代的麦迪逊以及后来的基佐就无甚区别了。真正让西耶斯与众不同的地方在于,他将代议制视为劳动分工原则在政治领域的延伸。

1789 年 8 月 10 日,西耶斯在讨论宪法委员会重组法兰西的报告时,详细论述了劳动分工得以产生的深层原因及其广泛运用的必然性:

> 人们进行联合,组建政治社会,并不是为了虚度光阴,过着慵懒的生活;除了游戏和节日,他们还需要做别的事情。因为自然要求我们服从劳动的法则。它在我们作出垫支后,会告诉我们:你希望获得享受吗?那就劳动吧。因此,人们和同胞联合,是为了追求某种更加可靠、更加富足、更为精致的消费,为了提高生产力,为了更好地保障和完善自身的劳动。由此,便出现了劳动分工,它是财富增长和人类实业完善的原因与结果。斯密博士在其著作中,对这个问题已经作出充分的论证。劳动分工能够造福于社会的全体成员。它支配政治劳动,正如它支配各色各样的生产劳动。公共利益、社会状态的进步要求我们把政府变成一种特殊的职业。[1]

笔者之所以不惜笔墨地引用这段文字,是因为它简明而又不失深刻地概括了西耶斯代议制的哲学基础。根据这段引文,并结合别处的论述,我们可以得出结论说,西耶斯把代议制建立在劳动分工原理之上的理论实际上可分解为三个密不可分的论断。

第一,现代人的自由不同于古代人的自由。

众所周知,本雅曼·贡斯当提出了古代人的自由和现代人的自由的著

---

[1] Sieyès, *Observations sur le Rapport du Comité de Constitution Concernant la Nouvelle Organisation de la France*, pp. 34－35.

名区分,指出古代希腊城邦的公民把直接参与政治生活视为首要的权利,但现代公民却更为珍视个人的独立和享受。[1] 事实上,西耶斯比贡斯当更早提出了类似的区分,并且很可能对后者产生了直接的影响。[2]

亚里士多德曾经对古代城邦的公民提出过一个著名的定义:"人类自然是趋向于城邦生活的动物(人类在本性上,也正是一个政治动物)。"[3] 在某种意义上,卢梭也是一位亚里士多德主义者:"我看出一切问题在根本上都取决于政治,而且无论人们采取什么方式,任何民族永远都不外是它的政府的性质所使它成为的那种样子。"[4]所以,卢梭把公民首先定义为能够行使主权的成员。[5] 汉娜·阿伦特也认为,在古代希腊城邦的世界里,政治是公民应当追求的崇高生活,而"劳动对希腊人来说本质上只是一件非政治的私人事务"[6]。

古代人鄙视劳动,但现代人却把劳动置于首要的位置,因为他们的根本目标是追求享受,或者更准确地说,要通过劳动,满足自己的各种需求,尤其是物质层面的需求。在其人权宣言草案中,西耶斯把人的需求及其满足视为一切人权与公民权的源泉和基础,认为人们之所以进行社会联合、组建公共机构,正是为了让每个人过得"幸福"。[7] 在《论国王否决权》的演说中,西耶斯重申了古代城邦和现代欧洲民族之间存在的重大差异,指出它们是两种迥然不同的社会:

---

〔1〕 本雅曼·贡斯当:《古代人的自由和现代人的自由》,第23—48页。

〔2〕 贡斯在晚年回忆说,1795年他来到巴黎后,曾经和西耶斯过从甚密,并且从后者身上汲取了诸多的灵感。(Constant, Benjamin, "Souvenirs Historiques", in *Revue de Paris*, tome XI, pp.115—125, et tome XVI, pp.102—112,221—233.)

〔3〕 亚里士多德:《政治学》,吴寿彭译,商务印书馆,1983年,第7页。

〔4〕 卢梭:《社会契约论》,第1页,注释1.

〔5〕 "至于结合者,他们集体地就称为人民;个别地,作为主权权威的参与者,就叫公民。"(卢梭:《社会契约论》,第21页。)

〔6〕 Hannah Arendt, *Between Past and Future: Eight Exercises in Political Thought*, New York: The Viking Press, 1961, p.23.

〔7〕 Sieyès, *Reconnaissance et Exposition Raisonnée. Des Droits de l'Homme et du Citoyen*, pp.20—21.

第四章 代议制

现代欧洲民族和古代民族的共同点极少。我们只关注商业、农业和制造业。致富的欲望似乎把所有的欧洲国家变成了巨大的工场;人们更多地考虑消费和生产,而不是幸福。当今的政治体系完全建立在劳动的基础上;人的生产能力造就了一切。[1]

既然现代社会的根本目标是通过劳动,追求富足的生活,那么政治自由就不再是人们追求的最高目的,相反,它变成了追求享受的手段。西耶斯仿效重农学派,将其政治理论建立在"需求的人类学"之上。[2]

如果人没有需求,长期悠然自得,过着某种纯粹思辨的生活,那么毋庸置疑,自由对他而言只不过是一种能够使之摆脱妨碍其休息与生活的各种障碍的独立。然而,这幅景象并不属于我们;我们生来拥有需求。需求! 这就是人类机器的首要动力、人权的真正来源、艺术的创造原则,等等。由于不断受到某些重复性需求的驱使并拥有行动能力,所以除了否定的自由外,人还需要别的东西。行动和休息一样对人不可或缺。因此,即便我们只谈论独立的自由,它也包含两种维度,因为你们不能将之视为完满与完整的存在,人不仅要铲除妨碍休息的因素,也要消灭妨碍行动的因素。[3]

西耶斯由此对现代人提出了一种迥然不同于亚里士多德的定义:人首先是一个有需求的存在。对现代人而言,个人自由固然值得追求,但物质享受更为重要。这就是西耶斯对现代人之自由的独特界定。

第二,劳动分工原则是支配现代社会的基本原则。

既然从本质上说,现代人是一群为满足自身需求,而想方设法增加物质财富的人,那么他们必定会欣然地承认并接受政治经济学确立的基本原

[1] Sieyès, *Sur la Question du Veto Royale*, p. 13.
[2] Catherine Larrère, "Sieyès, Lecteur des Physiocrates: Droit Naturel ou Économie?" in *Figures de Sièyes*, p. 198.
[3] Sieyès, *Des Intérêts de la Liberté dans l'État Social et dans le Système Représentatif*, in *Journal d'Instruction Sociale*, 8 juin 1793, p. 35.

理:劳动分工是人们减少成本、提高效率的最好手段。

西耶斯认为,本能、经验和理性会告诉人们,不要凡事都追求事必躬亲,而应该集中时间和精力,专注于自己擅长的事情,追求效率的最大化。任何能够接受如此逻辑的人,都无法对他的论证理路提出反驳。

> 我能够奔赴蒙彼利埃,把自己的信亲自送给当地的一个人。尽管此举并不损害我的利益,但我还是会把此事委托邮差,让他代为传达,而且我也不认为此举会导致我丧失自由,或者说,会导致我放弃我的个人主权。为什么? 因为送信并不是我的唯一需求。如果我拥有20种需求,并且只专注于其中1种或10种的需求,那么我将会比同时追求20种需求的做法,创造出更多的产品。只需交换剩余产品,便可更好地满足我的20种需求。相比于拒绝把需要承担的工作委托别人的做法,这种做法无疑要好得多。

西耶斯紧接着批评了那些主张在所有事情上都要亲力亲为的人,认为他们并不懂得自由的真谛。

> 所有结合者的自由并不在于要让所有人做相同的事情,也不是让所有人亲自做自己绝对能够胜任的一切,而是在于劳动分工,在于派人做(faire faire)。只要你们始终掌握选择、撤换代理人的权力,就是让手段服务于目的(In omnibus respice finem)。在不能把你引向终点的道路上进行奔跑的权利,并不是维护自由的艺术,因为它对达成目标毫无裨益,而只会导致人们白白地浪费时间。[1]

西耶斯表示,劳动分工或者代议制体系由于其有目共睹的优势,注定会支配现代社会的各个领域:

> 经验已经证明,个人事务借助代理制(députation),可以得到很好的处理。从这个角度来看,为他人处理某种事务的人也是其代表。劳动分工和职业分工不过是自然形成的代表体系(système

---

[1] *Des Manuscrits de Sieyès 1773—1799*, tome Ⅰ, p.473.

représentatif）；它和由其推动的社会进步齐头并进；它最能促进财富的生产、商品的交换和商业的普遍发展；它几乎覆盖了所有的人类行动。[1]

需要补充，西耶斯经常使用 faire faire、députation、procuration、délégation以及 commission 等概念，把它们和代议制混用。尽管他使用的词汇不尽相同，其含义也不无矛盾，但他自始至终都在强调，劳动分工已经渗透到了现代社会的各个领域，人们由此扩大了自由。[2]

法国学者帕斯基诺指出，西耶斯的自由观念是和劳动分工密不可分的，因为他"把自由理解为一种社会合作的原则；和独立的状态相比，毋宁说，和反对合作的状态相比，社会合作能让每个人最好地满足自身的需求"[3]。

第三，代议制政府是劳动分工原则在政治领域内的延伸。

劳动分工原则支配着现代社会的所有领域，政治也不例外。在著名的1795 年热月 9 日演说中，西耶斯宣称："在社会状态中，代议制无所不在。无论在私人领域还是在公共领域，它皆随处可见；它既是制造业和商业之母，亦是自由与政治进步之母。我还要说的是，它本身就是社会生活的本质。"[4]在另一篇题名为"代理的政府"的手稿中，他也指出："最后，劳动分工会变得更明确、更完善；独立出来的政府也会变得更好，因为每个由专业阶层从事的职业都会变得更有生产率。"[5]

西耶斯表示，把劳动分工原则运用于政治领域，不仅要求把政治视为

〔1〕 *Des Manuscrits de Sieyès 1773—1799*，tomc Ⅰ，p. 510.

〔2〕 西耶斯表示："伴随着代议制劳动的确立，自由的进步将水到渠成。"（Sieyès，"Travail ne Favorise la Liberté qu'en Devenant Représentatif"，in *Emmanuel-Joseph Sieyès：Écrits Politiques*，p. 62.）

〔3〕 Pasquale Pasquino，*Sieyès et l'Invention de la Constitution en France*，p. 107.

〔4〕 Sieyès，*Opinion de Sieyès，sur Plusieurs Articles des Titres Ⅳ et Ⅴ du Projet de Constitution*，prononcé à la Convention le 9 Thermidor de l'An Troisième de la République，in *Oeuvres de Sieyès*，Ⅲ，40，Paris，Imrimerie Nationale，p. 5.

〔5〕 *Des Manuscrits de Sieyès 1770—1815*，tome Ⅱ，p. 422.

"特殊的职业",而且要求对公共机关进行内部的职能划分,"公共劳动的分工,也会催生代表的多样性".[1] 因此,国家权力机构需要被划分为立法权、执行权、司法权等职能部门。甚至,在每个职能部门的内部,人们仍然需要作出更为细化的分工。譬如,在1795年热月9日演说中,他主张对立法权进行分割,把提案权、表决权、合宪审查权、颁布权分别赋予保民院与政府、立法机关、宪法陪审团和"大选侯"。在他看来,每个部门、各个职能都需要托付给拥有专业知识和特殊技能的专家去处理,因为"政治代议体系的一个后果,就是把各种职能交到专家的手中"[2]。他信誓旦旦地宣称:"如果让专家去做,人们能够把自己想做的事情做得更好。"[3]

由于把劳动分工原则运用到政治领域,全体公职人员(无论是立法代表、行政官员抑或司法法官)都可被看作是国民代表。所以,西耶斯尽管在1791年否认国王拥有立法代表的资格,但却并不否认他是国民的代表。在法国革命者当中,西耶斯对代表的界定可谓别具一格。一方面,他坚持唯有人民选举产生的代表才能制定法律;另一方面他又认为,人民代表并不仅限于立法代表。在私下评论1791年宪法时,西耶斯详细阐述了他和巴纳夫对人民代表及其外延的不同看法:

> 巴纳夫先生说过,唯有为人民表达意志的人,才是代表;他因此把所有替人民办事的公共官员排除在外,拒绝赋予他们以公务员的称呼。这些观点并不正确。首先,我们已经表明,任何行使公共权力的人,哪怕是行使执行权的人,都是名副其实的人民代表。其次,既然巴纳夫先生区分了多种的公共意志,既然他宣称国王在面对外国时拥有表达意志的委托,在立法机构和行政机构当中拥有某种表达意志的委托,那么我们也能在一切非立法的公共职能部门当中发现表达意志的活动,因为行政机构拥有表达决策的意志,法官拥有审判的意志,哪怕

---

〔1〕 *Des Manuscrits de Sieyès 1773—1799*,tome Ⅰ,p. 459.

〔2〕 *Des Manuscrits de Sieyès 1773—1799*,tome Ⅰ, p. 488.

〔3〕 *Des Manuscrits de Sieyès 1773—1799*,tome Ⅰ,p. 474.

是最不起眼的公务员在其权限范围内也拥有某种独特的意志,因为他不表达意志,便无法实施法律。因此,所有人都负责为人民表达意志,只不过一些人依据成文法,另一些人则依据自然法和国家理性;立法、执行与司法的所有人民代表在履行其职责时,都在表达某种特殊的意志。[1]

在西耶斯看来,所有担任公职的人,无论他们是由选举产生,抑或由上级任命,甚至是世袭的国王,皆可被看作人民的代表。将劳动分工等同于代表制的观念无疑是西耶斯把代表的概念泛化的重要原因。相反,在巴纳夫和罗德勒、罗伯斯庇尔等人的眼里,代表具有更为确切的含义,他们都坚持拥有立法权的人才能被称为代表。唯一的区别在于巴纳夫以国王拥有制定对外条约、立法否决权为由,认定他拥有了立法代表的称号,并据此宣称国王是人民的代表,[2]但罗德勒和罗伯斯庇尔认为代表只能和人民选举的事实相连。

西耶斯对代议制的信念异常坚定,以至于在革命恐怖已经弥漫整个巴黎的时刻,仍然不忘为它作出辩护。1793 年 6 月 8 日,在和孔多赛共同创办的《社会教育杂志》上,西耶斯发表了《论社会状态和代议制体系中的自由利益》。为了捍卫代议制的正当性,他使用了一个栩栩如生的比喻:

> 请你们观看两个突然遭遇暴风雨的人。他们都因缺乏庇护而备受煎熬。屋顶被掀开了,有人给他们放下了一个梯子。一个人跑向梯子,将之竖起,靠在墙上,攀爬上去并因此可以躲避风雨。另一个人则为了避免依附于梯子,宁愿冻得直打哆嗦,饱受风雨的肆虐。这就是社会人的自由,这就是对手段的依附和独立。[3]

---

[1] Pierre-Yves Quiviger, *Le Principe d'Immanence. Métaphysique et Droit Administratif chez Sièyes*. p. 429.

[2] 巴纳夫的立场最终写入了 1791 宪法:"法国宪法是代议制的;代表是立法机关与国王。"

[3] Sieyès, *Des Intérêts de la Liberté dans l'État Social et dans le Système Représentatif*, p. 46.

西耶斯捍卫代议制的比喻让我们禁不住联想到卢梭在《论人类不平等的基础和起源》中对野蛮人和文明人的描绘:

> 文明人毫无怨声地戴着他的枷锁,野蛮人则决不肯向枷锁低头,而且,他宁愿在风暴中享自由,不愿安宁地受奴役;正如一匹被驯服了的马,耐心地忍受着鞭策和踢马刺,而一匹未驯服的马则一接近马缰辔就竖起鬃毛,用蹄击地,激烈地抗拒。[1]

西耶斯称赞社会人为遮风挡雨而选择依附手段的理性,但卢梭却歌颂野蛮人“在风暴中享自由”的勇气,两人的对立由此可见一斑。在著名的1795年热月9日演说中,西耶斯再次使用了邮差送信的比喻,指出了否定代议制的荒谬:

> 直到现在,还流行着一个遗毒无穷的严重错误,即认为:人民只应把自己不能直接行使的权力授予代表。人们把这种所谓的原则美其名曰自由的屏障。这无异于向需要寄信到波尔多的公民证明,如果他保留亲自送信的权力,事实上他也确实可以这样做,而不是将之托付给专门从事邮政业务的公共机构,可以更好地维护他们的自由。人们能够把如此拙劣的计算当作真正的原则吗?通常的做法是,在尽可能多的事情上让别人代表自己,就是在增加自由;相反,如果让相同的人承担不同的代表,则会减少自由。请你们看看私人领域,那些尽可能亲力亲为的人是否是最自由的人。[⋯⋯]与其让人民保留行使其全部力量的权利,倒不如为人民的利益建立代议制。[2]

对西耶斯而言,代议制是如此的不言自明,以至于他如是强调说:“禁止公民派人代表自己管理公共事务,就是在禁止他使用自然的手段,禁止他利用臂膀,禁止他像在处理私人事务那样,借助代表处理社会事务。假如公共权力不采取代议制,就像个人缺乏臂膀、金钱、官员一样。代议制是

---

[1] 卢梭:《论人类不平等的基础和起源》,第133页。

[2] *Opinion de Sieyès sur Plusieurs Articles des Titres Ⅳ et Ⅴ du Projet de Constitution*, pp. 5—6.

一种手段,和榔头、火枪、纸片等无异。"〔1〕

　　概而言之,由于集人民代表制、政治协商和劳动分工的优点于一身,代议制拥有不可辩驳的现代性,因而是一种比直接民主更为高级的政治体系。在所有法国革命者当中,西耶斯无疑对代议制政府作出了最为系统、最令人信服的阐述。革命巨人米拉波不无道理地把他誉为"向世人揭示代议制真正原则的人"〔2〕。然而,西耶斯的代议制理论也并非没有缺陷。

　　首先,西耶斯更多地把自由理解为物质层面的自由,并据此把经济领域内无可争议的劳动分工原则推广到政治领域的做法,难道不是一种过于简单、失之庸俗的政治观念吗? 毋庸讳言,任何公民都希望通过参与政治,为自己谋取最大限度的物质好处。福利国家在西方国家的诞生与成熟,正是普通民众参政权利不断扩大的逻辑结果。但与此同时,谁又能否认,每个公民在进行投票时,都或多或少地怀揣着一个建设更美好、更公正的社会的梦想呢?

　　其次,西耶斯把代表视为政治专家,要求国民赋予他们绝对的信任。从理性协商和共同决策的角度看,此种观点无可厚非。但是,在捍卫代议制时,把政治代表视为邮差的比喻明显似是而非,因为它抹杀了政治现象和其他社会现象之间存在的重大差别。贝尔纳·马南说得好:"我们之所以放心地把寄信的任务委托给邮差,是因为无论他们使用什么交通工具或者采用何种路线,都不会改变信的内容和目的地。然而,政治代表即将作出的决策和制定的法律却不是广大选民所能完全掌控的,而且它们还会对每个人的命运和生活产生难以预料的影响。"〔3〕

　　最后,也是引人争议最多的是,西耶斯认为人民只能通过国民议会表达自己的意志。在《论国王否决权》的演说中,他不加掩饰地宣称:"决断只

〔1〕 *Des Manuscrits de Sieyès 1773－1799*,tome Ⅰ,p.473.

〔2〕 Bronislaw Baczko, "The Social Contract of the French: Sieyès and Rousseau", in *The Journal of Modern History*, Vol.60, September, 1988,p.118.

〔3〕 Bernard Manin,*Principes du Gouvernement Représentatif*, p.226.

属于,而且只能属于以议会面貌呈现的国民。人民或国民只能拥有一种声音,即国民立法机关的声音。[……]在一个不是实行民主的国家里(而且法国也不能实行民主),唯有借助代表,人民方能言说和行动。"[1]在这一点上,西耶斯的代议制理论无疑是自相矛盾的。一方面,他宣称人民拥有最高的制宪权;另一方面,又把人民(而且主要是男性的积极公民)的政治权利仅限于选举代表,禁止他们以别的方式表达自己的声音。自由王政派对这样的代议制理论极尽鼓吹,自然也在情理之中。克莱蒙·多内尔吹嘘说:"宣布国民是主权者的同时,却又禁止它行使主权,或许是最具天才的发明。"[2]穆尼埃也表达过类似的立场:"我知道主权的原则存在于国民当中。[……]但捍卫主权原则和行使主权是两码事。"[3]

西耶斯的代议制理论的矛盾性也可以解释他为什么在后来和罗伯斯庇尔分道扬镳。在笔者看来,罗伯斯庇尔的批评至今仍然没有失去力量:"我们不能宣称,国民不得不把所有的权威、所有的公共职权都授予代表,而它本身无法保留其中的任何部分。[……]我们不能说国民只能通过代表行使权力;我们不能说存在某种国民无法拥有的权利;我们尽管能够作出规定,让它不行使某种权利,但我们无法说存在某种即便国民希望,但却不能行使的权利。"[4]

两百多年以来,西方国家的民主经验已经充分说明,仅凭定期的选举和轮换,并不足以保证代议制民主得到健康、有序和持久的发展。在理论的层面上,政治代表们只能做"法律规定的事情"、"宪法许可的事情",[5]

---

[1] Sieyès, *Sur la Question du Veto Royale*, pp. 18−19;西耶斯在别处也指出,唯有诉诸代议制,人民"方可形成一个大脑,形成共同意志,完成自我组织"。(Sieyès, *Des Manuscrits de Sieyès 1773−1799*, tome I, p. 463.)

[2] Stanislas Clemont-Tonnerre, *Analyse Raisonnée de la Constitution Française décrétée par l'Assemblée Nationale*, Paris, 1791, p. 123.

[3] *Archives Parlementaires*, tome Ⅷ, p. 560.

[4] Carré de Malberg, *Contribution à la Théorie Générale de l'État*, tome Ⅱ, p. 261.

[5] *Des Manuscrits de Sieyès 1773−1799*, tome Ⅰ, pp. 465−466.

但在实践的层面，由于对他们的法律束缚经常形同虚设，他们很有可能从"最高国民的代表"(représentants de la nation souveraine)变成"国民的最高代表"(représentants souverains de la nation)。[1] 在经济权力、政治权力和文化权力高度集中的当代世界，普通民众的选票的影响似乎变得更加软弱无力。因此，即便普通民众无法对政治代表施加强制的委托或特别的指令，除了投票外，他们还应当利用舆论监督、民意调查和司法审判等手段，对政治代表施加持续的影响。

---

〔1〕　Beaud，*La Puissance de l'Etat*，Paris，PUF，1994，p. 235.

第五章　制宪权

随着卡尔·施米特和汉斯·凯尔森之争在中国学界的不断升温,中国宪法学者也出现了"政治宪法学"和"规范宪法学"的分野,[1]对制宪权问题的认识也产生了严重的分歧。他们的分歧不仅表现在对西方宪政史作出大相径庭的解读,也对中国未来的宪法改革提出了迥然不同的看法。

一个最明显的例子莫过于双方对法国革命领袖伊曼纽埃尔·西耶斯神甫的制宪权理论作出截然不同的解释,并据此对中国宪法作出天壤之别的诊断。我国台湾学者萧高彦和大陆学者陈端洪循着施米特的政治决断论或者卢梭的人民主权逻辑,对西耶斯的制宪权理论进行了看似针锋相对、实无本质区别的批判,并在是否应当把制宪权运用于中国政治体制改

---

〔1〕　在中国大陆宪法学界,政治宪法学的主要代表人物是陈端洪教授(陈端洪:《一个政治学者和一个宪法学者关于制宪权的对话》,载《制宪权与根本法》,中国法制出版社,2010年,第1—45页),而林来梵教授则是规范宪法学的重要捍卫者(林来梵:《从宪法规范到规范宪法》,法律出版社,2001年)。

革的问题上得出了相左的结论。[1]青年学者王建学通过分析人权与制宪权之间的内在关联,阐明了西耶斯制宪权理论的规范性,并主张宪法学研究应当有效地融入人权话语。[2]

　　国内学者针对西耶斯的制宪权讨论表面上针尖对麦芒,但平心而论,他们仍然没有摆脱施米特－凯尔森的窠臼。汉斯·凯尔森、莱昂·狄骥与德·马尔贝格等实证主义法学家否认自然权利、人权和制宪权的规范性,认为它们和法学的科学属性格格不入,因而拒绝将之纳入法学考察的范畴。[3]施米特反其道而行之,主张把制宪权引入宪法学,只是因为在他看来,科学的法学必须承认它们存在的事实及其不可忽视的政治作用,但这

---

[1]　萧高彦站在汉娜·阿伦特的立场,批判了"西耶斯的恶性循环",强调要慎用"公投制宪"。(萧高彦:《西耶斯的制宪权概念———一个政治理论的分析》,载《公法学与政治理论:吴庚大法官荣退论文集》,元照出版社,2004 年,第 79－114 页。)陈端洪是施米特的信奉者,鼓吹卢梭式的民主决断之于宪法改革的积极意义,并主张运用制宪权理论,解决当代中国的在宪法领域遇到的问题。(陈端洪:《人民既不出场,也不缺席:西耶斯的民主制宪权理论解读》,载《制宪权与根本法》,中国法制出版社,2010 年。)尽管萧高彦批评了施米特的制宪权理论,但他却犯了一个和阿伦特相同的错误,即在拒绝施米特之政治立场的同时,却接受了其对制宪权的理论界定,把西耶斯视为卢梭的传人。(Hanna Arendt, *On Revolution*, London, Penguin books, 2006, p. 147; W. E. Scheuerman, "Revolutions and Constitutions, Hannah Arendt's Challenge to Carl Schmitt", in *Canadian Journal of Law and Jurisprudence*, Volume 10, 1997, pp. 141－162)殊不知,西耶斯所做的重要努力就是要克服卢梭的理论困境。在某种意义上说,陈端洪和萧高彦的错误如出一辙:简单地把西耶斯视为卢梭的传人或背叛者。

[2]　王建学:《制宪权与人权关系探源———以西耶斯的宪法人生为主线》,《法学家》2014 年第 1 期,第 174 页。

[3]　Hans Kelsen, *La Garantie Juridictionnelle de la Constitution*, Paris, Librairie Marcel Giard, 1828; Léon Duguit, "Les Notions de Souveraineté Nationale et de Liberté Individuelle", in *Souveraineté et Liberté: Leçons faites à l'Université Columbia*, Paris, Felix Alcan, 1922, pp. 1－14; Raymond Carré de Malberg, *Contribution à la Théorie Générale de l'État*, Paris, Sirey, 1922. 当代法学家对制宪权理论的讨论可参见:Claude Klein, *Théorie et Pratique du Pouvoir Constituant*, Paris, PUF, 1996; Kémal Gözler, *Le Pouvoir de Révision Constitutionnelle*, Presses Universitaires de Septentrion, 1997;等等。

并不承认它们具有规范性。[1] 显而易见，否认自然权利、人权和制宪权的规范维度，是传统规范宪法学和政治宪法学的共同立场。

不过，否定自然权利与人权的规范维度的人并不限于法学界。法国大革命结束后，自然权利、人权、个人主义等概念遭到保守主义（约瑟夫·德·迈斯特、路易·德·博纳尔）、威权自由主义（基佐）、实证主义（孔德）、社会主义（圣西门、马克思）以及社会学家（涂尔干）等政治派别与思想流派的共同否定，家庭、社会、民族、种族等集体概念却成为追捧的对象，并在整个 19 世纪以及 20 世纪前 70 年成为西方世界的主流观念。[2] 20 世纪 70 年代以来，伴随着马克思主义的暂时退潮、自由主义的重整旗鼓与共和主义的不断复苏，自然权利尤其是人权的观念逐渐回暖，时至今日已经成为欧美国家的流行话语。[3] 1971 年宪法委员会在结社自由案中裁定《人权与公民权宣言》具有宪法效力，即人权话语在法国得到复兴的一个显著标志。

然而，人权话语的复兴以及人权宣言获得宪法效力，是否意味着关于制宪权之规范性的讨论已经尘埃落定？或者，可以如王建学所言，[西耶斯的]制宪权"主要不是决断主义的，而是规范主义的"[4]？答案远非如此简单。法国宪法委员会承认人权宣言具有宪法效力的事实，只能说明西方国家对人权观念的认识出现了重大的变化，但并不表明自然权利和人权的模棱两可性从此消亡了。它们的内涵依然模糊不定，其外延仍在变动之中。因此，我们不能因为人权对制宪权的内在约束，就仓促断言制宪权具有规范性。事实上，制宪权的有限性和规范性是两个不同的问题，应当区别对待。

---

[1] 我们不可因为施米特在纳粹统治期间的丑陋行径，就简单地把施米特视为自然权利和现代人权的敌人。《宪法学说》第二部分尤其是第十四章"基本权利"充分说明，个体公民的权利与自由在施米特的宪法学理论构建中占据着不可忽视的位置。（卡尔·施米特：《宪法学说》，刘锋译，世纪出版集团，2005 年，第 169—192 页。）

[2] Robert Nisbet, "The French Revolution and the Rise of Sociology in France", in *American Journal of Sociology*, Vol. 49, No. 2(Sep., 1943), pp. 156—164.

[3] Jan Eckel et Samuel Moyn, *The Breakthrough: Human Rights in the 1970s*, Philadelphia, University of Pennsylvania Press, 2013.

[4] 王建学：《制宪权与人权关系探源——以西耶斯的宪法人生为主线》，第 169 页。

依笔者管见,中外很多法学家关于西耶斯之制宪权的讨论之所以聚讼纷纭,主要是因为他们的论证思路失之简单,只是片面地强调其制宪权理论的规范维度或决断色彩。[1]为了避免重蹈覆辙,在决断主义和规范主义当中进行非此即彼的简单选择,笔者倾向于把西耶斯的制宪权命题分解成三个问题:"谁来制宪?"、"为何制宪?"以及"如何制宪?"本章即围绕这三个层面展开,对西耶斯的制宪权理论作出更为细化的分析,希望借此澄清国内学界存在的某些认识误区。

1. 谁来制宪?

卡尔·施米特把法国革命的制宪行动分解成了两个不同的过程和思想体系:"首先,法国人民将自己建构为制宪权主体,[……]人民意识到自己作为拥有政治行动能力的主体的身份,必欲自己决定自己的政治命运。从某种意义上说,法国人民自己建构了自己。法国人民为自己制定了一部宪法,通过这一行动,他们实际上已经采取了另外一项行动,即他们对存在的特殊类型和形式作出了决断。"[2]

按照施米特的理解,法国革命制宪的关键是对"谁来决断?"和"决断什

[1]　在相当长的时间内,制宪权理论似乎并没有引起法国思想家的足够重视。斯塔尔夫人、贡斯当和西耶斯过从甚密,但在他们的著作中,几乎不见对制宪权问题的任何探讨。人们在谈及制宪权的问题时,似乎更多的是在否认西耶斯是制宪权和宪制权之区分的发明者。譬如,拉法耶特坚持它是美国的舶来品。(Lafayette, "Notice sur la Vie de Sieyès", in *Mémoires, Correspondance et Manuscrits du Général Lafayette*, tome IV, Paris, H. Fournier Aîné, 1837, p. 36.)19世纪中叶,法国著名法学家爱德华·拉布拉耶开始谈论制宪权,但他也认为制宪权的观念源自美国。(Edouard Laboulaye, "Du Pouvoir Constituant", in *Questions Constitutionnelles*, Paris, Charpentier et Cie, 1872, p. 397.)第三共和国宪法学的奠基人艾斯曼在谈论西耶斯的宪法理论时,并没有使用制宪权的概念,但他认为后者主张人民对宪法拥有无限的、不受约束的权力。(Adhémar Esmein, *Éléments du Droit Constitutionnel*, tome Ⅰ, Paris, Sirey, 1896, pp. 396 −398.)

[2]　卡尔·施米特:《宪法学说》,第57−58页。

么?"作出了明确的回答。不过,在他看来,"重要的问题始终是'谁来决断' quis iudicabit(谁来决断)?"[1]"决断什么?"是一个相对次要的问题,"如何决断?"更是一个无关痛痒的问题。换言之,施米特对法国革命制宪的论断可以用这样一句话来概括:人民拥有制宪权,并对政治制度作出直接决断。然而,西耶斯的制宪权理论更为复杂:人民或国民[2]拥有制宪权;他们选举制宪代表;制宪代表对政府形式作出决断。

虽然西耶斯的制宪权理论和施米特的论断判然有别,但施米特把西耶斯纳入"政治宪法学"的阵营,并非凭空捏造。因为在大革命期间,法国人民确实"将自己建构为制宪权主体"。而且,消灭特权、镇压贵族,以及大革命由此呈现出来的内战风格,似乎也为施氏的"敌友之分"提供了绝佳的注脚。法国革命者自我决断的政治意愿以及区分敌友的决然立场,在西耶斯的《论特权》和《第三等级是什么?》里尽显无疑。

在《第三等级是什么?》这本勾勒了未来法国革命纲领的著名宣传册中,[3]西耶斯开门见山地表达了第三等级要主宰法国政治命运的强烈诉求:"第三等级是什么? 是一切。迄今为止,第三等级在政治秩序中地位是什么? 什么也不是。第三等级要求什么? 要求取得某种地位。"[4]但是,第三等级若想把自己建构为制宪主体,真正地行使自我决断的政治权力,首先必须在法国社会内部消灭异己分子,悉数清除特权者。

然而,谁是特权者? 西耶斯提出了两个明确的划分标准。第一个标准是普通法(lois communes)。特权就是"免受法律的管束,或赋予法律所未

---

[1] 卡尔·施米特:《宪法学说》,第5页。

[2] 在西耶斯的笔下,"人民"和"国民"是同义词,但"国民"(nation)的使用频率远远高于"人民"。

[3] 美国学者威廉姆·休厄尔表示,《第三等级是什么?》鼓吹的"反贵族修辞推动普通民众即法国所熟知的第三等级反对贵族。而且,它还提出了一种激进的国民主权理论,建构了一种革命的政治战略。1789年夏天,国民议会在从国王手中夺取主权后,即遵循了此种理论和战略"。(William H. Sewell, *A Rhetoric of Bourgeois Revolution. The Abbé Sieyès and What Is the Third State*? Durham and London, Duke University Press, 1994, p. 1.)

[4] 西耶斯:《论特权 第三等级是什么?》,第19页。

禁止的某种事物以专属权利。不受普通法约束便构成特权"[1]。第二个标准是劳动。凡是为法国社会的繁荣发展做出实际贡献,即提供劳动和服务的人,皆属于第三等级。农、工、商、服务(上自科学家、自由职业者,下至家仆)等行业以及公共职能部门(军队、法院、教会和行政)的劳动者构成了国民的全部要素。[2]

所以,但凡遵守普通法,通过自己的劳动或服务谋生的人,皆属于国民;而一切凌驾于普通法之上、渔利他人劳动成果的人,都是特权者。毋庸赘述,"特权等级的原则和目的与国民格格不入",特权等级不仅构成了一个"国中之国",[3]还和普通等级水火不容,它们之间的敌对性"肯定不亚于英国人对法国人在战时表现的敌对性"[4]。对他而言,1789年前夕的法国事实上处某种"战争状态"[5]之中。

由于第三等级是社会财富的创造者并构成人口的绝大多数,[6]西耶斯很容易得出一个结论:法国摆脱战争状态,重建社会和平的唯一出路就是消灭特权,把特权者尤其是贵族驱逐出境。[7] 他认为,消灭特权等级对法国社会百利而无一害,"第三等级现在是什么? 是一切,是被束缚被压迫

---

〔1〕　西耶斯:《论特权 第三等级是什么?》,第1页。
〔2〕　西耶斯:《论特权 第三等级是什么?》,第20页。
〔3〕　西耶斯:《论特权 第三等级是什么?》,第23页。
〔4〕　西耶斯:《论特权 第三等级是什么?》,第34页。
〔5〕　西耶斯指出:"任何建立在法律不平等之上的社会都是虚假的社会,是一种真正的战争状态,是一种压迫人类的秩序。"(*Des Manuscrits de Sieyès 1773 – 1799*, tome I, sous la direction de Christine Fauré, Paris, Honoré Champion Éditeur, 1999, p. 457.)
〔6〕　按照西耶斯的估算,第三等级人口为2500~2600万,而贵族和教士构成的特权等级的人数不超过20万。(西耶斯:《论特权 第三等级是什么?》,第73页。)
〔7〕　西耶斯隶属于教士等级,所以对待教会特权的态度颇为暧昧。1789年,在制宪议会宣布没收教会财产时,西耶斯愤愤不平地批评:"他们希望自由,但却不知道何谓公正。"(Mignet, "Sieyès, Sa Vie et Ses Travaux", in *Revue des Deux Mondes*, tome 9, 1837, p. 13.)西耶斯也因此被斥自私与伪善。美国威廉·休厄尔认为,西耶斯并不是一位普通意义上的特权反对者,而只是一位贵族特权的反对者。(William H. Sewell, *A Rhetoric of Bourgeois Revolution*, pp. 110 – 133.)

的一切。没有特权等级,第三等级将会是什么? 是一切,是自由的欣欣向荣的一切。没有第三等级,将一事无成;没有特权等级,一切将更为顺利"[1]。

既然第三等级贡献了社会经济生活的全部内容,那么他们也有权制定一部符合法国社会经济现实的宪法,并据此组织公共机关,规范政府活动。套用意大利著名左翼哲学家安东尼奥·内格利(Antonio Negri)的话来说,法国革命者的目标是要颁布一部"劳动宪法"(constitution de travail)[2]。

西耶斯把制宪权建立在劳动原则之上,也逻辑地让他在理性主义的宪法观念和历史主义的宪法观念之间作出了毫不含糊的取舍。对于两种宪法观念的根本差异,法国著名法学家保尔·巴斯蒂有过精辟的概括:"宪法是自然亦即社会现实的自发产物,人类的天才和个人的创议在其中毫无发挥余地? 抑或相反,它是一种艺术的产物、一种意志的创造,体现了人类的聪明才智? 概而言之,它出乎自然,还是人为的构建?"[3]在18世纪,关于宪法是历史产物还是理性建构的争论,还和旧制度法国是否存在宪法的问题密切相关。

从产生时间的先后以及支持者多寡的角度而言,历史主义的宪法观念在1789年前夕占据上风。尽管波旁王朝缺乏成文宪法,但很多人认为旧制度承认的"基本法"类似于非成文的宪法,具有限制国家(主要是王权)的效力。"基本法"的概念尽管在1576年首次出现在高等法院的法官之手,但其约束王权的内涵在克洛维时代已经初具雏形。[4]路易十四逝世以后,它就越来越多地成为贵族们批评王权、捍卫自身特权的工具。奥尔良公爵摄政时期,圣西门公爵(Duc Saint-Simon)和布兰维利耶对绝对王权理论进行了猛烈的抨击,批评日益膨胀的王权破坏了国王和贵族共享行政、

---

[1] 西耶斯:《论特权 第三等级是什么?》,第22页。

[2] Antonio Negri, *Le Pouvoir Constituant. Essai sur les Alternatives de la Modernité*, traduit par Étienne Balibar et F. Matheron, Paris, PUF, 1992, p. 283.

[3] Paul Bastid, *L'Idée de Constitution*, Paris, Economica, 1985, p. 10.

[4] Olivier Beaud, *La Puissance de l'Etat*, Paris, PUF, 1994, p. 180.

立法与司法的政治传统。布兰维利耶不仅抨击国王及其大臣褫夺了贵族权力，也批评了王权解放农奴、分封贵族、让教士和第三等级参政等做法。他表示，唯有作为征服者法兰克人的后裔亦即国王和贵族，才有权管理政府，才有资格拥有政治自由。[1] 在 18 世纪的贵族反动中，圣西门公爵和布兰维利耶的影响不容小觑。在某种意义上，孟德斯鸠也是他们的传人。譬如，孟德斯鸠认为英国的政治自由可追溯到"日耳曼的森林"，指出英国人"从日耳曼人那里汲取了他们的政治体制的观念"。[2] 绝对主义理论家也如法炮制，纷纷在稽稽不可考的早期法兰克人史当中寻找甚至杜撰绝对王权的依据。

路易十六宣布召开三级议会以后，许多贵族主张沿袭 1614 年三级会议，反对增加第三等级代表的人数，并抵制按照人头表决的议事方式。他们效仿圣西门公爵和布兰维利耶，竞相援引历史，证明特权存在的合理性："在君主国家里，等级、权利、荣誉特权的差别总是存在，并且和出身、地位密不可分。毋庸讳言，它是一种恶，但却是一种必要的恶，在一个实行世袭制的庞大帝国里尤其如此。"[3] 王权的捍卫者也不忘宣扬君主制的悠久与正当："在一千年以前，一位年轻的国王为我们创制了一部宪法，成为国民的慈父。[……]我们把我们所有的权利都托付于您[即国王——笔者注]；您充分地拥有它们。您是我们的大脑，我们是您的躯干，我们和您同心同德。"[4]

西耶斯严厉谴责了贵族和王权诉诸历史、捍卫特权的做法。针对特权者以征服者的后裔自居，反对第三等级行使政治权利的立场，他呼吁第三等级再次征服，把自己变为贵族，"把那些继续狂妄地自诩为征服者种族的

---

〔1〕　André Lemaire, *Les Lois Fondamentales de la Monarchie Française*, Paris, Albert Fontemoing, 1907, pp. 197－210.

〔2〕　孟德斯鸠：《论法的精神》上册，第 165 页。

〔3〕　Richard B. Phillips, *The Abbée Sieyes and the Social Protest at the Protest of the French Revolution*, dissertation, The Columbia University Library, 1963, p. 53.

〔4〕　Antoine de Aaecque, *Le Corps de l'Histoire. Métaphores et Politique*（1770－1880）, Paris, Calmann-Lévy, 1993, p. 112.

后裔并继承了先人权利的所有家族,一律送回法兰克人居住的森林中去"[1]。西耶斯不仅把矛头指向贵族和王权的御用历史学家,也对法国教会的故步自封提出了批评:"罔顾18世纪的进步,却固守14世纪不放,这算哪门子的社会秩序呢?"[2]针对18世纪盛行的复古思潮和历史崇拜,他更是进行了毫不留情的批判:

> 我要不遗余力地控诉和谴责这样一群作家:他们总是在过去追求我们未来的理想,总是在由荒谬与谎言编织而成的可鄙传统当中,寻找再生公共秩序的法律,总是在食古不化地钻研故纸堆,查阅档案,编写不计其数的史册,搜寻蛛丝马迹,对之顶礼膜拜,无论它们是多么不可靠,多么微不足道和不可理喻。他们希望从中获得什么呢?无非是一些古老的权利。他们对哥特人的历史如痴如醉,神魂颠倒,就好像它能够为国民提供一些所谓的证据。[3]

西耶斯提醒人们,也不要为法国历史没有为他们提供可资效仿的榜样而感到沮丧,因为"研究社会组织的真正学问兴起还不久。人类在学会建造宫殿之前,长时间盖的是茅屋"[4]。

与此同时,西耶斯的制宪权学说也是拒斥神权的。我们在论代议制的章节中已经说过,西耶斯是如何百般抵制把政治的合法性建立在神权之上。德国学者博肯福德(Böckenförd)指出,现代的制宪论理论和世俗化(sécularisation)进程密不可分:"决定社会政治秩序之实质与基础的神权秩序和自然秩序已经不复存在。相反,由拥有意志和最高决策权的人们主宰

---

[1] 西耶斯:《论特权 第三等级是什么?》,第22页。

[2] Oelsner, *Des Opinions Politique du Citoyen Sieyès et de Sa Vie comme Homme Public*, Paris, Chez Goujon Fis Imprimeur—Librairie, l'An Ⅷ, p. 10.

[3] Sieyès, *Vues sur les Moyens d'Exécution dont les Représentants de la France Pourront Disposer en* 1789, Paris, 1789, pp. 32—33.

[4] 西耶斯:《论特权 第三等级是什么?》,第55页。

其自身的命运和世界的秩序。"[1]

西耶斯表示,无论是历史抑或神权,皆无法作为政治权威的基础。人们只能诉诸理性,"真正的人民档案馆[……]存在理性之中,人们不应在别处寻找忠实可靠的历史托管人,[……]不能在 18 世纪末还诉诸西甘布人与威尔士人的立法者的智慧",不能让"把眼光投向过去的人"引领法国的未来。[2]对西耶斯而言,有关旧制度是否拥有宪法的历史争论对政治危机的解决毫无裨益,因为这只会导致人们"沉迷于荒谬的封建制度的无耻场景,沉迷于蛮荒时代的残酷制度"[3],从而助长专制主义的蔓延。由此可见,在历史之于自由的意义的问题上,西耶斯的看法和孟德斯鸠针锋相对。

历史并不靠谱,理性才是评判政治合法性的唯一标准。旧制度的致命缺陷在于把创造社会财富的国民视若草芥,滋养了一批不事劳动、渔利同胞、凌驾于普通法之上的特权者。路易十六及其大臣在解决财政危机时,不敢轻易取缔贵族和教士的税收豁免权,就是忌惮以各种特权为基础的"非成文宪法"[4]。所以,为了驳斥贵族与王权的理论家,为了批判歧视第三等级的波旁"宪法",为了让国民摆脱旧制度的束缚,就必须要和渗透着特权精神的历史、传统、习俗、道德彻底决裂。正因为如此,法国在 1789 年

---

[1] Pasquale Pasquino,"Le Concept de Nation et les Fondements du Droit Public de la Révolution", in *L'Héritage de la Révolution Française*,p. 317.

[2] Sieyès, *Vues sur les Moyens d'Exécution dont les Représentants de la France Pourront Disposer en* 1789,pp. 37—38.

[3] Sieyès, *Vues sur les Moyens d'Exécution dont les Représentants de la France Pourront Disposer en* 1789,p. 37.

[4] Georges Gusdorf, *La Conscience Révolutionnaire: les Idéologues*,Paris,Payot,1978,pp. 191—192.

前后曾经短暂地出现过一股反历史主义的思潮。[1]

所以,在理解西耶斯的国民制宪权理论时,我们绝不能忘记他和特权者进行辩论的历史语境。西耶斯之所以说"国民独立于一切规章之外"[2]等话语,乃是为了批判旧制度存在的正当性,否定王权、神权以及贵族独占甚至分享政治决断权的可能性,并确立国民作为唯一的制宪主体的身份。[3]换言之,凭借劳动而据有制宪权的国民可以废止一切违反人类理性的不平等制度,无论它们存在的时间有多长。我们应当而且只能从这一角度来理解西耶斯制宪权理论中的决断主义。制宪权绝对地归属国民,但

---

[1] 在革命前夕的政治大辩论中,反历史主义的政治思潮逐渐抬头,并连在制宪议会时期占据支配地位。除了西耶斯,拉博·圣埃蒂安(Rabaut Saint-Etinne)也是一个激进的反历史主义者。圣艾田喊出了"历史不是我们的法令"的口号,"我有时会听人说,在制定法律时,不要采用形而上的论证。这无异于说不要在原则的基础上进行推理。相反,我要说,除了追根溯源,探求法律的原则,不可能再有制定良好法律的其他途径;假如这些原则不可避免具有抽象性,那就应当采取某种抽象的方式进行推理。我要强调,不存在任何没有原则的科学,无论是政治学,抑或其他;如果摒弃立法所必需的原则,我们将会犯下严重而危险的错误"。(Bronislaw Baczko,"Le Contrat Social des Français:Sieyès et Rousseau", in *The Political Culture of the Old Regime*, edited by Keith Michael Baker, Pergamon Press,1987,p.493.)

[2] 西耶斯说:"国民独立于一切规章之外,无论以哪种方式表示其意愿,只需将其意志表达出来,一切人为法便在它的面前失效,正像在一切人为法的源泉和最高主宰前面失效一样。"(西耶斯:《论特权 第三等级是什么?》,第62页。)

[3] 在理解西耶斯强调国民独立于一切、高于一切的话语时,我们不能忘记他的批评对象所宣扬的国民无法独立存在的论调。高等法院的法官们宣称自己是国王和国民之间不可或缺的中介,强调他们在人民面前代表国王,在国王面前代表人民。(西耶斯:《论特权 第三等级是什么?》,第10页。)绝对君主制的重要理论家雅各布·尼古拉·莫罗(Jacob Nicolas Moreau)宣称:"没有国王,就没有国民。你们知道,一个人数众多、自行其是的国民和不计其数的微小团体绝不可能构成一个团体;它们四分五裂,只会服从国王任命的官员的直接命令,而后者本身需要从君主那里接受命令。"(Pasquale Pasquino,"Le Concept de Nation et les Fondements du Droit Public de la Révolution", p.313.)

这并不意味着后者可以随心所欲地制定和修改宪法。[1]

2. 为何制宪？

在西耶斯身上,制宪权的决断主义只表现为其归属的绝对性,但施米特却偷梁换柱,得出制宪权本身即为无限决断的荒谬结论。美国学者威廉·肖伊尔曼(William Scheuerman)指出,施米特对法国革命理论与实践进行了有选择性的阅读,粗暴地把革命制宪行为简化成两种发明:"第一,他们建构了一种无限的、不可分割的主权,即西耶斯神甫在著名的《第三等级是什么?》里作出最清晰表述的制宪权;第二,他们把专断的、超法律的制宪权授予国民或至高无上的人民。"[2]

对施米特而言,制宪权是人民主权的代名词,"不以理性和协商为基础,不需要自我证明;换言之,它是一种从无到有的绝对决断"[3]。然而,在西耶斯身上,制宪权并不是人民主权的代名词,更不是"一种从无到有的绝对决断",因为在国民作出决断之前,其决断的内容是先在的、有限的。对于理解制宪权的决断内容的先在性和有限性而言,没有什么比论述西耶

---

〔1〕　基斯·贝克表示,对于法国革命者无法建立稳定的宪政制度的现象,西耶斯难辞其咎,"在拒斥主张复辟传统宪法的论调的同时,西耶斯破坏了可以抵制国民主权原则之颠覆性原则的宪法条文的能力"。贝克的误解导致他无法正确理解1795 年的西耶斯,错误得出结论,说后者"为了捍卫代议制政府,抵制国民主权理论的后果"。(Keith Baker, "Sieyès", in *Dictionnaire Critique de la Révolution Française*, pp. 343—344)实际上,西耶斯自始至终都没有放弃过国民主权的原则,或者更准确地说,他从未放弃过国民制宪的原则,只不过在 1795 年以后,他对它的行使作出了更加严苛的规定。因此,在讨论制宪权的问题时,人们至少需要审慎区分它的归属和行使。

〔2〕　William E. Scheuerman, "Revolution and Constitutions: Hannah Arendt's Change to Carl Schmitt", p. 143.

〔3〕　卡尔·施米特:《政治的神学:主权学说四论》,《政治的概念》,刘宗坤等译,世纪出版集团,2004 年,第 42 页。或者参见:Carl Schmitt, *Political Theology. Four Chapters on the Concept of Sovereignty*, translated by George Schwab, Chicago and London, The University of Chicago Press, 2005, p. 66.

斯的社会契约理论更为重要。

社会契约论是贯穿西耶斯整个革命生涯的理论框架。巴斯蒂表示，自然状态和社会契约是西耶斯哲学的深层基础。[1] 法国学者埃尔文·佐梅雷尔(Erwan Sommerer)最近也强调，社会契约论和自然权利学说是西耶斯思想中最具根本性的两个维度，而制宪权理论"或许只不过是它们的次要结果"[2]。

需要指出的是，西耶斯的政治学说并不是卢梭《社会契约论》的翻版，因为卢梭并不是西耶斯思想的唯一来源。在热月政变后出版的自传里，西耶斯指出自己在青年时代如饥似渴地阅读有关真理、正义和人(l'Homme)的一切知识，涉猎文学、数学、物理学、艺术、音乐、形而上学、伦理学、政治经济学等诸多领域，而洛克、孔狄亚克和博内的著作是他的最爱。[3] 亚当·斯密及重农学派的著作对西耶斯的影响尤为卓著。如果不是杜尔哥内阁的意外倒台，他很有可能在18世纪70年代中期发表已经获得出版许可的《致经济学家的信札》。[4] 法国学者让-法比安·斯比茨(Jean-Fabien Spitz)表示，正是凭借对斯密与重农学派的精深阅读，西耶斯才有可能实现对卢梭的批判和超越。[5]

---

[1] Paul Bastid, *L'Idée de Constitution*, p. 137.

[2] Erwan Sommerer, "Le Contractualisme Révolutionnaire de Sieyès. Formation de la Nation et Prédétermination du Pouvoir Constituant", in *Revue Française d'Histoire des Idées Politiques*, No. 33(2011/1), pp. 6.

[3] *Notice sur la Vie de Sieyès*, Paris, Chez Maradan, l'An Troisième, p. 8. 伴随着其文集、手稿的出版以及近年来对其早期思想研究的不断深入，西耶斯思想的复杂性、体系性和原创性得到人们越来越多的认可。(Jaques Guilhaumou, *Sieyès et l'Ordre de Langue. l'Invention de la Politique Moderne*, Paris, Éditions Kimé, 2002; Pierre-Yves Quiviger, *Le Principe d'Immanence. Métaphysique et Droit Administratif chez Sièyes. Avec des Textes Inédits de Sièyes*, Paris, Honoré Champion, 2008 etc.)

[4] *Des Manuscrits de Sieyès 1773−1799*, tome I, pp. 167−192.

[5] Jean-Fabien Spitz, *L'Amour de l'Égalité. Essai sur la Critique de l'Égalitarisme Républicain en France 1770−1830*, Pairs, Librairie Philosophique J Vrin, 2000, pp. 133−138.

第五章　制宪权

因此,为了理解西耶斯的革命制宪理论,必须回到其具有鲜明政治经济学风格的社会契约论。西耶斯没有专门讨论过社会契约论,相关的内容散见于他为解决革命法国面临的实际问题而发表、撰写的宣传册或私人笔记,而且各处的表述也存在差别。[1]但大体而言,他对社会契约论的思考还是构成了一个比较完整的理论体系。在某些方面,西耶斯的解释还突破了霍布斯、卢梭的藩篱。

在霍布斯和卢梭的笔下,社会契约的缔结标志着自然状态和社会状态之间出现了某种断裂,并由此催生了政治社会。对他们而言,社会状态和政治状态几乎是同义词。在这一点上,西耶斯的看法却不同。在他的眼里,社会状态不过是自然状态的延伸和补充,社会状态和政治状态之间才出现了真正的断裂。在他的体系里,社会契约论并不是从自然状态向社会状态(或政治状态)的简单过渡,而是经历了更为复杂的三个阶段:自然状态→社会状态→政治状态。[2]

在西耶斯的自然状态里,每个人都拥有一些"需求"(besoins)以及满足自身需求的"手段"(moyens)。所谓"幸福"(bien-être),就是要运用自然赋予的智力、意志和力量,尽可能地增加、丰富和完善自然馈赠(空气、水、土地等),最大限度地满足个人的需求,同时尽量避免自然可能带来的伤害。[3]任何人都能够占有、支配、使用和处置自己"人的所有权"(propriété de personne)和"物的所有权"(la propriété réelle)。他表示,这两种权利是

---

[1] 《论1789年法国代表们可以使用的手段》、《第三等级是什么?》、《论选区议会应当采取的决议》与《理性的认识与陈述:人权与公民权》等早期作品均以相当的篇幅论述社会契约论。热月政变后撰写的《人权》、《社会秩序的基础》等文章也彰显了其政治理论的社会契约维度。(Sieyès, *Vues sur les Moyens d'Exécution dont les Représentants de la France Pourront Disposer en* 1789, pp. 10−27;西耶斯:《论特权　第三等级是什么?》,第5章;*Des Manuscrits de Sieyès 1773−1799*, tome Ⅰ, pp. 497−515.)

[2] Erwan Sommerer, "Le Contractualisme Révolutionnaire de Sieyès. Formation de la Nation et Prédétermination du Pouvoir Constituant", pp. 7−12.

[3] Sieyès, *Préliminaire de la Constitution Française. Reconnaissance et Exposition Raisonnée des Droits de l'Homme et du Citoyen*, p. 20.

一切人权的基础和源头。[1]

在自然状态下,个人可以保持意志独立、人身自由和财产私有,但他并不是一颗物理意义上的原子。由于最大限度地满足自身的需求符合人类天性,所以每个人都会愿意出让部分的财产或者时间,[2]换取自己所需的产品与服务。因此,每个健全的人都与生俱来地拥有"社会交往性"(sociabilité)[3]的本能,是一个"社会的动物"[4]。换言之,自然状态已经具备了向社会状态过渡的基本要素,"通过肯定各自的权利,通过彼此的相互承认,自然权利便具备了实定权利(droits positives)的特征。自由契约是一切实定义务的原则。权利也由此催生了义务。权利与义务的相互关联构成了社会秩序的灵魂"[5]。

无需赘言,自然状态向社会状态的过渡是一个水到渠成的自然过程,既不必特意约定,也无须武力强制。而且,此种过渡还具备两个显著的特征。

第一,每个人皆有利可图。西耶斯表示:"每个人都为追求私人利益进行联合;联合产生的社会不会削弱、减少其私有的手段,反而会借助道德能力和物质能力的重大发展,拓展它们,丰富它们。社会还会通过不计其数的公共工程和公共救济,增加每个人的手段。[……]社会状态不会减少,而只会扩大个人自由并保障其行使。假如只存在私人力量的保护,那么必

---

[1] Sieyès, *Préliminaire de la Constitution Française. Reconnaissance et Exposition Raisonnée des Droits de l'Homme et du Citoyen*, p. 27.

[2] 西耶斯认为,缺乏生活必需品的人可签署劳动合同,出卖体力和脑力,但不能自卖为奴。为了避免奴役的产生,西耶斯主张劳动合同的期限最多不得超过五年。("Esclavage" in *Emmanuel-Josph Sieyès: Ecrits Politiques*, p. 76.)

[3] Erwan Sommerer, *Sieyès. Le Révolutionnaire et le Conservateur*, Paris, Michalon Éditions, 2011, pp. 20—21.

[4] 西耶斯认为,人和动物存在着本质的区别,因为"每个人身上都存在某种内在的原则或意愿,能够使他们和谐共处,缔结契约……他认为,人对他人拥有的权利,绝不像人对其他动物拥有的权利那样完整或充分;他和其他动物依然处于自然的战争状态"。(*Des Manuscrits de Sieyès 1773—1799*, tome I, p. 498.)

[5] *Des Manuscrits de Sieyès 1773—1799*, tome I, p. 508.

然会出现众多的障碍和危险,但社会可以消灭它们。社会能够给个人自由提供强大的保护。既然在社会状态中,人增加了自己的道德与体力的手段,既然它帮助个人消除了使用这些手段的后顾之忧,那么认为自由在社会状态下将变得更充分、更完整,认为它在所谓的自然状态下不可能变得更充分、更完整的观点,就是正确的说法。"[1]

第二,它具有不可逆转性。西耶斯的自由观念具有鲜明的唯物主义特征,没有明显的道德说教。[2] 他对自然状态下的个人自由的界定已经清楚地说明了这一点。在别处,西耶斯更直观地表达了其自由观念的物质属性:"增加满足我们需求的手段和权力,尽可能地多享受、少劳动,就是自由在社会状态中的自然增长。"[3] 有鉴于此,西耶斯宣称"社会秩序是自然秩序的结果与补充"[4]。每个人都因此增加了自己的自由和福祉,所以西耶斯把全体成员为增进个人利益而彼此联合的行为视为社会契约的缔结,视为国民的形成,视为"公意"的诞生。[5] 既然所有人都从社会联合获取利

---

[1] Sieyès, *Préliminaire de la Constitution Française. Reconnaissance et Exposition Raisonnée. des Droits de l'Homme et du Citoyen*, pp. 24－26.

[2] 卢梭对自由的理解明显带有对物质主义的贬斥:"唯有道德自由才使人类真正成为自己的主人;因为仅只有嗜欲的冲动便是奴隶状态,而唯有服从人们自己为自己所规定的法律,才是自由。"(卢梭:《社会契约论》,第 26 页。)帕斯基诺认为,西耶斯的自由概念和道德没有任何关联,因为在他的眼里,自由就是人与人通过彼此间的社会合作,更好地满足自身的需求。(Pasquale Pasquino, *Sieyès et l'Invention de la Constitution en France*, Paris, Editions Odile Jacob, 1998, p. 107.)

[3] "Travail ne Favorise la Liberté qu'en Devenant Représentatif", in *Écrits Politiques de Emannuel-Joseph Sieyès*, p. 62.

[4] Sieyès, *Préliminaire de la Constitution Française. Reconnaissance et Exposition Raisonnée des Droits de l'Homme et du Citoyen*, p. 24.

[5] "毋庸置疑,进行联合的人们愿意生活在社会状态里,并希望享受它带来的好处。这是一致和普遍的意志,是国民的第一誓愿。"(*Des Manuscrits de Sieyès 1770－1815*, tome II, sous la direction de Christine Fauré, Paris, Honoré Champion Éditeur, 2007, p. 420.)

益,那么任何心智正常的人都不会轻言退出,遑论撕毁社会契约。[1] 卢梭则不同,他认为人民不仅可以废止法律,还有权撕毁社会契约。[2]

尽管社会契约的缔结是一个水到渠成、有利可图且不可逆转的过程,但由此形成的社会却并非尽善尽美。由于智力、体力和意志力的差别,社会成员必然有强弱之分,弱肉强食的可能性始终存在。为了避免丛林法则支配社会,为了保障每个人的人身自由和财产安全,必须建立一个超越个人利益、党派纷争的国家机器。[3] 此外,由于需要提供公共救济和公共慈善,帮助"由于不幸而无法满足自身需求的公民",由于需要建立良好的培训与教育体系,完善人的道德与身体,由于需要建立军队,防止外敌入侵等因素,人们也必须创建国家。

国家的诞生则标志着人们进入了社会契约的第三个阶段——政治状态。政治状态是真正的分水岭。全体社会成员为创设自我保护的"公共机关"(établissements publics),不得不牺牲部分的财产和人身自由(如履行兵役、劳役和纳税等义务),并由此出现了个人与国家、社会与政治的分野。

---

[1] 西耶斯认为,社会状态的巨大利益和劳动分工的原则紧密相连:"为了一种更可靠、更富足、更精致的消费,为了追求某种规模更为庞大的生产力,为了更好地保障和完善劳动,人们才和其同胞进行联合。理性,或者至少经验会告诉他:如果你专注于自己的职业,将取得更大的成功。只要把你的聪明才智集中在部分的有益工作上,你就能够以更少的力气、更低的成本,生产出更多的产品。这就是增加财富、完善人类事业的劳动分工。斯密博士的著作对这个问题已经作出了清楚的阐述。这种分工可以造福于社会的全体成员。"(Sieyès, *Observations sur le Rapport du Comité de Constitution, Concernant la Nouvelle Organisation de la France*, Versailles, Chez Bauduin, 1789, pp. 34—35.)

[2] 卢梭表示:"在国家之中,并没有任何根本法是不能予以废除的,即使是社会公约也不例外;因为如果全体公民集合起来一致同意破坏这个公约的话,那末我们就不能怀疑这个公约之破坏乃是非常合法的。"(卢梭:《社会契约论》,第129页。)

[3] 西耶斯指出:"真正的立法者决不能忘记,他绝不能在公民当中制造会导致分裂的不平等,而应当避免自然不平等产生过多的负面影响;他不但不能压榨弱者、强化武力,而应当保护弱者,使之不为武力所压迫,要确保每个公民可以自由地处置其人身和所有权。"(Sieyès, *Instruction Donnée par S. A. S. Monsieur Le Duc d'Orléans à Ses Représentants aux Bailliages. Suivie de Délibération à Prendre dans les Assemblées*, Paris, 1789, p. 24.)

公共机关虽为保护社会所设，但却也可能变成公民自由的最大敌人。[1]
因此，必须合理地"形成与构造各种公共权力"，确保"它们彼此之间建立必要的关联，同时又能保持各自的独立"，并设置必要的"政治防范措施"，使之"可以造福，却不可能为害"。[2]

权力划分可以保护自由，权力集中则会导致专制，这是孟德斯鸠珍视的原则，也是法国革命者坚持的信条。1789 年《人权与公民权宣言》第 17 条规定："任何缺乏权利保障，或者没有对权力作出明确划分的社会，都没有宪法。"西耶斯也认为，革命者必须明确立法权和行政权各自的权限，保障它们的独立，"否则就不可能存在真正的自由"[3]。

然而，权力划分原则的贯彻和实施，在逻辑上必然要求存在一种原初的、更高的权威。它可以对立法权、行政权和司法权的职能作出清晰的界定与划分。换言之，立法权、行政权和司法权等"宪制权"（pouvoirs constitués）必须要以"制宪权"（pouvoir constituant）的存在为前提。[4] 如西耶斯本人所言，"宪法首先要假定制宪权的存在"。[5]

西耶斯区分"制宪权"和"宪制权"，主要是为了约束"宪制权"及其行使者，维护宪法的稳定性。譬如，在《奥尔良公爵给其选区代表们的指令》里，

---

[1] 西耶斯认为，公民自由存在三种敌人：为非作歹的公民、敌对的外族以及政府。法律和军队可以分别排除前两种威胁。因为政府长期存在，所以需要从制度的层面小心防范。（Sieyès, *Préliminaire de la Constitution Française. Reconnaissance et Exposition Raisonnée des Droits de l'Homme et du Citoyen*, p. 30.）

[2] Sieyès, *Préliminaire de la Constitution Française. Reconnaissance et Exposition Raisonnée des Droits de l'Homme et du Citoyen*, p. 34.

[3] Sieyès, *Instruction Donnée par S. A. S. Monsieur Le Duc d'Orléans à Ses Représentants aux Bailliages*, p. 26, note.

[4] 德·马尔贝格指出，孟德斯鸠的权力分立理论"唤醒并提出了制宪权的问题，但没有解决它，也没有讨论过它"。（Carré de Malberg, *Contribution à la Théorie Générale de l'État*, tome II, Paris, Sirey, 1922, p. 516, note 10.）

[5] Sieyès, *Préliminaire de la Constitution Française. Reconnaissance et Exposition Raisonnée des Droits de l'Homme et du Citoyen*, p. 35.

西耶斯指出"制宪权"与"宪制权"的区分可以防止立法代表形成特殊的利益。[1] 在《法国宪法序言》中，他强调公共权力"必须服从法律、法规和规定，而不能作出任何改变；因为它们不能自我创建，所以它们也不能改变自身的构造"[2]。在《论国王否决权》中，他又指出普通议会"不得染指宪法的任何组成部分"[3]。《第三等级是什么？》的论述也一模一样，"宪法的每一部分都不能由宪制权制定，而只能由制宪权制定。任何一种受委托的权力都不得对这种委托的条件作丝毫更动。正是在这个意义上，宪法性法律才是根本的"[4]。

德·马尔贝格说得好，西耶斯区分"制宪权"与"宪制权"，是"在主权国家里，利用法律为公民创造和保护个人活动的领域，维护其人身自由，使之不受宪定的国家权力的侵害"[5]。不言而喻，西耶斯的制宪权理论更多地发展了分权的法治精神，而不是继承了卢梭公意学说的衣钵。

既然宪法的宗旨是保护人权，明确各种宪制权的权限并规定相应的惩罚措施，那么制定宪法的权力也必然存有限度。其制宪的对象只能是政府，只能是"国民的政治机构，而不可能是国民本身"[6]。制宪权不能而且也无法规制国民社会生活的全部内容，因为"无论个人，抑或家庭，都不愿把其私人生活、个人幸福或家庭幸福变成公共事物"[7]。

---

[1] Sieyès, *Instruction Donnée par S. A. S. Monsieur Le Duc d'Orléans à Ses Représentants aux Bailliages*, p. 41.

[2] Sieyès, *Préliminaire de la Constitution Française. Reconnaissance et Exposition Raisonnée des Droits de l'Homme et du Citoyen*, p. 35.

[3] Sieyès, *Sur la Question du Veto Royale* à la séance du 7 Septembre 1789, Paris, 1789, p. 21

[4] 西耶斯：《论特权 第三等级是什么？》，第 59—60 页；Sieyès, *Qu'est-ce que le Tiers-État*, p. 111.

[5] Carré de Malberg, *Contribution à la Théorie Générale de l'État*, tome Ⅱ, p. 514.

[6] Sieyès, *Instruction Donnée par S. A. S. Monsieur Le Duc d'Orléans à Ses Représentants aux Bailliages*, p. 34.

[7] Pasquale Pasquino, *Sieyès et l'Invention de la Constitution en France*, p. 108.

第五章　制宪权

根据西耶斯对社会契约的逻辑论证,[1]国民和制宪权分别出现于社会状态和政治状态,是两个内涵与外延都不尽相同的概念。保障国民的自然权利,维持个人与国家、社会与政治之间不可抹杀的分野,是制宪权必须恪守的一个根本预设。我们不能被《第三等级是什么?》的辩论色彩所迷惑,千万不要把制宪权视为人民主权的同义词。事实上,西耶斯很少使用"主权"的概念,而且主要是在否定意义上使用它。[2]施米特、阿伦特及其信徒们却很少注意到这种差别,错误地把西耶斯视为卢梭的信徒、传人。事实上,西耶斯更多是法国"宪政自由主义"的重要开创者,[3]而不是绝对

---

〔1〕 在《第三等级是什么?》中,西耶斯对社会契约的论述和笔者的概括略有不同。他将之划分为三个阶段:国民的形成、共同意志的形成和代表意志的形成。(西耶斯:《论特权 第三等级是什么?》,第57—58页。)"国民的形成"相当于本书所概括的前两个阶段——自然状态和社会状态,而"共同意志"和"代表意志"的形成都属于政治状态的范畴。需要特别指出的是,西耶斯主要是从逻辑的角度谈论社会契约论的假说,而不是从历史现实的角度承认它的真实性。然而,萧高彦却主观地臆断西耶斯的社会契约论是某种历史主义的叙述,认为他在《第三等级是什么?》中概括的三个阶段"其实是自然状态、古代直接民主的政治共同体以及现代代议政府的'理想型'区分"。(萧高彦:《西耶斯的制宪权概念——一个政治理论的分析》,第104—105页。)萧先生的观点难以令人信服,因为西耶斯是一位彻头彻尾的反历史主义者。

〔2〕 法国革命爆发后,西耶斯也偶尔使用"人民主权"的概念,但仅限于公开的演说场合,似乎是把它当作既定事实来接受,而没有像罗伯斯庇尔等人那样极为鼓吹。热月政变后,西耶斯开始尖锐批评"主权"的概念。1795年热月9日,他提醒人们不要"把公共权力和披上主权外衣的荒谬观念相混淆。你们要注意,我谈论的正是人民主权,因为假如存在一种主权,那么它只可能是人民主权。在人们的想象中,这个概念之所以显得如此庄严,是因为脑袋里依然充斥王权迷信的法国人认为,必须把曾经让各种僭越主权炫目多彩的浮夸外表和绝对权力的遗产授予它;我们看到,宽容大度的公共精神竟然为没有授予它更多的权限感到愤怒;有人还以某种爱国主义的口吻说道,如果伟大君王的主权是如此强大,如此令人可怖,那么一个伟大人民的主权应当毫不逊色"。(*Opinion de Sieyès sur Plusieurs Articles des Titres IV et V du Projet de Constitution*,prononcée à la Convention le 2 Thermidor de l'An Troisième de la République,in *Oeuvres de Sieyès*, tome 3,40,p. 7.)

〔3〕 Pasquale Pasquino,*Sieyès et l'Invention de la Constitution en France*,p. 93.

主权理论的传人。

然而,我们不能因为保障人权是行使制宪权的预设,不能因为其决断内容的有限性,就遽然断言制宪权的规范性也存在于此。19 世纪的埃德蒙·柏克、德·迈斯特、孔德、马克思、涂尔干,以及 20 世纪的实证主义法学家已经充分揭示了人权的模棱两可性。各个时期、国家或族群对政治权利、社会权利、经济权利、文化权利或宗教自由的认识和诉求也迥然有别。我们又怎能把制宪权的规范性归于模棱两可又变动不居的人权话语呢?[1] 毋庸讳言,制宪权的正当性来源于人权原则,但它的规范性却是存在于别处。

3. 如何制宪?

无论是实证主义法学家抑或卡尔·施米特,都否认制宪权尤其是"原始制宪权"[2]的规范性。德·马尔贝格提醒人们,不要无休止地追问制宪权的最初起源与归属,因为它总是和政变、革命形影不离,而且"在政变和革命引发的政治动荡中,既没有法律原则,也不存在宪法法律:此时的人不是置身于法律的领域,而是在面对武力"[3]。德·马尔贝格认为,唯有在

---

[1] 当代法国著名法学家米歇尔·托洛佩在谈论欧盟宪法和制宪权的关系时,仍在反对对制宪权作出"自然法主义"(jusnaturaliste)的解释,因为在自然权利或先于宪法而存在的人民等问题上,人们很容易产生分歧。["Le Projet de Constitution Européenne et la Question du Pouvoir Constituant", Entretien avec Michel Troper, réalisé par Lucien Jaume, in *Cités* No. 13(2003/1), p. 102.]

[2] 在讨论制宪权时,法国法学家通常将之划分为两种不同的类型。一种是创制宪法的"原始制宪权"(pouvoir constituant originaire),它有"初始制宪权"(pouvoir constituant initial)、"狭义的制宪权"(pouvoir constituant stricto sensu)等多个别称。另一种则是"派生的制宪权"(pouvoir constituant dérivé),也有"制度化的制宪权"(pouvoir constituant institué)、"宪法化的制宪权"(pouvoir constituant constitué)、"修宪权"(pouvoir de revision Constitutionnelle)等不同的说法。(Kémal Gözler, *Le Pouvoir de Révision Constitutionnelle*, pp. 12—13.)

[3] Carré de Malberg, *Contribution à la Théorie Générale de l'État*, tome II, p. 496.

颁布宪法并由宪法指定修宪机构的条件下，讨论制宪权（实际为一种"派生的制宪权"）及其行使的问题才会变得有意义。汉斯·凯尔森同样表示："主权的概念必须从根本上加以抑制。"[1]

施米特尽管主张把"原始制宪权"纳入宪法学的考察范畴，但他只关心宪法是否产生于制宪权的最高决断，至于这个决断本身是否借助了伦理规范和法律程序，则无关宏旨，因为"规范根本不能为任何事情提供理由，政治存在的特殊类型无须、也不能被赋予正当性"[2]。

德·马尔贝格、凯尔森和施米特之所以否认或者漠视"原始制宪权"的规范性，在很大程度上是因为他们对西耶斯的代议制宪论产生了某种误解。在他们看来，西耶斯的代议制宪论乃是一个自相矛盾的伪命题。德·马尔贝格表示，"把代议制扩及制宪权的做法并不符合逻辑"，"政治代议制来源于宪法，所以前者必须以后者的存在为前提；同样，前者也无法制定后者"[3]。德·马尔贝格指出，让代议机关（宪制权）行使原始制宪权，在逻辑上难以自圆其说，"陷入了一种让制宪权的组织及行使取决于宪法的恶性循环"[4]。汉娜·阿伦特说过类似的话语，认为西耶斯陷入了"制宪权与宪制权的恶性循环"[5]。施米特也把矛头指向了西耶斯的代议制宪论，认为其结合"人民制宪权的民主理论"和"以制宪国民议会来代表人民意志的反民主理论"的努力，没有遵守首尾一贯的原则，会导致民主制蜕化为贵族制[6]。施米特据此否定议会制的正当性，并以人民制宪的名义拥抱专制和独裁[7]。意大利

---

〔1〕　转引自卡尔·施米特：《政治的神学》，刘宗坤、吴增定等译，世纪出版集团，2015年，第 37 页。

〔2〕　卡尔·施米特：《宪法学说》，第 98 页。

〔3〕　Carré de Malberg, *Contribution à la Théorie Générale de l'État*, tome Ⅱ, p. 489.

〔4〕　Carré de Malberg, *Contribution à la Théorie Générale de l'État*, tome Ⅱ, p. 494.

〔5〕　Hanna Arendt, *On Revolution*, p. 157.

〔6〕　卡尔·施米特：《宪法学说》，第 90 页。陈端洪也承袭了施米特的论断，认为西耶斯扭曲了卢梭的人民制宪权理论，"制宪权的代表制是反民主的，已经演化为贵族制"。

〔7〕　在魏玛时期，施米特主张总统是宪法纠纷的最高裁断者（卡尔·施米特：《宪法的守护者》，李君韬、苏慧婕译，商务印书馆，2008 年）；在希特勒上台后，他开始拥抱纳粹政权。

激进哲学家安东尼奥·内格利的论断和施米特如出一辙,认为"制宪权和作为绝对权力的民主观念紧密相连",[1]是一种反代议制的无限权力。

根据德·马尔贝格、施米特、阿伦特和内格利等人的理解,代议制和国民制宪权无法兼容,或者代议制只会让制宪权蜕变为某种令人生厌的贵族制。限于学力和篇幅,笔者暂且不论其学说的缺陷,只想指出一点:他们的论述和西耶斯本人的政治学说相去甚远。在西耶斯的体系里,原始制宪权具有不可辩驳的规范性;而且,它的规范维度和代议制密切相关。

德·马尔贝格等人曲解西耶斯的制宪权理论的一个重要原因,就是把代议制仅仅理解为选举政治,有意无意地将之看作直接民主的替代品。事实上,这种观点并不新颖,很多法国革命者就提出了类似的看法。譬如,激进派热罗姆·佩蒂翁(Jérôme Pétion)坦言,直接民主之不可实现性是人们采纳代议制的唯一理由,"为什么各国人民要选举代表?这是因为让人民自己行动几乎总有无法克服的困难;因为要是人民的大会能够以便于行动的和有规则的方式建立的话,代表就毫无用处甚至是危险的了"[2]。甚至,一些温和的王政派也承认代议制是某种"权宜之计",穆尼耶坦言,人数不多而且公民素质和国民财富达到一定水准的国家适合实行直接民主制。[3] 在多数的革命者看来,法国由于人口众多,幅员辽阔,无法实行古希腊的城邦民主,所以只能退而求其次,无奈地选择代议制。对他们而言,代议制在价值上要低于理想的直接民主。与此同时,他们还不无道理地指出,代议制蜕化为贵族制的可能性始终存在,因为无论怎样严加防范,代表违反、背叛和践踏选民意志的情况总是无法彻底避免。所以,自代议制诞生之日起,怀疑、批判与否定的声音便不绝于耳。在很长一段时间内,法国人把普选视为直接民主的化身,希望它能够弥补代议制合法性的不足,填补政治精英和普通公民之间的沟壑。鼓吹全民公投的"波拿巴主义"在法

[1] Negri, *Le Pouvoir Constituant. Essai sur les Alternatives de la Modernité*, p. 15.

[2] 高毅:《法兰西风格:大革命政治文化》,浙江人民出版社,1996 年,74 页。

[3] Mounier, *Considérations sur les Gouvernements, et Principalement sur ce qui Convient à la France*, Versaille, 1789, p. 12.

国的流行也可部分地归咎于此。然而,第三共和国确立普选制的事实并不能彻底根除代议制的固有缺陷,19 世纪 70 年代和 20 世纪 30 年代期间,欧洲政治精英堕落腐化的现象也很严重。这些因素无疑进一步助长了反议会主义在欧洲的滋生与蔓延。法国的乔治·索雷尔(Georges Sorel)、意大利的维弗雷多·帕累托(Vilfreto Pareto)、德国的罗伯特·米歇尔斯(Roberto Michels)以及卡尔·施米特等仇恨议会制的思想家成为人们竞相追捧的对象。

　　西耶斯虽然在某些场合说过直接民主只适合小国寡民的话语,[1]但在他的眼里,代议制绝不是选举制度的同义词,更不是直接民主的廉价替代。对他而言,代议制是现代商业社会必须遵守的劳动分工原则在政治领域的自然延伸。西耶斯强调,“在社会状态中,代议制无所不在。无论在私人领域还是在公共领域,它皆随处可见;它既是制造业和商业之母,亦是自由与政治进步之母。我还要说的是,它本身就是社会生活的本质”[2]。因此,和社会的其他领域一样,政治也必须遵守代议制,因为“由专职人员管理的政府更有效率”[3]。概而言之,代议制是劳动分工原则的代名词,是不可抗拒的现代性的产物。[4]

　　假如结合西耶斯的社会契约论,我们可以更加清楚地看到,代议制并非是纯粹的政治建构,它的存在先于制宪权。前者在第二阶段——即社会状态里已然出现,但后者却是第三阶段的产物,属于政治状态的范畴。在其手稿中,西耶斯旗帜鲜明地指出,在人们创建政府之前,甚至在联合组建

---

[1]　西耶斯:《论特权 第二等级是什么?》,第 63 页。在《宪法序言》中,他也曾说过:“在人数众多的民族里,采用代表制是出于事物的本质。”(Sieyès, *Préliminaire de la Constitution Française. Reconnaissance et Exposition Raisonnée des Droits de l'Homme et du Citoyen*, p. 36.)

[2]　Sieyès, *Opinion de Sieyès, sur Plusieurs Articles des Titres* Ⅳ *et* Ⅴ *du Projet de Constitution*, p. 5.

[3]　*Des Manuscrits de Sieyès 1770 — 1815*, tome Ⅱ, p. 425.

[4]　笔者专门讨论过西耶斯的代议制理论,在此便不再赘述。(吕一民、乐启良:《西耶斯的代议制理论管窥》,《浙江大学学报》,2009 年第 1 期。)

社会之前，代议制原则（劳动分工的代名词）就已经出现。在人们缔结社会契约、创造公共机构的过程中，它始终贯穿其中。

> 代议制可以追溯得更为遥远；在没有社会联合之前，它即已出现在经济、商业等关系中。因此，不要谴责我把它引入政治秩序，因为恰恰在这里，它最能派上用场。[……]唯有把［政治秩序的——笔者注］基础建立在民主之上，建立代议制的大厦，才更符合你们的自由，才更符合你们自由的利益，才能带来更多的好处。那些主张给人民制定宪法的人，根本无法理解我；事实上，给人民或国民建立代表机关的观点，乃是含糊其辞、错误百出的观点。[……]因此，请你们重新回到正确的观念。宪法和公共机构有关，而不是与人民有关；公共机构为他人、为人民而行动；宪法本质上是代议制的。[1]

由此可见，西耶斯的代议制宪论完全合乎逻辑，"制宪权与宪制权的恶性循环"不过是德·马尔贝格和阿伦特的牵强附会。同样，我们也可以借此反驳施米特和内格利，在第三阶段才出现的制宪权又如何能够决定在第二阶段业已出现的代议制的存废？

因此，我们需要在两个层面区分代议制：作为劳动分工原则的代议制和作为选举程序的代议制。[2] 前者在逻辑上先于制宪权而存在，是制宪权必须依托的行使方式；后者属于制宪权的决断范畴，因为代议制健康、有序、和平、合法的运行，离不开制宪权为之设置一套规范的、合理的机制。简言之，制宪权可以对代议的法律程序作出决断，但却不能取缔代议原则

---

[1] *Des Manuscrits de Sieyès 1773—1799*, tome Ⅰ, p. 481.

[2] 西耶斯审慎区分了代议原则和代议意志。由于国民无法亲自管理政府，必然希望建立"一种立法机关、一种权威、一种武装、一个行政部门"。它认为，这些事物本身属于"社会的、普遍的、一致的意志所追求的目标"，属于"基本法"的范畴，因而先于"代议的社会意志的行为"。（*Des Manuscrits de Sieyès 1770—1815*, tome Ⅱ, p. 425.）由此可见，代议原则本身并不能成为制宪权的规制对象，后者能够改变的只是政治代表们制定的法令。面对代议制度的缺陷以及代表们的堕落腐化，恰当的做法是争取制度的改进以及监督机制的完善，而不是否定代议原则本身。

本身,否则就是在开历史的倒车。"波拿巴主义"之所以如此令人嫌恶,恰恰在于两个拿破仑都把议会变成了橡皮章的工具。这不仅践踏了法国人民的自由意志、也颠覆了1789年确立的政治现代性原则。

除了借助选举程序保障政治合法性,遵守劳动分工的基本原理之外,代议制还在公意的形成过程中发挥了不可替代的作用。这是因为:

第一,国民意志并不自在自为地存在,它的形成必须依赖代议制的渠道。《第三等级是什么?》里某些充满诡辩色彩的激进话语,[1]或许会让人得出结论说,西耶斯是卢梭公意学说的信徒。其实不然。由于深知"公意"的虚妄,[2]西耶斯始终坚持代议制是形成国民意志的唯一手段,唯有诉诸代议制,人民"方可形成一个大脑,形成共同意志,完成自我组织"[3]。

第二,代议制可以形成超越个人意志,真正符合国民利益的共同意志。由于个人意志是形成共同意志的要素,所以人们必须实行普遍意义的选举制度,借以咨询和体现个体公民的自由意志。然而,代议制却不是"强制委托",代表们的角色并不局限于充当其选民或选区的"传声筒"。西耶斯认为,强制委托不仅会让贵族代表阻挠政治革命的阴谋得逞,也会导致"法兰西支离破碎,形成不计其数、规模狭小的民主国家"[4]。为了避免革命失败以及法国解体,人民应当赋予代表们以充分的信任。国民议会的关键"不是清点民主的投票,而是要提案、聆听、商议并修改各自的观点,并最终形成共同意志";人们召集议会,是"为了平衡、改变和提炼各自的观点,并

---

〔1〕　譬如,"国民意志则相反,仅凭其实际存在便永远合法,它是一切合法性的本源。"(西耶斯:《论特权　第三等级是什么?》,第60页。)

〔2〕　西耶斯特别强调了自己和卢梭的区别:"公意"只存在于原始社会契约缔结的时刻,或者更准确地说,它只建立在所有成员都可以从社会获益的假说和信念上;但自此以后,"共同意志的所有特征只能存在于多数的同意"。西耶斯提醒人们,千万不要因为"公意"在通常情况下只能是"多数意志"的事实,就遽然断言"社会统治在本质上建立在一种不完整的意志之上"。(Sieyès, *Vues sur les Moyens d'Exécution dont les Représentants de la France Pourront Disposer en* 1789, p. 18.)

〔3〕　*Des Manuscrits de Sieyès 1773—1799*, tome Ⅰ, pp. 462—463.

〔4〕　Sieyès, *Sur la Question du Veto Royale*, p. 10.

在吸收所有人的智慧的基础上,形成一个多数的意见,换言之,为了形成可以制定法律的共同意志"。所以,代议制的核心不只是一种代表选举制,更要让各级代表"理性商议和自由表决"。[1] 由此,我们便能理解西耶斯为什么要反对国王否决权、强制委托和直接民主制,为什么会直言不讳地宣称:"决断权属于,而且只能属于以议会形式呈现的国民。人民或国民只能拥有一种声音,即国民立法机关的声音。"[2]

由是观之,西耶斯的代议制实际上隐含了三层各不相同但又密不可分的内涵:第一,它是保障政治正当性的选举程序;第二,它是劳动分工原理在政治领域的自然延伸;第三,它是形成国民意志的理性渠道。代议制兼具选举、分工和协商的三种功能,三者缺一不可。对他而言,制宪权可以决断代议的程序,但却不能否认其更为重要的两个功能——劳动分工和理性协商。无需赘言,制宪权的行使,必须以代议制为依托。

既然原始制宪权必须依托于代议制,那么把"派生的制宪权"或修宪权授予为此目的召开的特别代表大会,更是理所当然。不过,修宪议会的召开必须遵守一些特殊条件:修宪议会在制宪期间不得拥有任何宪制权,在修宪完毕后应立即解散;修宪期限也应作明确的规定。[3] 1791 年宪法第七部分对修宪程序作了更加严格的规定:在连续三届议会一致同意的情况下,修宪议会方可召开;而且,修宪议会只能对"前三届议会一致希望改革

---

[1] Sieyès, *Sur la Question du Veto Royale*, pp. 17—18. 西耶斯反复强调,代议制的实质是要让"共同体赋予其代理人以更多的信任。共同体选择他们作为代理人,乃是为了让他们集会、协商、妥协并形成公共意志:它需要的并不是一些简单的投票者,而是一批真正的代表"。(Sieyès, *Vues sur les Moyens d'Exécution dont les Représentants de la France Pourront Disposer en 1789*, p. 21.)

[2] Sieyès, *Sur la Question du Veto Royale*, p. 18.

[3] 在《法国宪法序言》中,西耶斯指出"人民总是有权审视和变革宪法",强调每个公民都应当获得一次对宪法表达同意的机会,并认为人均寿命的一半即 33 年是最合理的修宪期限。(Sieyès, *Préliminaire de la Constitution Française. Reconnaissance et Exposition Raisonnée des Droits de l'Homme et du Citoyen*, p. 51.)西耶斯试图把修宪周期定为 33 年这一事实本身足以表明,他在骨子里不可能接受"不断革命论"。

的问题"作出修正;此外,在修宪议会的开幕式上,代表们必须宣誓"全心全意地捍卫国民制宪议会在 1789 年、1790 年、1791 年颁布的王国宪法,忠于国民、法律和国王"。即将闭幕的制宪议会把修宪的创制权和行使权只授予议会的意图很明显,旨在约束不断激进化的革命运动,并限制人民尤其是巴黎普通民众的制宪诉求。

毫无疑问,西耶斯在革命初期提出的制宪权理论已经具备某些无可争议的规范性。法国革命的激进化以及雅各宾派制造的恐怖,让由于刻意远离政治斗争才幸免于难的西耶斯进一步强化了其思想中的反意志论。

在 1795 年热月 9 日演说里,西耶斯批判了法国革命者当中盛行的政治唯意志论,[1]批判了把人民主权原则绝对化的荒谬观念,认为它们的泛滥成灾导致谋求建立"公共国家"(ré-publique)的法国革命却最终建立起"极权国家"(ré-totale)。[2]他表示,唯有创建合理的政治制度,有效地兼顾统一性与权力划分(l'unité avec la division),才能真正地捍卫自然权利和公民自由。他仍然坚持革命初期的立场,认为英美的制衡体系(système de

---

〔1〕 "那些自以为知道自己的需求,只顾表达意志的人和民族是多么的不幸啊! 表达意志(vouloir)是轻而易举的事情。自从地球上出现了人类以来,他们就在表达意志;自从地球创造了政治结合体以来,他们就在表达意志;世界各地的人们都希望政府的统治井然有序,然而实际的情况却是:他们的权利惨遭专制的践踏,受到无政府的肆虐。"(*Opinion de Sieyès sur Plusieurs Articles des Titres* Ⅳ *et* Ⅴ *du Projet de Constitution*,p. 4.)
〔2〕 *Opinion de Sieyès sur Plusieurs Articles des Titres* Ⅳ *et* Ⅴ *du Projet de Constitution*,p. 7.

l'équilibre ou des contre-poids)并不是理想的政治制度,[1]而主张另辟蹊径,建立"协同的体系"(système du concours)。[2] 在西耶斯的"协同体系"里,保民院和政府分别代表人民的两种不同利益诉求,发挥"提案工厂"(atéliers de propostion)的作用,而一院制立法机构关则扮演类似于最高法院的角色,仔细聆听、公正判断,并制定合乎理性、体现人民利益的法律。西耶斯旨在通过保民院、政府和立法机的合理分工,使之履行不同的职能,以克服英美权力制衡机制的内在缺陷,避免代表议会和行政机关陷入"持久的内战"。"协同体系"的好处不言自明,"既能把党派斗争变成简单的舆论争鸣,让社会远离群情激昂、骚动不安的状态,使道德败坏、丧心病狂的人无法从中渔利,又不至于麻痹维持活力、催生启蒙的生命运动"[3]。

在西耶斯的"协同体系"里,"宪法陪审团"(jurie de constitution)也是极为重要的一环。他赋予宪法陪审团以三种重要的功能:(1)维护宪法的稳定,追究违宪责任;(2)抵制危险的激情,提出修宪议案;(3)充当衡平法院,避免法律缺陷或漏洞对自然权利与人权造成伤害。[4] 鉴于王建学已

---

[1] 西耶斯对英国政治制度的批评(《论特权 第三等级是什么?》,第 52—55 页。)美国权力划分的核心就是要让各个权力部门相互制衡,借用麦迪逊的话来说,"野心必须用野心来对抗"。(汉密尔顿、杰伊、麦迪逊:《联邦党人文集》,程在舒译,商务印书馆,2009 年,第 305 页。)热月政变后,公民公会中有不少人主张效仿美国,建立参众两院制。譬如,1795 年宪法报告人布瓦西·丹格拉斯(Boissy d'Anglas)就明确援引麦迪逊的名言,试图证明建立两院制的必要性。丹格拉斯的演说可见:Michel Troper, *Termier la Révolution. La Constitution de* 1795, Paris, Fayard, 2006, pp. 277—305。关于热月党人对美国政治制度的崇拜,则可参见:Marc Lahmer, *La Constitution Américaine dans le Débat Français:1795—1848*, Paris, L'Harmattan, 2001, pp. 135—212.

[2] *Opinion de Sieyès sur Plusieurs Articles des Titres* IV *et* V *du Projet de Constitution*, p. 4.

[3] *Opinion de Sieyès sur Plusieurs Articles des Titres* IV *et* V *du Projet de Constitution*, pp. 18—19.

[4] *Opinion de Sieyès sur les Attributions et l'Organisation du Jury Constitutionnaire*, proposé le 2 Thermidor, prononcé à la Convention Nationale le 18 Thermidor de l'An Troisième de la République, in *Oeuvres de Sieyès*, tome III, 41, p. 3.

经对宪法陪审团的职能作出专门介绍,笔者便不再赘述,只想扼要地谈谈西耶斯的修宪立场。西耶斯提醒人们要警惕全盘否定现行宪法的危险,强调"凤凰涅槃是一种幻想,定期地召开国民公会是一场不折不扣的灾难";但与此同时,他也认为宪法应当向"理性与经验的进步敞开大门",应当吸收"各个时代的智慧结晶"。宪法陪审团的作用就是在捍卫宪法,惩治违宪行为的同时,也要关注社会,体察民情,收集、吸收有关完善宪法的各种观点,并形成合理的修宪草案。初级议会对宪法陪审团的修宪草案进行表决,决定是否启动修宪程序;立法机关对已经获得初级议会通过的修宪议案进行表决或否定,但无权对草案的内容作出修改或增加。[1] 在此,西耶斯又把代议制(或劳动分工原则)引入了修宪行动,让宪法陪审团、初级议会和立法机关分别扮演不同的角色,共同推动宪法的渐进改良。宪法陪审团只有提出修宪议案的权力,而最终的表决权仍然掌握在初级议会和立法机关的手里。从这个意义上说,西耶斯并没有抛弃国民制宪的原则。

不过,西耶斯的宪法方案并没有得到国民公会的批准,哪怕是唯一得到公开讨论的宪法陪审团也几乎遭到了一致否决。对生性高傲的西耶斯而言,这无疑是一个莫大的耻辱。1795 年宪法颁布后,他毫不掩饰自己的厌恶,处心积虑地要代之以自己的方案。1799 年,他选择拿破仑·波拿巴将军,发动雾月政变,推翻了 1795 年宪法及其建立的督政府体制。西耶斯天真地以为,自己的宪法草案将最终得到落实。殊不知,在面对军刀的强权时,哲学的信仰和法律的逻辑毫无招架之力。从字面来看,1799 年宪法和西耶斯的方案[2]相差无几,但拿破仑可以轻而易举地将之玩弄于股掌之间。譬如,"元老院"(Collège des Conservateurs)的角色类似于西耶斯在 1795 年设想的宪法陪审团,但它在拿破仑的称帝过程中却发挥了不光彩的

---

[1] *Opinion de Sieyès sur les Attributions et l'Organisation du Jury Constitutionnaire*, pp. 10－14.

[2] 西耶斯本人并没有详细撰写 1799 年宪法的草案,只是曾经向其信徒德·拉穆特作出口述。(Boulay de Meurthe, *Théories Constitutionelles de Sieyès. Constitution de l'An Ⅷ*, Paris, Imprimé chez Paul Renouard, 1836.)

作用。历史的吊诡就在于,开启革命的人终结了革命,提出国民制宪原则的人却亲手建立了专制。[1]

在对"谁来制宪"、"为何制宪"和"如何制宪"分别作出分析之后,我们可以清楚地知道西耶斯的制宪权理论实际上具备三种迥然不同,但又密切相连的维度。首先,制宪权绝对归属于国民的原则必然要和建立在王权、特权、神权之上的旧制度产生冲突,并由此呈现出决断主义的色彩。其次,因为制宪权必须以对人权的尊重与捍卫为前提,所以它的制宪内容具有相对性和有限性。最后,由于制宪权的行使必须依托代议制,离不开选举程序的正当、劳动分工的必要和政治协商的理性,所以它又拥有不可辩驳的规范性。

然而,令人遗憾的是,"政治宪法学"和"规范宪法学"的代表人物却只片面地、盲目地强调西耶斯制宪权理论的某一个维度,而有意无意地掩盖甚至抹杀它的另外两个特征。

譬如,卡尔·施米特大张旗鼓地强调制宪权的人民归属,不遗余力地鼓吹人民决断,将之界定为"一种从无到有的绝对决断",却全然不顾决断的内容是否正当,决断的程序是否合法。鼓吹人民无限决断的人在政治上的选择似乎只可能有两种:一是民粹主义的专制(如波拿巴主义或纳粹主义),二是激进的民主主义(如托洛茨基的不断革命论和内格利的多数民主理论)。

实证主义法学家则走向了另一个极端,把制宪权的归属问题束之高阁,将之简化为某种选举制或代表制,竭力把人民的主权意志驱逐出法律的领域。他们试图隐藏国民制宪权,逐渐淡化代议制的正当性来源,不断强化精英主义和理性协商,在规范主义的道路上渐行渐远。魏玛共和国和法兰西第三共和国在面对纳粹主义时的不堪一击,恰恰说明僵化的法律规范主义是如何不得人心。

---

[1] 对于西耶斯发动雾月政变的行为,贡斯当不无遗憾地表示:"和西耶斯的宪法相比,共和国三年宪法并不完美。[……]然而,在经历如此多的动荡后,我认为应当纠正缺陷,而不是彻底摧毁法国已经避难其中的大厦。我在保民院的朋友道努说过,只要人们服从,最好的宪法就是现行宪法。"(Benjamin Constant, "Souvnirs Historiques", in *Revue de Paris*, tome XVI, 1830, p. 111.)

第五章　制宪权

　　总而言之,西耶斯的制宪权理论同时具备决断性、有限性、规范性三种维度。确保制宪权绝对地归属于人民,确保人权得到充分的尊重和保障,确保制宪权的行使必须依托于代议机构[1],是人们可以合理、合法、和平地行使制宪权的三个前提条件,并且缺一不可。这是我们从法国大革命以及二战历史中得出的一个沉痛教训。

---

[1]　即便当代西欧国家引入了全民公投的程序,它们也需要议会对公投的议题、方式、时间等问题作出审慎、明智而周全的讨论、准备与安排。

第六章　主权

在西方政治思想史上,把法国大革命的重要领导人伊曼纽埃尔·西耶斯神甫视为卢梭的信徒,认为前者继承了后者的人民主权学说的观点不绝如缕。无论是发明政治决断论的卡尔·施米特[1],抑或矢志于批判极权主义的汉娜·阿伦特、雅各布·塔尔蒙、弗朗索瓦·孚雷等人,都有意无意地把西耶斯塑造为卢梭的传人,并认为他需要为法国大革命的恐怖统治负责[2]。

20世纪80年代以来,柯莱特·克拉韦雷尔、穆雷·福尔谢斯、帕斯奎尔

---

[1] 卡尔·施米特在论述主权的决断属性时,把卢梭和西耶斯相提并论。(Carl Schmitt, *Political Theology: Four Chapters on the Concept of Sovereignty*, University of Chicago Press, 2005, p. 48.)

[2] 汉娜·阿伦特指出,由于受到法国绝对君主制的影响,卢梭和西耶斯赋予人民或国民以绝对的权力。她对西耶斯进行了毫不留情的批评:"除了把国民主权置于最高国王留下的空位外,西耶斯还干过别的事情吗?"(Hannah Arendt, *On Revolution*, p. 147.)雅各布·塔尔蒙指出,卢梭、西耶斯和罗伯斯庇尔皆是"极权主义民主"理论的奠基人。(雅各布·塔尔蒙:《极权主义民主的起源》,孙传利译,吉林人民出版社,2004年。)弗朗索瓦·孚雷认为西耶斯发明了"潜在的、不可抗拒的雅各宾主义"。(François Furet, *Penser la Révolution Française*, p. 305.)

·帕斯基诺、伊夫-皮埃尔·季维热、埃尔文·佐梅雷尔等人的研究,[1]则为我们呈现了另一个迥然不同的西耶斯的形象。他们认为西耶斯是不折不扣的自由主义者,但在理解西耶斯的主权理论时提出了不同的解释。帕斯基诺表示,尽管西耶斯没有提出过"国民主权"(souveraineté nationale)的表述,但他倡导某种有限的主权理论。[2] 克拉韦雷尔的立场有些自相矛盾,一方面认为西耶斯在卢梭的影响下,赋予国民以绝对的属性,认为国民意志"既无须遵守任何规章,也不必接受任何约束"[3];另一方面又坚持他否认主权的概念。季维热则指出,西耶斯反对一切形式的主权学说。[4]

由于施米特、阿伦特以及反极权主义著述的广泛影响[5],研究西耶斯的中国学者主要把西耶斯看作是卢梭衣钵的继承人[6]。在西耶斯之公开

---

〔1〕　Colette Clavreul,*L'Influence de la Théorie d'Emmanuel Sieyès sur les Origines de la Représentation en Droit Public*,Thèse pour le Doctorat d'Etat en Droit,Université de Paris I,1982;Murray Forsyth, *Reason and Revolution. The Political Thought of the Abbé Sieyes*, New York, Leicester University Press, 1987; Pasquale Pasquino,*Sieyès et l'Invention de la Constitution en France*,Paris, Editions Odile Jacob, 1998; Pierre-Yves Quiviger, *Le Principe d'Immanence. Métaphysique et Droit Administratif chez Sièyes. Avec des Textes Inédits de Sièyes*, Paris:Honoré Champion, 2008; Erwan Sommerer,Sieyès. *Le Révolutionnaire et le Conservateur*, Paris, Michalon Editions, 2011.

〔2〕　Pasquale Pasquino,*Sieyès et l'Invention de la Constitution en France*,p. 69.

〔3〕　Colette Clavreul,*L'Influence de la Théorie d'Emmanuel Sieyès sur les Origines de la Représentation en Droit Public*,pp. 114　115 et p.133.

〔4〕　Pierre-Yves Quiviger, *Le Principe d'Immanence. Métaphysique et Droit Administratif chez Sièyes*,p. 293.

〔5〕　卡尔·施米特:《宪法学说》,刘锋译,世纪出版集团,2005 年,第 84－97 页;汉娜·阿伦特:《论革命》,陈周旺译,上海译林出版社,2011 年;雅各布·塔尔蒙:《极权主义民主的起源》,孙传钊译,吉林人民出版社,2004 年;等等。

〔6〕　陈端洪:《制宪权与根本法》,中国法制出版社,2010 年,第 111－182 页;萧高彦:《西耶斯的制宪权概念——一个政治理论的分析》,载《公法学与政治理论:吴庚大法官荣退论文集》,元照出版社,2004 年,第 79－114 页。

著述及新近整理出版的手稿[1]的基础上，本章将着重阐述西耶斯对卢梭的隐匿批判，指明西耶斯既非绝对主权的拥护者，也不是人民主权的敌人，而是倡导有限的人民主权理论。

1. 共和国与极权国家

在卢梭和西耶斯的关系问题上，卡尔·施米特和反极权主义者犯下了一个严重的错误，即认为西耶斯继承并发展了卢梭的人民主权无限论。

施米特把西耶斯奉为政治宪法学的奠基人，认为后者发明的制宪权和卢梭的人民主权相同，是"一种从无到有的绝对论断"[2]。反极权主义的学者虽然拒斥施米特的政治决断论，但却继承了其刻画的西耶斯形象。汉娜·阿伦特把卢梭的人民主权学说和西耶斯的国民制宪理论相提并论，并对西耶斯进行了毫不留情的批评："除了把国民主权置于最高国王留下的空位外，西耶斯还干过别的事情吗？"[3]雅各布·塔尔蒙的观点更为极端，把卢梭、西耶斯和罗伯斯庇尔等量齐观，把他们视为"极权主义民主"的发明人。[4]

在法国，著名历史学家弗朗索瓦·孚雷及其追随者是极权主义批判的重要推手。在《思考法国大革命》当中，尽管孚雷把西耶斯誉为"最具体系化"的代议制理论家，[5]但这并不妨碍他将之视为"潜在的、不可抗拒的雅各宾主义"的重要发明人。[6] 如果说孚雷在西耶斯和卢梭之间建立的联

---

[1] *Des Manuscrits de Sieyès 1773—1799*, tome I, *Des Manuscrits de Sieyès 1770—1815*, tome II, sous la direction de Christine Fauré), Paris: Honoré Champion, 1999 et 2007.

[2] Carl Schmitt, *Political Theology: Four Chapters on the Concept of Sovereignty*, p. 66.

[3] Hannah Arendt, *On Revolution*, p. 147.

[4] 雅各布·塔尔蒙：《极权主义民主的起源》，第 77—87 页。

[5] François Furet, *Penser la Révolution Française*, p. 309 et p. 311.

[6] François Furet, *Penser la Révolution Française*, p. 305.

系尚属隐约其词,那么他的追随者则更为直白地强调了两者的直接关联。马塞尔·戈歇承认西耶斯试图摆脱卢梭的束缚,捍卫代议制的正当性,但认为此举只不过是在完善公意的表达。[1] 基斯·贝克一方面指出西耶斯的代议制理论实现了对卢梭公意学说的颠覆,但另一方面却又不忘补充,"西耶斯把统一主权的律令嫁接到绝对主义的传统逻辑上"[2]。皮埃尔·罗桑瓦隆也表示,"西耶斯在 1795 年尽管承认 1789 年融合卢梭的主权思想和自由主义—个人主义观念的方案存在问题,但并没有真正地提出过质疑。他满足于用浮夸的言辞掩盖其在思想层面无法予以解决的矛盾"[3]。

西耶斯是否真的如上述人等所言,和卢梭一样深受法国绝对君主制的影响,而拥抱无限的人民主权理论? 答案是否定的。西耶斯否认人民主权无限论的立场,在 1795 年热月 9 日演说里尽显无疑:

> 无限权力会变成什么呢? 无限权力是一个政治魔鬼,是法国人民曾经犯下的重大错误。法国人民将不会重蹈覆辙。然而,你们还应当告诉它一个我们尚未引起足够重视的真理,那就是并非如其阿谀奉承者所宣称,它拥有无限的权力与权利。当人们创建政治结合体时,断然不会把每个个体在进入社会之前拥有的全部权利以及所有个体拥有的全部力量都予以公有化。
>
> 人们只会把尽可能少的东西,只会把对保障每个人享受权利、履行义务所不可或缺的部分,置于公共权力或政治权力的名下。我们应当避免把这部分的力量和称为主权的荒谬观念相混淆。请你们注意,我所谈论的正是人民主权,因为假如存在某种主权的话,那么它一定

---

〔1〕　Marcel Gauchet, *La Révolution des Pouvoirs*, Paris, Gallimard, 1995, p. 62.

〔2〕　Keith Michael Baker, *Inventing the French Revolution. Essays on French Political Culture in the Eighteenth Century*, Cambridge & New York, Cambridge University Press, p. 251.

〔3〕　Pierre Rosanvallon, *La Démocratie Inachevée. Histoire de la Souveraineté du Peuple en France*, Paris, Gallimard, 2000, p. 91.

是人民主权。在人们的想象当中，人民主权的字眼之所以显得如此庄严神圣，乃是因为法国人的脑海里依然充斥着王权的迷信，因为他们认为必须把曾经让僭主们的主权变得光彩夺目的浮夸属性和绝对权力，也赋予人民；我们甚至看到，公共精神还为没有赋予人民更多而感到愤怒；有人还打着爱国主义的旗号，振振有词地念叨，既然国王的主权尚且如此强大恐怖，那么一个伟大人民的主权更应当有过之而无不及。

我本人则要强调，随着人们的启蒙，随着人们远离他们只是在表达意志，却以为理解自己之真正所需的时代，主权的概念会回归合适的限度。我要再次重申，人民主权并非没有限度，许多备受歌颂和礼赞的学说，包括人们认为对之负有重大义务的学说，皆不过是一些修道院式的观念，不过是一些极权国家（ré-totale）而非共和国（république）的糟糕方案。它们同样会危害自由，破坏公共事务和私人事务。[1]

我们之所以长篇累牍地引用上述的段落，主要是因为它再清楚不过地表明，西耶斯和施米特、阿伦特、塔尔蒙、孚雷等人所塑造的绝对主权理论家的形象风马牛不相及。毋庸讳言，绝对君主制的逻辑确实对法国大革命产生了不可忽视的消极影响，也导致很多革命者尤其是雅各宾派主张人民拥有和昔日君主同样绝对的权力，甚至要求"有过之而无不及"。然而，法国革命者并非一个同质的群体，并不都毫无保留地接受了绝对君主制的逻辑，奉卢梭的人民主权学说为圭臬。

在主权的问题上，罗伯斯庇尔和西耶斯坚持大相径庭甚至针锋相对的

---

[1] *Opinion de Sieyès sur Plusieurs Articles des Titres* Ⅳ *et* Ⅴ *du Projet de Constitution*, pp. 6—7.

观点。罗伯斯庇尔经常以人民的代言人自居，[1]把人民誉为美德的化身，把代议机关和政府视为恶习与专制的渊薮。[2] 对他而言，防范政府专制的有效手段是拥有全权的人民，而不是诉诸"自由的幻影"——权力制衡的原则。[3] 相反，西耶斯在1795年热月9日演说里把矛头直指罗伯斯庇尔，竭力抵制其鼓吹的人民主权无限论，认为它是"修道院式的观念"，最终会导致建立"极权国家"，而非"共和国"。从理论的角度来看，西耶斯对待人民主权的态度和罗伯斯庇尔推崇的卢梭也存在很大的区别，后者宣称"社会契约赋予了政治体以支配它的成员的绝对权力"。[4] 和卢梭、罗伯斯庇尔不同，西耶斯认为自由的保障并不是拥有全权的人民，而是存在于确立权力分立原则的宪法之中。[5]

　　1795年的西耶斯具有鲜明的自由主义色彩，把个人自由的保障而非政治权力的行使视作首要的目标。他反复重申，一切政治机构的创设"皆是为了实现人民的最大福祉，追求个人自由的最大化"[6]。不难看出，西耶斯和罗伯斯庇尔信奉截然不同的主权理论，前者更应被视为共和国的拥护

---

[1] 罗伯斯庇尔在抨击布里索（Brissot）时说："你们要知道，我不是人民的捍卫者，[……]而是人民。"1792年在受到吉伦特派批评时，他写道："在登上讲台反驳针对我的指控时，我不是在捍卫自己，而是在捍卫公共事业。"（Patrice Gueniffrey，"Roberspierre"，in *Dictionnaire Critique de la Révolution Française*，p. 320.）

[2] 罗伯斯庇尔表示："人民是有美德的，而它的代表们则是蜕化变节的；正是需要从人民的美德和主权中寻求对付政府的恶习和专制的侵害的保护手段。"（罗伯斯庇尔：《革命法制和审判》，赵涵舆译，商务印书馆，1986年，第144—145页。）

[3] 罗伯斯庇尔认为，权力制衡的原则对自由毫无裨益，"只要稍加思索，就不难察觉，这种均衡只可能是幻想或灾难，它会使政府毫无作用，甚至不可避免地会使相互竞争的各种权力联合起来反对人民。因为十分明显，这些权力宁肯自己互相冲突，也不愿呼吁主权者来解决它们的问题"。他对实行权力制衡原则的英国大加挞伐："在这里，社会美德只是可耻的滑稽行为，自由的幻影消灭自由本身，法律把专制主义固定下来，人民权利是公然买卖的对象，甚至羞耻心也抑制不住贪污行为。"（罗伯斯庇尔：《革命法制和审判》，第145页。）

[4] 卢梭：《社会契约论》，第24、41页。

[5] *Des Manuscrits de Sieyès 1773－1799*，tome I，p. 493.

[6] *Opinion de Sieyès sur Plusieurs Articles des Titres* Ⅳ *et* Ⅴ *du Projet de Constitution*，p. 18.

者,而不是极权国家的鼓吹者。

事实上,不受反极权主义思维支配的研究者也都指明了西耶斯思想中的自由主义底色。第三共和国的许多法学家区分了卢梭的人民主权和西耶斯的国民主权,对前者大肆抨击,而对后者赞誉有加。

莫里斯·奥里乌(Maurice Hauriou)对国民主权和人民主权的区分提出了系统的表述:"国民是一种团体的、有组织的观念,隐含着秩序的原则。人民或群氓(démos)则是一种反团体的、无组织的观念,它是一个集体,但各个等级、各个阶层混淆在一起,不存在任何的秩序。[……]国民主权是有组织的,并因此也是代议制的,因为各个机构(organes)都掌握在选举产生的代表们的手中,因为国民主权的主要外貌和代表们的选举及其组建的协商会议的运转相连;所以,国民主权会走向代议制政府。相反,人民主权在本能上和代议制政府相冲突,会导致人民集会的直接政府。"[1]

雷蒙·卡雷·德·马尔贝格也指出,西耶斯和无限的人民主权理论毫无干系。德·马尔贝格仔细区分了人民主权和国民主权。[2] 卢梭及其追随者(如罗伯斯庇尔)支持人民主权理论,他们主张:一方面,每个人都可平等地分享主权,另一方面,人民拥有全权,能够支配所有成员的生命、财产和自由。相反,法国革命者确立的国民主权原则[3]只拥有"纯粹否定的意义":任何个体、团体、阶级抑或政党都无法宣称自己是主权者,主权只属于整体的、抽象的以及不可分割的国民;由此,国民主权抛弃了君权神授的绝对属性,"不具有任何攻击性,和人民主权理论没有相似之处"。德·马尔贝格认为,制宪议会(西耶斯是其灵魂人物)发明了国民主权,只是随着革命的激进化,后者才获得了一种来自于《社会契约论》的内涵,转化成了人

---

[1] Maurice Hauriou, *Principes de Droit Public*, Paris, Recueil Sirey, 1916, p. 630.

[2] Raymond Carré de Malberg, *Contribution à la Théorie Générale de l'État*, tome II, Paris, Sirey, 1922, pp. 149–197.

[3] 1789 年《人权与公民权宣言》第 3 条确立了国民主权的原则,它规定:"整个主权的本原,主要是寄托于国民。任何团体、任何个人都不能行使它没有明确授予的权威。"

民主权;但从共和三年以后,法国又重新恢复了国民主权。[1]

保尔·巴斯蒂和德·马尔贝格一样也强调,人们不能把卢梭的公意学说和西耶斯的政治理论混为一谈:"两种体系的特征并不相同。卢梭鼓吹集体的绝对主义,因为他把使人们团结的共同要素视为最高的要素。[……]对西耶斯而言,共同的要素只是一种重要的、局部的要素;它并不必然是最优秀的、最高级的。在它之外,还存在一块自由的领地,个人能够自由地支配其个别的财富。"[2]巴斯蒂表示,西耶斯尽管把人民和国民相提并论,"但已经提出了后人构建的人民主权和国民主权的对立,并且选择了后者"。巴斯蒂明确把西耶斯置于自由派的阵营,"因为几乎所有的国民主权理论家们都是自由派,他们绝不会让个人为国家以及国家的代表们牺牲"。[3]

奥里乌、德·马尔贝格和巴斯蒂等人的论断颇为中肯地指出,制宪议会以及西耶斯信奉的国民主权是一种有限的主权理论,但他们为消除人民主权的潜在危险而刻意将之和国民主权相区分的做法却值得商榷。[4] 首先,西耶斯本人从未使用过国民主权的表述,反而在其演说中曾经两次不

---

〔1〕　Raymond Carré de Malberg,*Contribution à la Théorie Générale de l'État*,tome II, pp. 175—177.

〔2〕　Paul Bastid, *Sieyès et Sa Pensée*,Paris,Hachette,1970,pp. 381—382.

〔3〕　Paul Bastid, *Sieyès et Sa Pensée*,p. 573 et p. 572.

〔4〕　对国民和人民作出区分,并不先于第三共和国的法学家。事实上,此种观念在20世纪二三十年代的西欧颇为流行。莱茵河对岸的卡尔·施米特对国民和人民的界定也并无多大的区别:"民族和人民经常被当作同义的概念来对待,不过'民族'(nation)一词更为精确,更不容易引起误解,因为这个词将人民描述成拥有政治行动能力的统一体,它意识到自己的政治存在,具有政治存在的意志。另一方面,当人民并非作为民族而存在时,它就只是一个在种族或文化上息息相关的联合人群,而不一定是一个政治地存在着的联合人群。人民制宪权学说预设了有意识的政治存在意志,因而就预设了一个民族。"不过,施米特的立场并非一以贯之,在下一页里,他又将两者等同起来,说:"人民,即民族始终是一切政治事件的根源,是一切力量的源泉。"(卡尔·施米特:《宪法学说》,第88—89页。)

带贬义地提及人民主权的概念。[1] 其次,在西耶斯的笔下,人民和国民是两个可以互相替换的同义词。譬如,他在其人权宣言草案中明确指出,"人民即国民"[2]。最后,吉约姆·巴科、帕斯基诺、马克·拉梅尔等学者亦纷纷证明,对法国革命者而言,人民主权和国民主权无甚区别。[3]

20世纪80年代以来,摆脱反极权主义之影响的学者们重新把西耶斯归于自由派的阵营。福尔谢斯表示,西耶斯倡导某种"理性的自由主义"(rational liberalism)[4];让-德尼·布雷丹坚持西耶斯是一位"自由主义思想家"[5];帕斯基诺指出,在西耶斯的政治思想中,"主权和政府权力的行

---

[1] 仅就笔者所见,西耶斯在公开场合曾经两次提及人民主权的概念。共和二年雾月20日,西耶斯在向国民公会提交的一份教育草案中提及了"人民主权节"。(Sieyès, *Du Nouvel Établissement Public de l'Instruction en France*, in *Oeuvres de Sieyès*, tome Ⅲ, 33, p. 100.)共和三年芽月1日,西耶斯以救国委员会的名义,抨击保王党,将之斥为"公共秩序、自由、平等、共和国和人民主权的敌人"。(Sieyès, *Rapport fait à La Convention Nationale*, le premier germinal, l'An Ⅲ de la République, au nom des Comités de Salut Public, de Sureté Générale et de Législation, in *Oeuvres de Sieyès*, tome Ⅲ, 38, pp. 7—8.)

[2] Sieyès, *Préliminaire de la Constitution Française. Des Droits de l'Homme et du Citoyen*, p. 39.

[3] 吉约姆·巴科认为:"卡雷·德·马尔贝格错误地认为,人民主权和国民主权的区别形成于法国革命期间。他只是体现了他自己在撰写《国家总论》之际,我们公法中已经存在的某种法律传统的影响。"[吉约姆·巴科:《卡雷·德·马尔贝格和人民主权与国民主权之区分的起源》(Guillaume Bacot, *Carré de Malberg et l'Origine de la Distinction entre Souveraineté du Peuple et Souveraineté Nationale*, Paris, Éditions du Centre Nationale de la Recherche Scientifique, 1985, p. 175.)帕斯基诺表示:"对国民主权和人民主权之区别的概括,根本难以成立。"(帕斯基诺:《西耶斯和法国宪法的发明》,第212页,注释1.)马克·拉梅尔也坚持相同的论断。(Marc Lahmer, *La Constitution Américaine dans le Débat Français: 1795—1848*, Paris, L'Harmattan, 2001, p. 387, note.)

[4] Murray Forsyth, *Reason and Revolution. The Political Thought of the Abbé Sieyes*, p. 5.

[5] Jean-Denis Bredin, *Sieyès: La Clé de la Révolution Française*, Paris, Éditions de Fallois, 1988, p. 531.

使并不重合,它和某种无限的权力没有任何的关联"[1]。然而,也有人走向了另一个极端,坚持西耶斯反对一切形式的主权观念,包括人民主权。譬如,克拉韦雷尔指出,"西耶斯认为主权是一个虚假和危险的概念";季维热不无争议地指出,西耶斯"在本质上是一个反主权的理论家","在他的眼里,主权和某种极权的逻辑密不可分"。[2]

诚然,西耶斯在热月9日演说里猛烈抨击无限的人民主权论,但我们不能拘泥于他的某些片言只语,并据此像克拉韦雷尔和季维热那样把他视为人民主权的反对者。实际上,在主权归属人民的问题上,西耶斯不持有任何异议。他批判的只是人民主权的无限论,而不是人民主权原则本身。在标题为"主权的限度"的手稿中,西耶斯旗帜鲜明地表明了其坚持有限人民主权的立场:

> 只要人们谈论没有限制的人民主权,就会犯下错误。这是因为:它绝不可能是针对结合者的全权,我们已经说过,主权得恪守政治权力的限度。[3]

在某种意义上,我们可以把西耶斯矢志不渝捍卫的国民制宪权学说理解为有限的人民主权论。一方面,他宣称制宪权只能归属于国民,唯有国民才能解决宪法的危机;另一方面,他又强调国民制宪的内容并非没有限度,因为"宪法构造的并不是国民,而是它的政治机构"[4]。

本雅曼·贡斯当(Benjamin Constant)明确宣称:"我们应当把一切政治组织最需要承认的原则——主权的有限性,归功于西耶斯。在曾经滥用

---

〔1〕　Pasquale Pasquino, *Sieyès et l'Invention de la Constitution en France*, p. 69.

〔2〕　Pierre-Yves Quiviger, *Le Principe d'Immanence. Métaphysique et Droit Administratif chez Sièyes*, p. 293.

〔3〕　*Des Manuscrits de Sieyès 1773－1799*, tome I, p. 493.

〔4〕　Sieyès, *Préliminaire de la Constitution Française. Reconnaissance et Exposition Raisonnée des Droits de l'Homme et du Citoyen*, p. 34.

无限主权的国民公会上,他勇敢地提出了它。"[1]贡斯当和西耶斯过从甚密,并深受后者的影响。[2] 因此,没有什么能比他的论断更具说服力了。贡斯当对人民主权作出的界定和西耶斯几乎如出一辙:

> 全体公民享有主权的含义是,除非得到授权,没有任何个人、任何派别、任何有偏向的联合体能够僭取主权。但是,也不能由此就认为,全体公民,或者那些被他们授予主权的人,对个人的存在能够全权处置。相反,人类生活的一部分内容必然仍是属于个人的和独立的,它有权置身于任何社会权能的控制之外。主权只是一个有限的和相对的存在。在个人的独立与存在开始的地方,便是主权管辖的终点。社会跨过这一界限,它就会像手握屠刀的暴君一样有罪。[3]

尽管西耶斯对人民主权的论述并不完整,甚至有些模棱两可,但他为近代法国自由主义信奉的有限主权理论奠定了坚实的基础,却是不容置疑的事实。

2. 对卢梭的隐匿批判

由于卢梭在法国大革命期间拥有崇高的地位,不仅雅各宾派宣称是卢梭的虔诚信徒,许多温和派与保守派也反复援引《社会契约论》。[4] 所以,西耶斯在和政敌进行议会辩论时,总是竭力避免提及卢梭的名字。譬如,

---

[1] Benjamin Constant,"Souvenirs Historiques", in *Revue de Paris*,1830,tome XI, p. 121.

[2] 关于西耶斯对贡斯当的影响,阿兰·拉吉兹作过令人印象深刻的分析。参见:Alain Laquièze,"La Réception des Sieyès par la Doctrine Publiciste Française du XIXème et du XXème Siècle", in *Historia Constitucional*,No. 6(septembre 2005), pp. 234－248.

[3] 本雅曼·贡斯当:《古代人的自由和现代人的自由》,阎克文、刘满贵译,世纪出版集团 2005 年版,第 58 页。译文参照法文版略有改动。

[4] Marisa Linton,*Choosing Terror:Virtue,Friendship and Authenticity in the French Revolution*,London,2005,p. 39.

在 1789 年 9 月 7 日驳斥强制委托理论和 1795 年热月 9 日抨击人民主权无限论的两篇演说中,他均采取了"隐匿"批判的方式,尽量隐藏其内心对卢梭的不满。

西耶斯手稿的重见天日和整理出版,则让我们可以进入他不愿将之公诸于世的内心世界,窥探其真实的想法。在理解西耶斯和卢梭的关系问题上,他的手稿具有无可比拟的价值。

西耶斯在手稿中多次点名道姓,把卢梭作为猛烈抨击的对象。由于西耶斯从未考虑过把自己的手稿付梓出版,所以他的写作风格颇为随意,言辞也更加辛辣大胆。由于内容较为凌乱分散,我们把西耶斯对卢梭的批评做一简单的概括。具体而言,西耶斯自认为在以下三个方面和卢梭的立场不可调和。

首先,西耶斯强调个人自由的神圣性。

西耶斯在"反对极权国家(1792 年)"的片段当中指出,现代人缔结社会契约的根本目标是捍卫个人的权利与自由,所以他们断然不会走向其追求目标的反面,"把所有的意志、行动、财产与力量公有化"。他们绝不可能如卢梭所说把古代斯巴达视为理想的社会,而是会允许每个人照顾自己的事务,按照自己的意愿追求幸福。[1] 在"社会秩序的基础"当中,西耶斯也老调重弹:"我们不应当认为,政治结合者愿意把其全部的事物、人身和财产公有化。他们并不想创建一个所有人都让渡全部权利,而不分彼此的修道院。"因为"他们并不愿创建极权国家,而只想建立共和国"。[2] 一眼便知,西耶斯是在驳斥卢梭在《社会契约论》里阐明的观点,即"每个人都以其自身及其全部的力量共同置于公意的最高指导之下"[3]。

西耶斯在标题为"社会利益"的片段当中,仔细区分了很多革命者经常混淆的各种利益观念:"公共利益(intérêt public)和公共机构相关。社会利益(intérêt social)涵盖了社会当中存在的各种利益,毋宁说,它是每个公民

---

[1]　*Des Manuscrits de Sieyès 1773—1799*,tome Ⅰ,p. 455.

[2]　*Des Manuscrits de Sieyès 1773—1799*,tome Ⅰ,pp. 510—511.

[3]　卢梭:《社会契约论》,第 24 页。

在结合体当中所拥有的利益的总和。普遍利益(intérêt général)和个体的或阶级的私人利益相对。共同体利益(intérêt de la communauté)被让-雅克的信徒们曲解为普遍、普世(universal)和整体的利益,但我认为这个概念只包括每个结合者根据法律的规定,将之公有化,或者应当将之公有化的那部分权力、手段与行为。"[1]西耶斯的态度很明确,公共利益、普遍利益和共同体利益都是可以相互替换的同义词,它们和社会利益之间存在本质的区别。从涵盖的范围来看,前者只涉及和公共机构相关的部分利益,但后者却是所有个人利益的总和;就两者的关系而言,前者的存在要以服务于后者为前提。他认为,卢梭及其信徒的错误恰恰在于把公共利益无限放大,使之吞噬了社会利益。

其次,西耶斯坚持政治权力的有限性。

国家权力拥有限度,这不仅由于每个个体不会毫无保留地让渡所有,也因为它不是无所不包的全能机构。除了维护公共秩序,担负最低限度的教育、慈善、救济和公共工程等职能外,西耶斯反对赋予国家过多的权限,尤其要防止它介入、干预和组织社会生活:

> 请你们不要把普通劳动视为公共事物的组成部分,不要将之视为一种公共职能,予以分配、命令、指导和奖赏。请你们不要为农民、车工、木匠、铁匠、泥瓦匠、裁缝和马夫等建立行会。如此创建的社会组织非但不能够保护和完善个人自由,反而会牺牲社会的目标,创建荒谬的修道院。请你们让个人按照自己的欲望、趣味、勤勉和才能生存吧!

对于许多革命者利用国家权力,实现"民族再生"的激进做法,西耶斯更是无法苟同。他提醒革命者不要自以为是,并奉劝他们放弃再造新人的狂妄抱负:

> 你们要知道,为人们立法,并不是要升华他们,使之具有极端、高

---

〔1〕 *Des Manuscrits de Sieyès 1773—1799*,tome Ⅰ,p.466.

贵和超自然的品格。不要把他们塑造成为斯巴达人、克里特人或嘉布遣会的修士。人们不是无足轻重的石块,任由天才的建筑师选择,以建造美轮美奂的宫殿;假如派不上用场的话,则被丢弃在工地,或者四处抛撒。人们不仅是有生命的身体,而且是自由的存在。这意味着他们不需要你们的帮助,他们知道并且也愿意按照自己的方式照顾自己。每个人都是其自身的整体,没有人希望抛弃自己的所有,充当你们庞大社会建筑的材料。[……]为什么所有方案的制定者都会有意无意地把人们修道院化呢?这是因为他们沾染了体系癖的缘故,因为他们无意于组织,却在追求整齐划一,因为他们把个人视为建造大厦的要素,却对其自由置若罔闻。[1]

西耶斯对卢梭推崇的古代共和国提出了尖锐的批评,批评它们"把公共事物奉为抽象存在、迷信和偶像,却把唯一现实的幸福即个人的幸福当作祭品"。古代斯巴达的立法者莱库古是卢梭顶礼膜拜的对象,但在西耶斯的眼里却是吞噬个人自由的罪人:"你们追问一下莱库古,问问他的建议是什么。[……]对他而言,人只是其大厦的石块;但在我看来,这石块本身就是整体,就是整体的目标,而整座大厦都应服务于它。"[2]

最后,西耶斯反驳公意不可代表的学说。

纵观西耶斯的革命生涯,他对代议制的捍卫最为坚定和持久。为此,西耶斯把矛头直接指向卢梭:"让-雅克说过:意志不能被代表。为什么不能代表?[……]代议制绝不会损害自由,反而会促进自由。"[3]

为了反驳卢梭认为代议制必然导致自由消亡的论断,西耶斯指出了"亲自做"(faire)、"派人做"(faire faire)和"任人做"(laisser faire)存在的本质差别:

> 通常而言,自由与其说是亲自做,倒不如说是派人做。某些人认

---

〔1〕　*Des Manuscrits de Sieyès 1773—1799*,tome Ⅰ,p. 470.

〔2〕　*Des Manuscrits de Sieyès 1773—1799*,tome Ⅰ,p. 471.

〔3〕　*Des Manuscrits de Sieyès 1773—1799*,tome Ⅰ,p. 510.

为,政治自由越少,人们拥有的公民自由越多。他们把政治自由理解为持续地行使政治权利,理解为不间断地担负公共事务。事实并非如此。自由的真谛始终是用最少的成本,获得最多的产品;因此,自由的关键在于派人做,并由此付出更少,享受更多。不过,我要强调,我是说派人做,而不是任人做。无知的奴役是任人做。明智的选举制或代议制,则是派人做。[1]

对西耶斯而言,卢梭反对代议制,鼓吹直接民主的立场,是在逆历史潮流而动。在标题为"卢梭"的片段里,西耶斯批评卢梭把"社会的起点当作社会艺术的原则",认为其立场的荒谬不亚于"用野蛮人制作独木舟的理论去建造军舰"。[2] 在西耶斯看来,对于雅各宾派制造的革命恐怖,卢梭难辞其咎。

> 他们希望借助什么东西来再生风俗的自由呢? 他们诉诸最为深刻的公共舆论、最讲道德的情感、古代人与现代人的政治科学,以及最为理智之人的思想了吗? 没有。他们却把这项伟大的事业寄托于压迫成性的管束精神、军事纪律、波西米亚人的信仰、混迹于咖啡馆与啤酒馆的江湖术士的荒唐意见与离奇传说、荒诞不经的无知、无耻之徒的粗鄙道德、放荡不羁而又愚昧不堪的个人激情、穷人反对富人的永久嫉妒,以及毫不尊重自然正义的人。依靠这群工人,他们又能制造出什么产品来呢? 他们鼓吹原始的粗野,却自认为是在接近自然。卢梭,是你煽动了这样的情感。就其本性来看,群氓是难以言状、不可阻挡的。假如你谈论理性,假如你只做善事,那么理性也会自我约束,各种观念也会各司其位。[3]

西耶斯对卢梭的批评并非无可非议,把卢梭和自称是其信徒的雅各宾派相提并论的做法就很值得检讨。早在 20 世纪初,便有学者指出法国革命者并非一成不变、僵化机械地照搬启蒙哲人的学说,而是经常根据实践

---

[1] *Des Manuscrits de Sieyès 1773 — 1799*, tome Ⅰ, p. 460.

[2] *Des Manuscrits de Sieyès 1773 — 1799*, tome Ⅰ, p. 445.

[3] *Des Manuscrits de Sieyès 1773 — 1799*, tome Ⅰ, pp. 444—445.

的需要,对它们作出某种机会主义的解读和利用。[1] 雅各宾派对卢梭的做法,又何尝不是如此! 西耶斯把雅各宾派建立革命恐怖的罪行完全归咎到卢梭的头上,显然有失公允。而且,他认定卢梭鼓吹"极权国家"的论断,只不过根据自己政治斗争的需要,对《社会契约论》的片言只语作出断章取义的解释,因而经不起仔细的推敲。历史的吊诡在于,20世纪的施米特、阿伦特、孚雷尤其是塔尔蒙也如法炮制,不加区别地把卢梭、西耶斯和罗伯斯庇尔视为绝对主权的鼓吹者。由此可见,在探讨前辈人物对后世人物的影响时,人们应当采取更为审慎的立场,否则得出的结论常常谬以千里。

但是,无论西耶斯如何误解和扭曲了卢梭的思想,至少有一点是可以肯定的,即我们无法像施米特们那样认为,西耶斯坚持某种无限决断的人民主权学说。对于西耶斯在主权问题上的立场,我们不妨援引西耶斯手稿里的一句话来概括:

> 什么是主权? 结合者将其全部的力量和手段公有化,并让人代表它们吗? 当然不是。因此,支配一切、囊括一切的最高权力的主权,并不存在。它并不属于任何公职人员;如果宪法划分了各种权力,而它们又能恪守各自的使命,不越权、不篡权、不犯罪,那么伟大的主权观念又如何能够有容身之地呢?[2]

总而言之,西耶斯在批判卢梭的人民主权学说的基础上,构建了一套有限的人民主权学说,为近代法国自由主义奠定了重要的哲学基础。然

---

〔1〕 弗里德里克·阿特热如是解释了法国革命者对待启蒙哲人的功利主义立场:"革命者在颁布刻不容缓的法律时,没有时间发明一些体系或者学说;然而,在起草一份纲领之前,又必须先阐明观念、拥有学说,所以他们会不加修改地接受前贤的观点,将之混杂于时而会出现矛盾的理论折中主义之中。这就是为什么他们的思想会呈现两种不同的维度:一方面,他们的思想颇具理论色彩,充斥着抽象的公式,随处可见不无矛盾的普遍原则,但另一方面,他们又具有强烈的现实主义和机会主义,其思想隐含着具体的决定因素。这恰恰是历史学家容易忽视的地方。"(Frédéric Atger, *Essai sur l'Histoire des Doctrines du Contrat Social*, Paris, Félix Alcan, 1908, p. 317.)
〔2〕 *Des Manuscrits de Sieyès 1773—1799*, tome Ⅰ, p. 515.

而,在西方政治思想史上,西耶斯却缘何经常被误解,被视为无限主权的理论家呢?

施米特、阿伦特和孚雷们出于各自的政治需要,对他作出断章取义的解读,当然是最重要的原因。不过,我们也需要指出,他们的误读之所以能够长期流传,也和西耶斯研究存在的不利因素紧密相连:

第一,这些误读和西耶斯对卢梭采取"隐匿"批评的方式有关。生性胆小的西耶斯尽量把对卢梭的怨恨宣泄在个人的手稿里,不愿把内心的真实想法公诸于世。而且,西耶斯高傲而孤僻,令人难以相处。哪怕是对于自己的追随者,他也缺乏足够的耐心和信任。在他们需要建议时,他经常轻蔑地回应道:"难道你们不会自己思考吗?"[1]作为西耶斯的信徒,贡斯当禁不住抱怨他拥有难以接触的个性。[2] 因此,除了周遭少数人士外,他对许多问题的真实想法并不为外人所知晓,这就导致他对卢梭的批评只能在其狭小的朋友圈(包括贡斯当)里流传。西耶斯的公众形象,则主要由其唯一一本在他逝世后得到反复印刷、言辞激烈但又模棱两可的《第三等级是什么?》塑造。[3]

第二,西耶斯的著述在法国长期遭到冷遇。除了《论特权》、《第三等级是什么?》外,他的所有著述、演说长期淹没在浩如烟海的革命档案当中,无人问津。直至1939年,保尔·巴斯蒂在撰写其博士论文时,才整理出版了西耶斯在1795年热月发表的两篇著名演说。[4] 1989年,马塞尔·多尔涅影印出版西耶斯所有公开发表过的著述和演说。这是法国首次出版完整

---

[1] 转引自:Paul Bastid, *Sieyès et Sa Pensée*, p. 634.

[2] 贡斯当说道:"我熟悉西耶斯,但没有和他建立亲密关系。忧郁和猜忌是阻止人们亲近他的敌人。"(Constant, Benjamin, "Souvnirs Historiques", in *Revue de Paris*, 1830, tome XI, p. 119.)

[3] 让-德尼·布雷丹指出,《第三等级是什么?》即便"不是普通民众对西耶斯的唯一记忆,至少也是主要的记忆"。(Jean-Denis Bredin, *Sieyès: La Clé de la Révolution Française*, p. 84.)

[4] Paul Bastid(ed.), *Les Discours de Sieyès dans les Débats Constitutionnels de l'An III*, Paris, 1939.

意义上的西耶斯文集。[1] 西耶斯研究文献相对匮乏的局面，无疑是有关他的错误形象未曾得到及时纠正的重要原因。

第三，西耶斯和卢梭使用了一套相同的话语体系。由于西耶斯和卢梭面临的任务都是要为法国创建一个自由的政府，以保障个人的权利与自由，所以他们都不约而同地利用了霍布斯－洛克开创的社会契约理论及其概念体系（如社会契约、个人自由、公意等）。这很容易让人得出像布尼斯劳·巴茨柯一样的结论："对西耶斯而言，卢梭的思想既是一个起点，也是一种绕不开的障碍。"[2] 殊不知，在相同的政治话语背后，西耶斯和卢梭坚持着两种方枘圆凿的政治体系。[3]

第四，西耶斯本人也需要负有一定的责任。西耶斯生性懒散，从未考虑系统整理其支离破碎的政治思考，将之变成一套首尾一贯、逻辑严密的政治理论。只是在为了克服旧制度的政治危机和革命法国的现实困境的时候，他才会撰写一些应景的宣传册和议会演说，甚至在某些危急关头，他也不愿忍受把思想变成文字的痛苦。[4] 人们对西耶斯的政治思想的理解出现

---

[1]　Marcel Dorigny(ed.)，*Oeuvres de Sieyès*，3 tomes，Paris，EDHIS，1989.

[2]　Bronislaw Baczko，"Le Contrat Social des Français：Sieyès et Rousseau"，in *The Political Culture of the Old Regime*，edited by Keith Michael Baker，Pergamon Press，1987，p.494.

[3]　雷纳尔·巴赫在比较卢梭的社会契约论和重农学派的政治经济学的基础上，指出18世纪的法国人尽管使用了相同的共和主义话语，但实际上拥有两种迥然不同的政治体系："一种建立在普遍利益、公民资格、公意、政治社会、自由、平等、团结以及个人完全让渡给整体等原则之上；另一种尽管使用了相同的概念，但却是建立在利益交换的原则上，建立在个人利益和阶级利益的竞争所推动的劳动与工资上。[……]由此，人们对共和主义话语提出了两种不同的解读：一种是西耶斯的《第三等级是什么？》，[……]另一种则是罗伯斯庇尔的政治话语。"（Reinhard Bach，*Rousseau et le Discours de la Révolution. Au Piège des Mots. Les Physiocrates*，*Sièyes*，*les Idéologues*，Paris，Inclinaison，2011，pp.167－168.）

[4]　譬如，在雾月政变后，所有的人都认定处心积虑推翻督政府体制的西耶斯必定拥有一部现成的宪法草案，但他却对人说："我脑袋里是有些想法，但没有写出任何东西。我没有时间，也没有耐心写出它们。"（Boulay de Meurthe，*Théories Constitutionelles de Sieyès. Constitution de l'An* Ⅷ，p.3.）

分歧和矛盾，和其作品的零碎性、诡辩性不无关联。此外，晚年的西耶斯还拒绝仿效许多革命的亲历者，抵制撰写回忆录。因此，对于西耶斯在许多问题上的真实想法和主观动机，人们经常不得而知，谣传、附会和讹传比比皆是。

如今，《西耶斯文集》尤其是《西耶斯手稿》的出版在很大程度上消除了上述不利的因素，不仅有助于我们澄清施米特们对其政治理论的严重误读与任意扭曲，而且有助于我们告别把法国革命思想化约为雅各宾主义或"公意政治文化"的粗暴做法，[1]从而更好地把握革命政治文化的复杂性和多元性。

---

〔1〕　皮埃尔·罗桑瓦隆把"公意政治文化"（culture politique de généralité）和雅各宾主义视为同义词，用以涵盖法国大革命期间形成的政治思想。（Pierre Rosanvallon, *Le Modèle Politique Français. La Société Civile contre le Jacobinisme de* 1789 *à Nos Jours*, Paris, Seuil, 2004.）此种观点失之简单，招致了不少的批评。

第七章　宪法

　　为法国制定一部良好的宪法,始终是革命者孜孜以求的目标。1789 年 6 月 20 日,国民议会的代表在凡尔赛宫斩钉截铁地宣誓,"除非把王国的宪法建立并巩固在坚实的基础之上"[1],否则绝不解散。然而,事与愿违,革命者并没有成功地为法国建立一部成熟稳健的宪法。相反,在短短的十年时间内,革命者先后在 1791 年、1793 年、1795 年和 1799 年颁布四部宪法,并提出了不计其数的宪法草案与修正案。宪法变动之频繁,每部宪法的寿命之短暂,令人瞠目结舌。这也是法国大革命经常为人所诟病的一个重要

[1] *Archives Parlementaires*,tome 8,p. 138.

原因。[1]

对于法国大革命的立宪窘境及其政治文化原因，业师高毅教授已经作出深入的探讨[2]，故不再赘述。在此，笔者只想集中探讨 18 世纪末法国流行的各种宪法概念及其异同，着力呈现西耶斯独特的宪法观，从而管窥革命法国的立宪经验及其困境。

1. 宪法：权力分立

1791 年 9 月 3 日宪法是法国历史上第一部成文宪法，也是法国走向宪政之路的重要分水岭。但是，我们是否能够据此断言，旧制度法国并不存在宪法，或者说，它缺乏任何宪法原则？对此，18 世纪末的法国人有大相径庭甚至截然相反的认识。

一些人认为，波旁王朝没有宪法是一个不争的事实。重农学派的重要领袖、路易十六的重臣杜尔哥(Turgot)毫不客气地指出："万恶的根源在于

---

[1] 革命者频繁修改法律和宪法的现象导致法国人民渐趋失去了对法律本身的信仰。这是人们对法国大革命诟病最多的地方。德·迈斯特批评道："看一看三届国民议会的产品吧：立法之多，令人吃惊！从 1789 年 7 月 1 日至 1791 年 10 月，国民议会制定法律 2557 个；继之，立法议会在 11 个半月内立法 1712 个；国民公会自共和历元旦(1792 年 9 月 22 日)至共和历 4 年雾月 4 日(1795 年 10 月 26 日)的 57 个月内立法 11210 个，总共是 15479 个。……一个国家五年内制定了三部宪法，……由于国家越来越经常地藐视立法机构的工作，所以一切都越来越糟。"(德·迈斯特：《论法国》，第 76－77 页。)贡斯当也不无遗憾地指出："自从《论法的精神》和《社会契约论》问世以来，向来备受我们最开明作家青睐的有关政府宪政结构的研究，现在却备受冷落了。这无疑是很自然的事情，既然我们在数年之内就尝试了五六部宪法却始终未觅得合适的。"(韩伟华：《从激进到立宪君主制：本雅曼·贡斯当政治思想研究》，上海三联书店，2015 年，第 161 页。)

[2] 高毅：《法兰西风格：大革命的政治文化》，第 45－64 页。

法国没有宪法。"〔1〕政论家沃尔内（Volney）也同样表示："不，我们没有宪法。"〔2〕.

一些人表示，波旁王朝尽管没有颁布过任何宪法，但却拥有一部不成文的宪法。贵族代表经常提及"君主制的原始宪法"、"君主制的宪法和王国的旧法律""法国的旧宪法"等字眼，呼吁三级议会致力于"维护"、"确认"、"固定"、"恢复"、"重建"或者"再生"法国的宪法。〔3〕

另一些人则坚持折中主义的立场。他们尽管承认波旁王朝没有宪法，但认为它至少承认若干不可辩驳的"基本法"（Lois Fondamentales）。〔4〕王政派的重要领袖穆尼埃宣称："我们不能说法国完全缺乏适合于形成一部宪法的基本法。"〔5〕他把君主制、王权的不可分割、长子继承制、税收同意权等原则列入波旁王朝的基本法范畴。

还有一些人对波旁王朝是否存在宪法的争论毫无兴趣。西耶斯在《第三等级是什么？》里，旗帜鲜明地表达了自己的立场：如果拥有宪法，但却存在分歧，那么消弭分歧的权力属于国民；"如果我们没有宪法，那就必须制定一部；唯有国民拥有制宪权"〔6〕。对他而言，国民在行使制宪权时，完全没有必要理会波旁王朝是否拥有宪法的问题，并由此变得畏首畏尾，因为"国民不仅不受制于宪法，而且不能受制于宪法，也不应受制于宪法"〔7〕。

---

〔1〕 Duvergier de Hauranne, *Histoire du Gouvernement Parlementaire en France*, tome I, Paris, Michel Lévy Frères, 1857, p. 11.

〔2〕 Claude Courvoisier, "L'Idée de Constitution dans les Cahiers de Doléances", in *1791. La Première Constitution Française*, Actes du Colloque de Dijon 26 et 27 septembre 1991, Paris, Economica, p. 70.

〔3〕 Keith Michael Baker, *Inventing the French Revolution*, Cambridge University Press, 1990, p. 253.

〔4〕 关于西欧中世纪与早期近代基本法的观念，参见：J. G. A. Pocock, *The Ancient Constitution and the Feodal Law*, Cambridge University Press, 1987；André Lemaire, *Les Lois Fondamentales de la Monarchie Française*, Paris, Albert Fontemoing, 1907.

〔5〕 *Archives Parlementaires*, tome 8, p. 214.

〔6〕 西耶斯：《论特权 第三等级是什么？》，第 56 页。

〔7〕 西耶斯：《论特权 第三等级是什么？》，第 60 页。

法国革命者在波旁王朝是否拥有宪法的问题上坚持的迥然立场,实际上和宪法概念在 18 世纪法国具有模棱两可的含义密切相关。在大革命前夕的法国,仅在宪法的来源问题上,人们就有两种截然不同的理解。法国著名法学家保尔·巴斯蒂作出精辟的概括:"宪法是自然亦即社会现实的自发产物,而人类的天才和个人的创议在其中毫无用武之地?抑或相反,它是艺术的产物、意志的创造,体现了人类的聪明才智?概而言之,它出乎自然,还是人为的构建?"[1]

也就是说,18 世纪的法国人在宪法的形成问题上存在两种针尖对麦芒的观念。一些人坚持历史主义的观念,强调宪法并非人类意志的创造,而是历史、习俗、道德和宗教等因素共同作用与自然演进的结果;另一种则笃信"唯意志论"(volontarisme)的建构论,主张宪法是人类创造的产物,强调每一个时代的人民都拥有表达政治意志、制定新宪法的权利。

孟德斯鸠、高等法院的法官、自由贵族以及后来批判大革命的埃德蒙·柏克、约瑟夫·德·迈斯特、路易·德·博纳尔都鼓吹历史主义的宪法观念,并把旧制度法国流行的"基本法"视为宪法。不过,他们在谈论宪法时,往往会把国家构成、社会制度和政府形式混为一谈。[2]

自然权利学派、社会契约论者和进步主义者则崇奉"唯意志论"的宪法观念,卢梭、马布利和第三等级的代表们皆倡导国民制宪学说。对他们而言,宪法的概念具有更加精确的含义,它指代狭义的权力分立和政府组织,指代专门用于限定立法权、执行权与司法权的根本法。[3] 当然,第三等级

[1] Paul Bastid, *L'Idée de Constitution*, Paris, Economica, 1985, p. 10.

[2] Keith Michael Baker, *Inventing the French Revolution*, p. 255.

[3] 瑞士公法学家瓦特尔在 1758 年出版的《国际法》中给宪法下了这样的定义:"对行使公共权力的应然方式作出规定的基本法则,即构成了国家的宪法。它规定国民作为政治团体的行动方式,规定人民如何被统治,规定谁来统治人民,规定统治者的权利与义务。归根结底,宪法不过是要建立一套秩序,确保国民为获取某些好处而齐心协力,共同创建政治社会。"(M. de Vattel, *Le Droit des Gens ou Principes de la Loi Naturelle Appliqués à la Conduite & aux Affaires des Nations & des Souverains*, tome 1, Leide, Aux Depens de la Compagnie, 1758, p. 15.)

的代表们也并非一个同质的群体,西耶斯和罗伯斯庇尔对宪法的理解就判然有别。对此,笔者将在下文详细论述。

克雷尼埃尔(Crénière)指出,18世纪的法国人对宪法概念理解得异常混乱:"和其他概念无异,宪法的概念变得毫无意义,因为多数人的理解迥然不同,少数人甚至拥有截然相反的认识。"[1]法国革命者也心知肚明,宪法概念的模棱两可将会变成革命制宪事业的重要拦路虎。作为第一个宪法起草委员会的核心人物,穆尼埃早在1789年7月9日就曾主张,在制定宪法之前,人们首先应当"准确地界定宪法的含义;在确定它的含义之后,我们再思考委托人所期待的宪法"[2]。根据穆尼埃的界定:

> 宪法只是一套关于统治方式的固定的、确定的秩序;唯有国民或者由它选择代表,通过作出自由的、正式的同意,创建若干的基本法,将之作为基础,宪法秩序才可能存在。因此,宪法是一种确定的、持久的政府形式。换言之,它是组成政府的不同权力所拥有的权利与义务之表达。只要政府不是出自清楚表达的人民意志,便不存在宪法,它只能变成一个事实的政府,容易受到各种突发事件的左右,并会随着局势的变化而发生更改。[3]

在穆尼埃看来,宪法肩负着规范政府、约束公权、指导立法的重任,所以它必须拥有确定和持久的特征。对此,列沙白里哀颇为赞同:"宪法概念本身意味着它不应有所变动。宪法在被制定完毕后,即应拥有固定性;假如没有固定性,人们便没有政府。"[4]

除了确定性和持久性外,宪法更重要的属性在于它必须保障人权,并为之建立可靠的制度保障,即要确立权力分立(séparation des pouvoirs)的

---

[1] Antoine de Baecque(ed.), *L'An 1. Des Droits de l'Homme*, Paris, Presses du CNRS,1988, p.94.

[2] *Archives Parlementaires*, tome 8, p.214.

[3] *Archives Parlementaires*, tome 8, p.214.

[4] Apostolos Papatolias, *Conception Mécaniste et Conception Normative de la Constitution*, Paris, Éditions Ant. N. Sakkoulas,2000, p.53.

原则。孟德斯鸠早已指出,专制主义是宪法的敌人,在专制国家里,"既无法律,也无规章,由单独一个人按照一己的意志与反复无常的性情领导一切"[1]。所以,一切正当的宪法都必须反对专制,建立保护个人自由的分权制度。他创造性地发展了洛克的政府学说[2],提出了立法权、执行权和司法权的概念,并强调它们的分立是个人权利和公共自由的必要条件。

> 当立法权和执行权集中在同一个人或同一个机关之手,自由便不复存在了。[……]如果司法权不同立法权和行政权分立,自由也就不存在了。[……]如果同一个人或是由重要人物、贵族或平民组成的同一个机关行使这三种权力,即制定法律权、执行公共决议权和裁判私人犯罪或争讼权,则一切便完了。[3]

毫无疑问,法国革命者继承并发展了孟德斯鸠的分权立场。他们都认为,权力分立和人权保障是一切宪法都应当遵循的基本原则,甚至把它们等同于宪法本身。穆尼埃指出,新的宪法应当确立分权的原则,和绝对君主的专制逻辑进行切割,"我们没有一部宪法,因为所有权力混淆在一起,而且没有约束,[……]假如国王的权威没有限制,那么它必然走向专断(arbitraire),没有什么比宪法和专制的权力更水火不容了"[4]。与此同时,他呼吁制宪会把捍卫人权作为新宪法的根本宗旨,"为了让一部宪法变得良好,必须将之建立在人权之上,必须使之明确地保护它们"[5]。

西耶斯也认为,人权保障和权力分立是一切宪法最基本的两个要素。他表示:"一切社会、一切政治宪法都只能以保障、服务和扩大生活在社会

---

[1] 孟德斯鸠:《论法的精神》,第 8 页。
[2] 洛克把国家权力分为立法权、执行权和对外权。(洛克:《政府论》下篇,叶启芳、瞿菊农译,商务印书馆,1996 年,第 89—91 页。)
[3] 孟德斯鸠:《论法的精神》,第 156 页。
[4] *Archives Parlementaires*,tome 8,p. 214.
[5] *Archives Parlementaires*,tome 8,p. 216.

当中的人的权利为目标。"[1]然而,为此创设的公共机关远比个体的力量强大,很有可能对个人的自由、财产和生命构成严重的威胁。[2] 因此,人们必须划分国家权力,以保护国民和公民,使之免受官员的侵害。根据西耶斯的理解,宪法的实质就是要建立一套划分合理、密不可分且行之有效的国家权力的分配体制。

> 宪法的内容应包括:不同公共权力的形成与内部组织、它们之间的必然联系与相互独立。最后,为了限制它们,使之总是为善,无法作恶,应当明智地设立政治防范的措施。这就是宪法概念的真正含义;它和公共权力的整体与分立有关。[3]

人权保障和权力分立的重要性是如此不证自明,以至于制宪议会毫无争议地通过了 1789 年《人权与公民权宣言》的第 16 条:"权利的保障没有确保、权力分立没有定立的社会,即完全没有宪法。"[4]无论是后来的雅各宾派,抑或热月党人,他们对此都没有任何异议。1793 年 6 月 24 日《人权与公民权宣言》第 23、24 条规定:"社会保障存在于所有人为保护每个人享受和保存其权利而展开的行动;它建立在国民主权之上。假如公共职能的限制没有得到明确的定立,假如所有公务员的责任没有得到维持,就不可能存在社会保障。"1795 年人权宣言的第 22 条规定:"假如权力划分没有得到

---

[1] Sieyès, *Préliminaire de la Constitution Française. Reconnaissance et Exposition Raisonnée des Droits de l'Homme et du Citoyen*, p. 19.

[2] 西耶斯认为,个人自由存在三种敌人。第一种是邪恶的公民,他们的威胁最小,普通司法机关的强制力量即可消除他们的威胁;第二种敌人是入侵的外国人,他们虽然可怕,但只要设置强大的军队,就可免除后患;第三种敌人是掌握公共权力的官员,他认为最应该加以警惕。(Sieyès, *Préliminaire de la Constitution Française. Reconnaissance et Exposition Raisonnée des Droits de l'Homme et du Citoyen*, pp. 30—31.)

[3] Sieyès, *Préliminaire de la Constitution Française. Reconnaissance et Exposition Raisonnée des Droits de l'Homme et du Citoyen*, p. 34.

[4] Lucien Jaume, *Les Déclarations des Droits de l'Homme*, Paris, Flammarion, 1989, p. 105.

定立,假如它们的限制没有得到固定,假如公务员的责任没有得到维持,那么社会保障便不复存在。"[1]

由此可见,人权保障和权力分立构成了各部革命宪法所共有的内容。由于保障人权是法国大革命的出发点和根本目标,革命者不会对它们提出过多的质疑,所以制定宪法,不外乎是对公共权力作出良好的划分。是故,许多革命者在给宪法概念下定义时,通常会省略人权的部分,只将之和权力分立相挂钩。

塔尔热(Target)指出,所谓宪法,就是"要对立法权和执行力量作出分配与组织,使之在各自的领域内秩然有序"。米拉波也对宪法作过类似的界定:"一切政治结合体都有权确立、修改和变更宪法或政府形式,能够分配和约束组成政府的不同权力。"[2]在1791年宪法制定以后,米拉波还撰写了一份《1791年宪法的教义问答》。米拉波如是设计宪法的问答:"问:什么是宪法?答:对依法履行公共职能的所有权力的权限或者范围进行分配。"[3]1793年4月,温和派布瓦西·丹格拉(Boissy d'Anglas)在讨论孔多赛的宪法草案时,也提出大致相同的定义:"权力划分的原则是自由的保障;它之于民主国家的重要性丝毫不亚于君主制政府;事实上,它属于一切把创造自由公民作为目标的宪法的范畴。"[4]

2. 如何分立权力?

权力分立是防范专制主义和捍卫人权的坚实屏障,这是制宪议会所有成员的普遍共识。因此,制宪议会代表们肩负的历史使命就是要结束波旁

---

[1] Lucien Jaume, *Les Déclaration des Droits de l'Homme*, pp. 301—302 et p. 309.

[2] Stéphane Rials, *La Déclarations des Droits de l'Homme et du Citoyen*, Paris, Hachette, 1989, p. 612 et p. 748.

[3] François Galy, *La Notion de Constitution dans les Projets de 1793*, Paris, Éditions Albert Mechelinck, 1932, p. 9.

[4] *Archives Parlementaires*, tome 62, p. 288.

君主垄断国家权力的局面，把主权归还给国民，将之划分为立法权、执行权与司法权，维护它们的各自独立并在它们之间建立必要的联系。

然而，制宪议会的代表们不能凭借人民的委托，仅仅根据自己的出身、地位、偏好、激情、利益或政见对国家权力作出肆意妄为的划分。他们皆认为，在划分国家权力时，应当遵守某种必不可少的原理。

阿伯斯托罗斯·帕帕托利阿斯（Apostolos Papatolias）指出，18 世纪的法国人普遍信奉"机械主义的宪法观念"（concepiton mécaniste de la constitution）。他表示，机械主义的宪法观念从牛顿开启的科学革命获得灵感。伴随着万有引力定律在欧美社会的广泛传播，人们开始认为，人类世界和自然界无异，如同一部精密的机器，必须遵守一些不受人类意志所左右的规律。同理，政治宪法也是如此，必须"遵循因果定律，能够独立于由它自身创建的各种机构的意志，自动地产生结果"[1]。

帕帕托利阿斯的观点并不新颖，研究启蒙哲学的两位杰出学者卡尔·贝克尔和恩斯特·卡西勒早已提出过类似的观点。[2] 为了阐明启蒙哲学家们把人类世界类比为自然界、认为它是一部机器的普遍看法，贝克尔援引了休谟的一段经典话语：

> 环顾一下周围的世界，思考一下它的全体和其中的每一个部分：你就会发现它无非是一架大机器，再分为无数之多更小的机器，它们又可以再分下去，直到超出人类的感官和能力所能追踪和解释的限度之外。所有这许许多多不同的机器，乃至于它们最细微的部件，都以那样的一种精确性相互配合，使得所有思考过它们的人都要顶礼膜拜而为之销魂。[3]

虽然把机械论引入法国宪法观念的分析并不是帕帕托利阿斯的原创，

〔1〕 Apostolos Papatolias, *Conception Mécaniste et Conception Normative de la Constitution*, Athène, Éditions Ant. N. Sakkoulas, p. 17.
〔2〕 E·卡西勒：《启蒙哲学》，顾伟铭译，山东人民出版社，1989 年，第 35—89 页；卡尔·贝克尔：《18 世纪哲学家的天城》，第 50—64 页。
〔3〕 卡尔·贝克尔：《18 世纪哲学家的天城》，第 58 页。

但他对 18 世纪机械主义宪法观念向 19 世纪末规范主义宪法观念的转变过程的论述却是相当惊艳。他清楚地告诉我们,机械主义宪法观念在 18 世纪法国占据主流的事实。[1] 仅凭今日在中国学界如雷贯耳的启蒙作家,我们便可知道机械主义的宪法观念或社会观念在当时是如何流行。

孟德斯鸠在主张把立法机构分为两院时,就借鉴了常见的力学概念:"由于立法机构被分成两个部分,它们通过相互的阻力而彼此牵引。两者皆受执行权的约束,而行政权也要受立法权的约束。三种力量本应形成静止或无为的状态。不过,由于事物的必然运动,它们被迫前进,不得不协调地前进。"[2]孔多赛在批评旧制度时期国王、贵族和第三等级形成彼此掣肘的权力制衡时,明确提出了宪法机器的比喻:"如果人们能够成功地让一部机器前进,并在那些最终会毁灭它的力量当中建立某种平衡,那么就不应该得出结论说,人们希望创造的机器必须服从于这些冲突力量。"[3]西耶斯也经常把社会比作一部机器:"如果不下决心像剖析一部普通机器那样剖析一个社会,分别观察它的各个部分,随后在想象中把它们全部依次组装起来,从而掌握其间的配合,领会由此而产生的全面和谐,我们就永远搞不清楚社会机制。"[4]

除了把社会和宪法比喻为机器外,18 世纪的启蒙哲人也经常使用"身体"(corps)的隐喻。在当时的政治著述里,"社会身体"、"政治身体"、"立法身体"等概念随处可见。[5] 最有名的例子当属卢梭。在《社会契约论》中,卢梭严厉批评了格劳修斯、贝尔拉克等人把主权专断地分为强力与意志,

---

〔1〕 Apostolos Papatolias, *Conception Mécaniste et Conception Normative de la Constitution*, p. 69 et sq.

〔2〕 孟德斯鸠:《论法的精神》,第 163—164 页。译文参照法文版,略有改动。

〔3〕 Condorcet, *Lettres d'un Bourgeois de New-Haven à un Citoyen de Virginie*, in *Oeuvres de Condorcet*, tome 9, Paris, Firmin Didot Frères, 1847, p. 84.

〔4〕 西耶斯:《论特权 第三等级是什么?》,第 57 页。

〔5〕 对于 18 世纪末法国政治领域内流行的身体隐喻及其影响,参见:Antoine De Baecque, *Les Corps de l'Histoire. Métaphore et Politique* (1770 — 1800), Paris, Calmann-Lévy, 1994.

分为立法权与行政权，分为税收权、司法权与战争权，分为内政权与外交权的混乱做法：

> 他们把主权者弄成是一个支离破碎拼凑起来的怪物；好像他们是用几个人的肢体来凑成一个人体的样子，其中一个有眼，另一个有臂，另一个又有脚，都再没有别的部分了。据说日本的幻术家能当众把一个孩子肢解，把他的肢体一一抛上天空去，然后就能再掉下一个完整无缺的活生生的孩子来。这倒有点像我们政论家们所玩的把戏了，他们用的不愧是一种江湖幻术，把社会共同体加以肢解，随后不知怎么回事又居然把各个片段重新拼凑在一起。[1]

卢梭表示，主权无异于人的身体，不能随意被分割。政治身体亦是有生命的存在，所以必须被赋予意志和行动。[2] 这也是卢梭主张区分立法权和执行权的重要原因。

西耶斯也经常使用身体的隐喻，并且采用了卢梭式的论证理路。譬如，他在其人权宣言草案中指出："公共机关是一个政治身体，无异于人的身体，也拥有若干的需求和手段，并且按照类似的方式组织。人们必须赋予它以表达意志的权利和行动的权利。立法权代表前者，而执行权代表后者。"[3]在一份手稿里，西耶斯将立法机构称为"政府的灵魂"，而把其他权力机构称为"政府的手"。[4]

法国大革命的制宪者不仅把宪法比喻为机器，而且认为它能够自动产生人们期望的结果。1789 年 7 月 9 日，穆尼埃曾经自信满满地宣称："只要人们没有用确定的政府形式摧毁专断的权力，法律就不可能得到执行。[……]相反，假如自由得到固定，假如立法权力得到确立，那么良好法律的

---

[1]　卢梭：《社会契约论》，第 32 页。
[2]　卢梭：《社会契约论》，第 44 页。
[3]　Sieyès, *Préliminaire de la Constitution Française. Reconnaissance et Exposition Raisonnée des Droits de l'Homme et du Citoyen*, p. 33.
[4]　*Manuscrits de Sieyès 1773−1799*, tome Ⅰ, p. 422.

出现也会变得水到渠成。"[1]同年 9 月 4 日,穆尼埃再次表示:"只要各项权力的区分得到保持,只要存在若干不可抗拒的约束,能够防范它们的集中,只要立法权是如此构造以至它的施行者希望追求普遍的福祉,希望自己足够开明,而不会制定荒唐的法律,或者仓促作出决断,那么人民就不会变成奴隶。"[2]

西耶斯的态度并无二致,哪怕在经历过革命恐怖后,他也没有丧失其近乎幼稚的机械主义的宪法观念:

> 唯有宪法才能保障我们的自由。不,宪法不是随意罗列、糟糕起草并凭借良好意愿得到维持的若干法令的大杂烩。它是一部组装良好的社会机器,建立在人的基本需求和真正利益之上。一旦开启,便可从它的内部运动获得规则的连续性;它的行动也会产生需要的结果。[3]

然而,应当为法国人民提供什么样的宪法呢?或者更准确地说,应当如何划分立法权、执行权和司法权?法国革命者的认识出现了严重的分歧。

根据法国学者米歇尔·特洛普(Michel Troper)的理解,法国大革命期间曾经出现过两种迥然不同的权力分立观念。

第一种是权力制衡(balance des pouvoirs)。1789 年前后,法国人经常使用"权力制衡"、"权力制约"(contrepoids des pouvoirs)、"权力平衡"(équilibre des pouvoirs)和"监督与制衡"(check and balance)等概念,描述英国"光荣革命"和美国革命建立的权力划分体制。特洛普指出,第三共和国的经典法学家(艾斯曼、狄骥、德·马尔贝格等人)错误地理解了权力制

---

[1] *Archives Parlementaires*,tome 8,p. 215.

[2] *Archives Parlementaires*,tome 8,p. 557.

[3] *Manuscrits de Sieyès 1773—1799*,tome Ⅰ,p. 493.

衡的理论,[1]误以为人们在立法权、执行权和司法权之间可以建立某种平衡。他的理由有二:一方面,从职能位阶的角度来看,立法权始终高于执行权和司法权,执行权和司法权必须服从立法机构指定的法律,所以它们的关系并不平等;另一方面,假如把所有的立法权都授予议会(无论是一院制的议会抑或两院制的议会),必然会导致立法权建立相对执行权与司法权的压倒性优势,并由此可能会威胁到它们的存在。因此,特洛普认为,人们不可能在立法权、执行权与司法权之间建立权力平衡,唯有分割立法权,允许议会和行政首脑以各自的方式(法律的制定权和法律的否决权)介入立法活动,才可能取得某种平衡。[2]也就是说,权力平衡的原则实际上只是针对立法权的划分,而不是用来描述立法权、执行权和司法权之间的恰当关系。特洛普指出,更准确地说,权力制衡只是一种纯粹否定的原则,作为专制主义的对立物而存在。[3]马克·拉梅尔的论断也如出一辙,认为权力分立不过是一种"反集权的法则"(règel de non-culmul)。[4]毋庸置疑,孟德斯鸠和王政派采纳了权力制衡的方案,他们主张建立两院制的议会,

[1] A. Esmein, *Éléments de Droit Constitutionnel*, tome Ⅰ, Paris, Librairie de la Société du Recueil Générale des Lois et de Arrêts, 1896, pp. 279－361; Léon Duguit, *Manuel de Droit Français*, Paris, Albert Fontemoing, 1907, pp. 329－336; Carré de Malberg, *Contribution à la Théorie Générale de l'État*, tome II, Paris, Recuil Sirey, 1922, pp. 1－142, etc.

[2] Michel Troper, *La Séparation des Pouvoirs et l'Histoire Constitutionnelle Française*, Paris, R. Pichon et R. Durand-Auzias, 1973. pp. 157－164. 19 世纪著名法学家爱德华·拉布拉耶指出,任何宪政制度,无论它是立宪君主制,抑或宪政共和国,都遵守三种原则,即:"立法权的划分(如果不进行划分,它将吞噬整个政府)、执行权的独立、司法权的独立。"(Edouard Laboulaye, *Questions Constitutionnelles* en France, p. 238.)可见,特洛普把权力分立理解为立法权的划分,并非没有依据。

[3] Michel Troper, *La Séparation des Pouvoirs et l'Histoire Constitutionnelle Française*, p. 114.

[4] Marc Lahmer, *La Constitution Américaine dans le Débat Français:1795－1848*, p. 14.

并赋予国王以立法的否决权。[1]

第二种是权力分化的理论(spécialisation des pouvoirs)。这是一种源自卢梭公意学说的权力分立原则。卢梭表示,因为"法律只考虑臣民的共同体以及抽象的行为,而绝不考虑个别的人以及个别的行为"[2],所以人民只能行使针对抽象行为和全体成员的立法权,而必须把针对具体行为、个别对象的执行权授予政府(无论它由世袭君主抑或民选的行政官领导)。如果说对洛克、孟德斯鸠和美国的联邦党人而言,权力分立原则意味着"以权力约束权力"[3]、"用野心对抗野心"[4],那么在卢梭看来,权力分立则是表达公意的逻辑要求。自诩为卢梭信徒的革命者(如罗伯斯庇尔)对权力分立原则的理解还具有一个显著的特征,即认为处在最高位阶的立法权

〔1〕 孟德斯鸠:《论法的精神》,第163—164页。革命王政派的宪政方案,参见:P. Y. Rudelle,"Le Première Comité de Constitution ou l'échec du Projet Monarchien," in *1791. La Première Constitution Française*,Paris,Economica,1993,pp. 87 — 105;Paquale Pasquino,*Sieyès et l'Invention de la Constitution en France*,Paris, Éditions Odile Jacob,1998,pp. 15—29.

〔2〕 卢梭:《社会契约论》,第47页。

〔3〕 孟德斯鸠:《论法的精神》,第154页。

〔4〕 汉密尔顿、杰伊、麦迪逊:《联邦党人文集》,程逢如、在汉、舒寻译,商务印书馆, 1995年,第264页。

第七章 宪法

应当和主权一样,拥有不可分割的属性。[1] 换言之,雅各宾派主张建立一院制议会,执行权的作用仅限于严格执行议会颁布的法令。事实上,这样的权力划分理论只会导致立法机构的全能和执行机构的名存实亡。

对于理解 18 世纪法国的宪法观念而言,特洛普归纳的权力制衡和权力分化具有不可忽视的理论价值,但他的划分仍然失之简单。法国革命者对权力分立原则的理解并非如此泾渭分明,多数人并不清楚权力制衡和权力分化的区别。并且,他们往往根据局势的变化和政治斗争的需要,从孟德斯鸠、布莱克斯通、瓦特尔、德洛尔姆、卢梭、联邦党人等身上,灵活地选取所需的要素。一个最明显的例子就是 1791 年宪法。它的主要作者巴纳夫、图雷在接受一院制议会的同时,也向王政派作了妥协,允许国王使用延缓否决权。

更要命的地方在于,特洛普严重低估了 18 世纪法国宪法观念的多样性,权力制衡和权力分化根本无法涵盖大革命时期所有的分权理念。至少,西耶斯的分权观念不属于其中的任何一种。

---

[1] 1789 年 9 月 4 日,圣-艾蒂安对王政派主张把议会分为两院,并赋予国王以否决权的宪法草案提出了尖锐的批评:"主权者是一个统一的、简单的事物,它是所有人的集合,不会排除任何人。因此,立法权是统一的、简单的:如果主权者不能被分割,那么立法权也不能被分割。因为不存在两个、三个或者四个的主权者,所以也就不存在两种、三种或四种的立法权。相反,如果你们把立法权分割成两种或三种,你们就把主权者分成了两个或三个。"(*Archives Parlementaires*,tome 8,p. 569.)1793 年 5 月 10 日,罗伯斯庇尔也对权力制衡的体系提出了尖锐的批评:"只要人们稍加思考,即可知道,权力平衡只不过是一种幻想或灾难;哪怕它不会必然导致反对人民、相互倾轧的权力建立某种同盟,它也会让政府陷入毫无作为的境地,因为人们很容易看出,它们更愿意沆瀣一气,而不愿让主权者对自身的事务作出判决。[……]对暴君们的权力进行平衡的组织于我们有何意义呢?人们应当消灭的,恰恰是暴政;人民不应在主人的纷争当中寻求片刻的安宁;人民应当使用自身的力量去保障自身的权利;同理,我也不赞成创建[监察——笔者注]法院。"(*Archives Parlementaires*,tome 64,p. 430.)

3. 协同的分权体系

众所周知，西耶斯是英国权力制衡原则的著名反对者。在《第三等级是什么?》当中，西耶斯提醒法国人，不要对孟德斯鸠推崇的英国宪法期望过高。他承认英国人事实上享有比法国人更多的自由，但拒绝就此承认英国宪法的优越性。在他看来，英国的宪法更多是"偶然性和机遇的产物，而非智慧的产物"，它在国王、贵族和普通等级当中划分权力的做法并不符合理性的标准，而不过是"为防止混乱而建立的叠床架屋式的提防措施"。英国宪法或许在1688年是"惊人之作"，但在18世纪末却不值得人们顶礼膜拜，因为"社会技艺"已经取得了长足的进步："既然我们有了真正的善的典型，为什么非要仿效一个复制品不可呢? 让我们立即树立雄心壮志，把我们自己变成各国的榜样吧!"[1]

制宪议会期间，西耶斯坚决抵制王政派的亲英宪法方案。1789年9月7日，西耶斯指出国王可以为立法提供建议，但不能以否决权的形式参与立法。他把国王否决权斥为"一封反对国民意志、反对全体国民的密扎"[2]。同时，他以"国民议会的统一且不可分割"为由，反对建立两院议会。但是，他也承认，穆尼埃等人对一院制议会有可能催生暴政的担忧不是无的放矢，因为它的确有可能犯下错误、行事草率或者易受煽动。有鉴于此，他建议把议会分成两、三个小组，先由它们分别审议法案，然后再统一决断。在西耶斯看来，此举既能保证立法机构通过审慎、理性和公正的法律，又不会违背立法权不可分割的原则，因为"议会的统一性与不可分割性由决断的统一性而非讨论的统一性形成"[3]。

---

[1] 西耶斯:《论特权 第三等级是什么?》，第53—55页。在一篇名为《反对英国的制衡》的手稿片段中，西耶斯对英国的权力制衡原则也提出了批评。(*Manuscrits de Sieyès 1775—1815*, tome Ⅱ, pp. 425—426.)

[2] Sieyès, *Sur la Question du Veto Royale*, Paris, 1789, pp. 8—9.

[3] Sieyès, *Sur la Question du Veto Royale*, p. 28.

雅各宾派的立场更为激进，他们认为西耶斯把议会划分为两三个小组的做法依然违背了立法权不可分割的原则，并据此不加区别地将之和王政派相提并论。在他们的主导下，国民公会垄断了所有权力，催生了令人不寒而栗的革命恐怖。在此期间，西耶斯始终保持沉默，并由此幸免于难。热月政变后，有人问西耶斯做了什么。他回答说："我活过来了。"[1]

对于雅各宾派的专制统治，西耶斯的厌恶之情溢于言表："最悖于常理的观念羞辱着人的大脑，和法国人民相匹配的民主体系被弃之一旁；污秽的法律、卑鄙的道德、腐化的语言以及从最肮脏的臭水沟里散发出的野蛮趣味，却被人们视为狂热的爱国主义象征和热爱平等的唯一标志。"[2]

除了道德层面的谴责，西耶斯还积极反思大革命走向恐怖的思想根源。对他而言，卢梭发明、罗伯斯庇尔们极尽鼓吹的人民主权无限论无疑是罪魁祸首。针对卢梭要求"每个人都以其自身及其全部的力量共同置于公意的最高指导之下"[3]的主张，西耶斯作出针锋相对的反驳："当人们组建一个政治结合体时，不会把个人在进入社会时拥有的全部权利和所有人拥有的全部力量予以公有化。"[4]为了保护个人权利，并确保公民履行义务，人们应当承认并服从政治权力，但绝不能把昔日君主的"浮夸属性和绝对权力"赋予人民，并断言人民的权力"应当有过之而无不及"。他指出，无限权力本身即为一种恶，哪怕掌握在人民的手中，它仍然是"一个政治魔鬼"。他提醒人们不要混淆必要的公共权力和无限的人民主权，前者是建立"共和国"的前提，而后者则是某种出自修道院的荒谬观念，会催生"极权国家"。[5]

在 1795 年的法国，西耶斯的态度并不鲜见。批判人民主权的无限论，

〔1〕　Saint-Beuve，"Sieyès"，in *Causeries du Lundi*，tome 5，p. 205，note 1.

〔2〕　Sieyès，*Notice sur la Vie de Sieyès*，Paris，Chez Maradan，l'An Troisième，p. 44.

〔3〕　卢梭：《社会契约论》，第 20 页。

〔4〕　*Opinion de Sieyès sur Plusieurs Articles des Titres IV et V du Projet de Constitution*，p. 6.

〔5〕　*Opinion de Sieyès sur Plusieurs Articles des Titres IV et V du Projet de Constitution*，p. 7.

主张重建权力分立的原则,是多数热月党人的共同立场。这一点,在 1795
年宪法的报告人布瓦西·丹格拉身上表现得颇为明显。1795 年 6 月 23
日,丹格拉在向国民公会作宪法报告时说:

> 无论采取什么政府形式,最重要的目标[……]是要阻止各种机关
> 的托管者建立压迫性的权力;为了实现这个目标,[……]应当如此组
> 织各项权力,以使它们永远不可能集中在相同人的手中;在它们汇聚、
> 混同的任何地方,自由都将荡然无存,而专制主义会如影随形。[1]

丹格拉还援引约翰·亚当斯的经典论述,证明权力分立的必要性:"如
果没有三权制衡,就不可能建立良好政府,就不可能拥有稳定的宪法,就不
可能为法律、自由和人民的财产提供切实可靠的保护。"[2]

在权力分立的问题上,负责起草新宪法的十一人委员会从两个方面突
破了 1791 年宪法和 1793 年宪法的藩篱。第一,分割立法权,创建五百人院
(Conseil des Cinq Cents)和元老院(Conseil des Anciens)。前者拥有法律
的提案权;后者对前者通过的法案拥有否决权。第二,强化行政权,反对它
依附于两院。丹格拉呼吁人们抛弃仇恨执行权的立场,认为对执行权抱有

---

[1] Boissy-d'Anglas, *Projet de Constitution pour la République Française*, Paris,
L'Imprimrie de la République, l'an Ⅲ, p. 45.

[2] Boissy-d'Anglas, *Projet de Constitution pour la République Française*, p. 46。约
翰·亚当斯著有《捍卫美国宪法》,它在法国革命期间被译为法文,(John Adams,
*Défense des Constitutions Américaines. De la Nécessité d'une Balance dans les
Pouvoirs d'un Gouvernement Libre*, Paris, Chez Buisson, 1792.)对 1795 年制宪者
的影响很大。不过,丹格拉本人可能没有读过《捍卫美国宪法》,只是从其他法国
人处知道这本书,因为他错误地称其作者为萨缪尔·亚当斯。后者是约翰·亚
当斯的堂兄,在美国独立战争期间也是波士顿地区的重要领袖。

第七章　宪法

敌意在君主制时代是无可厚非，但在共和国里已经变得不合时宜。[1] 为
了避免人们联想到昔日的君主制，十一人委员会的多数成员反对采纳美国
的总统制，主张把执行权赋予 5 名督政，不设主席，每年换选 1 名督政，并规
定他们每隔 3 月轮流掌管国玺。与此同时，为了避免督政形成和立法机构
分庭抗礼的影响，十一人委员会坚持他们由议会选举产生，而非由人民直
接选举。

　　尽管丹格拉经常提及权力制衡，反复援引孟德斯鸠、约翰·亚当斯和
联邦党人的著作，但十一人委员会并没有完全照搬盎格鲁-撒克逊的分权
模式。在某种意义上说，他们依然恪守权力分化的原则，因为他们反对赋
予督政府以立法的否决权。[2] 而且，1795 年设置的五百人院、元老院也和
英国、美国的两院制存在很大的区别。在英国，上议院由世袭贵族组成，下
议院由民众选举产生；在美国，参议院代表各州的利益，众议院的组成遵循
普选的原则。相反，法国的五百人院和元老院皆由多重选举产生，也代表
着相同的社会利益，它们唯一的区别仅仅在于入选者的年龄门槛：年满 30
周岁的公民可入选前者，而元老院的代表则至少需要年满 40 周岁，而且必
须已婚或为鳏夫。

　　十一人委员会认为，他们的方案将会帮助法国结束动荡的革命状态，
建立稳定的社会秩序。但西耶斯却认为，它并没有为法国创造一部良好的
"政治机器"，因为它对立法权和执行权的划分仍然存在致命的缺陷，"既不
能保障它们各自的属性"，也没有确立"和谐的原则"，没有在两者之间建立

---

〔1〕　主张抛弃敌视执行权的观点并非始于 1795 年。早在 1791 年 8 月 31 日，1791 年
　　　宪法的报告人图雷就曾宣称："我们已经认为，把执行权视为公共事务与国民自
　　　由的敌人是一种严重的错误。难道执行权不也像立法权一样，源自国民的权力
　　　吗？难道国民在为它设置约束的同时，不应给其行动提供必要的力量和便利的
　　　条件吗？如果它不是被如此被构造，又怎能完成目标呢？如果它无法完成目标，
　　　那么谁来保护国内秩序，捍卫公共事务，防范立法权的越权行为呢？一言以蔽
　　　之，执行权难道不是像立法权一样不可或缺吗？"（*Archives Parlementaires*，tome
　　　29，pp. 399—400.）
〔2〕　Michel Troper，*Terminer la Révolution. La Constitution de 1795*，Paris，Fayard，
　　　2006，p. 76.

必要的联系。

西耶斯提醒人们,在制定新宪法、划分国家权力时,应当避免两个误区,"假如只有统一,将会导致专制;假如只有划分,则会催生无政府"。在他看来,雅各宾专政时期的国民公会陷入了前一个误区,而十一人委员会的宪法方案则犯了第二种错误。他表示:"唯有兼顾划分和统一,才能建立社会保障;若是没有社会保障,一切自由都会转瞬即逝。"[1]在此基础上,西耶斯列举并比较了三种分权体系。

第一,"划一行动的体系"(système de l'action unique)。它指代雅各宾派鼓吹的权力分化原则,即主张一院制的议会行使全部的立法权,而行政机构只负责执行法律。根据西耶斯的理解,这不是真正的权力分立,因为立法机构可以通过颁布暴虐的立法,攫取执行权甚至能够决定它的存亡。[2]雅各宾专政的经验已经充分暴露了这种他本人在 1789 年曾经予以部分支持的分权体系的危险。

第二,"平衡或制衡的体系"(système de l'équilibre ou contre-poids)。它主要指盎格鲁—撒克逊的分权体系。对于权力制衡体系,西耶斯依然缺乏好感,认为它"既没有制衡,也没有平衡";创建两院只会导致它们"彼此反对,相互扯皮"。为了证明权力制衡体系的缺陷,西耶斯还举了一个生动的比喻:

> 两匹马套在同一辆车上,但人们却希望他们朝相反的方向走;假如车夫不登上马车,使之齐心协力,哪怕项圈勒紧脖子,哪怕它们拼命蹬腿,马车也只能停留原地。[3]

第三,"协同或有机统一的体系"(système de concours ou de l'unité

---

[1] *Opinion de Sieyès sur Plusieurs Articles des Titres* Ⅳ *et* Ⅴ *du Projet de Constitution*, p. 3.

[2] Marc Lahmer, *La Constitution Américaine dans le Débat Français: 1795 – 1848*, p. 223.

[3] *Opinion de Sieyès sur Plusieurs Articles des Titres* Ⅳ *et* Ⅴ *du Projet de Constitution*, p. 9.

organique)。这是西耶斯在 1795 年热月演说中鼓吹的分权体系。他把用于捍卫代议制的劳动分工原理,引入立法领域,将之作为分割立法权的依据。结合西耶斯的热月 9 日演说及同期的手稿,我们知道他根据形成和实施法律的各个环节(如提案、表决、审查、颁布和执行),将立法权分解为提案权、表决权、谏诤权、合宪审查权和颁布权,并主张由不同的机构分别行使。

(1)把提案权同时赋予保民院(tribunat du peuple)和国务会议。事实上,把提案权和表决权分离的做法并不是西耶斯的发明。卢梭在《社会契约论》里已经提出过类似的区分,建议把起草法案的权力赋予天才的立法者,把法案的表决权留给人民。[1] 西耶斯也主张区分法案的起草权和表决权,[2]并同样坚持表决权应当掌握在人民的手里,毋宁说,应当掌握在人民代表的手里。不同的地方在于,西耶斯否认天才立法者的存在,更信任集体智慧和政治协商的结果,主张把法案的起草权授予保民院和国务会议。

(2)把表决权赋予立法机构。在手稿里,西耶斯把立法机构称为“投票陪审团”(jury votant)[3]。他依然坚持 1789 年的立场,主张建立一院制的立法机构。对于它的职能,西耶斯作了明确的限定:①它扮演的角色如同司法领域的最高法院,代表国民对保民院和政府的提案作出判决,形成法令;②它的成员以相同的比例,在农业、工业和自由职业当中选举产生;③它没有法律的创议权。[4] 简言之,立法机构只能对保民院和政府的法案行使表决的权力。

(3)把谏诤权赋予政府。谏诤权是旧制度法国时期高等法院拥有对国王的法令提出质疑、批评和建议修改的权力。西耶斯认为,政府也有权从

〔1〕　卢梭:《社会契约论》,第 53 页。

〔2〕　中国法学前辈龚钺在留法学习时,起初打算把提案权和表决权的区分作为博士论文的研究对象。龚先生后来虽然转而研究西耶斯的宪法理论,但还是专门讨论了后者在 1795 年对提案权和表决权的著名区分。(Y. Koung, *Théorie Constitutionnelle de Sieyès*, Paris, Recuil Sirey, 1934, pp. 140—143.)

〔3〕　*Manuscrits de Sieyès 1775—1815*, tome II, p. 522.

〔4〕　*Opinion de Sieyès sur Plusieurs Articles des Titres* IV *et* V *du Projet de Constitution*, pp. 14—15.

执行的困难与后果等角度，对立法机构表决通过的法令提出谏诤；立法机构没有理由而且也不能拒绝听取政府的谏诤，因为：

> 表决机构由明智的公民组成，所以它是由精通公民事务的专家所组成的陪审团。然而，它并不是由执行的专家构成。即便它吸收了若干昔日的行政官，他们也不知道目前的政府机器或行政活动是否面临着新状况、新阻力。而且，让中央（执行）委员会介入法律，并不是为了捍卫政府的利益，而是为了维护普遍福祉。唯有后者，才可能成为真正的执行专家陪审团。[1]

（4）把合宪审查权授予"宪法陪审团"（jurie constitutionnaire）[2]。在立法机构表决通过一项争议性的法令时，宪法陪审团可以应邀进行合宪审查。如果它判定违宪，那么新法令将失去效力；如果它判定并无违宪，那么新法令将会生效。在下文中，笔者将继续对该机构作出专门探讨。

（5）把颁布权授予"大选侯"（le grand électeur）[3]。"大选侯"更多扮演象征性的国家元首。具体到立法问题，大选侯不能根据个人的意志、利益或偏好，决定是否颁布法律，"假如他可以自由地选择颁布与否，那么他将因此变成公民意志或公民契约的专断的创造者或取缔者"[4]。西耶斯强调，只要保民院、政府、立法机构、宪法陪审团达成一致，"大选侯"就必须颁布新的法律。

或许是为了避免不必要的误解，西耶斯在公开演说中对"大选侯"以及

---

〔1〕 *Manuscrits de Sieyès 1770—1815*，tome Ⅱ，p. 519—520.

〔2〕 在热月9日演说中，西耶斯把宪法陪审团称为"jurie consitutionnaire"，在热月18日演说中将之改为"Jury Constitutionnaire"。

〔3〕 在西耶斯的笔下，"大选侯"还有拥有别的名称，如 le promulgateur électeur、le grand élu 等。"大选侯"相当于荣誉性的国家元首，"统而不治"。法国有人指出，西耶斯的"大选侯"概念对贡斯当提出国王的中立权观念有重要的启发。〔Alain Laquièze，"La Réception de Sieyès par la Doctrinaire Publiciste Française du ⅩⅨème et du ⅩⅩème Siècles"，in *Historia Constitutional*，No. 6（Septembre 2005），p. 242.〕

〔4〕 *Manuscrits de Sieyès 1770—1815*，tome Ⅱ，p. 520.

政府的谏诤权只字未提，[1]只要求国民公会创建保民院、政府（中央执行委员会）、立法机构和宪法陪审团。西耶斯认为，其宪法方案的优点不言自明：首先，在立法权内部引入劳动分工原则，可以让各个领域的专家发挥特长，从而提高立法的效率和理性；其次，分工即为分权，能够防止所有的立法权集中于同一个机构；最后，由于表决的机构仍然只有一个，所以也不会违背人民主权不可分割的原则。

西耶斯颇为自负，相信自己构建的协同分权体系为一部良好的宪法提供了所有必要的元素：

> 我把一个人能独自从事的工作分解成若干的齿轮；而且，这些齿轮不是相互约束，而是会齐心协力，达成目标。它们都扮演着举足轻重的角色。这些相辅相成却迥然不同的力量会推进共同的行动。此种划分源于自然的、永恒的秩序；它是彻底的创新，和制衡的理论毫无共同之处。[2]

西耶斯相信，他的宪政分权理论将会成为所有自由民族的必然选择，因为"它是自然的体系；社会技艺的一切进步都在指向它；它将引导人们走向至善的道路"[3]。但十一人委员会却不以为然，认为西耶斯不过是在哗众取宠，其分权方案和它提出的宪法草案并无本质的区别。[4] 在宪法陪

---

[1] 大选侯和政府的谏诤权有可能让人联想到昔日的君主制和高等法院。譬如，西耶斯在把立法机构喻为最高法院时，就曾竭力表明自己无异于重建高等法院。（*Opinion de Sieyès sur Plusieurs Articles des Titres* IV *et* V *du Projet de Constitution*, p. 20.）

[2] Colette Clavreul, *L'Influence de la Théorie d'Emmanuel Sieyès sur les Origines de la Représentation en Droit Public*, p. 268.

[3] *Opinion de Sieyès sur Plusieurs Articles des Titres* IV *et* V *du Projet de Constitution*, p. 10.

[4] 在西耶斯发表演说后，蒂博多（Thibaudeau）立即指出："无论这个方案包含了多么新颖和美好的观点，它和十一人委员会的方案是相近的。"（Marc Lahmer, "Sieyès lors des Débats Constituants en l'An III: Autopisie d'un Échec", in *Figures de Sièyes*, sous la direction de Pierre-Yves Quiviger et Denis Vincent et Jean Salem, Paris, Publications de la Sorbonne, 2008, p. 66.）

审团的问题上,双方的对立更为明显。

4. 宪法陪审团

任何宪法在被制定出来以后,都面临着一个至关重要的问题:谁来守护宪法? 在当代西方,除了美国的高等法院外,德国与意大利的宪法法院、法国的宪法委员会也对普通法律进行合宪审查,肩负着保卫宪法的使命。

由于合宪审查机构已经成为当代西方政治制度中不可或缺的环节,人们禁不住会到昔日历史当中寻找它们的先驱。在此背景下,西耶斯的宪法陪审团告别无人问津的局面[1],在 21 世纪初开始成为法国学者热烈讨论的对象。学者们争论的焦点在于西耶斯是否提出了规范主义的宪法概念,宪法陪审团是否能被视为当代法国的宪法委员会的鼻祖。

米歇尔·特洛普指出,人们不能把西耶斯的宪法陪审团视为宪法委员会的先驱,认为它只是后者为了阻止通过十一人委员会的宪法草案而采取

---

〔1〕 西耶斯热月的演说一直淹没在故纸堆中。直到 1939 年,由于保尔·巴斯蒂的整理出版,它们才得以重建天日。柯莱特·克拉维雷尔的国家博士论文介绍了宪法陪审团,指出西耶斯在 1795 年为了终结大革命,构建了"制度化的制宪权",以取代 1789 年发明的"原始的制宪权",但她并没有专门讨论宪法陪审团和当代宪法法院之间的关联。(Colette Clavreul, *L'Influence de la Théorie d'Emmanuel Sieyès sur les Origines de la Représentation en Droit Public*, pp. 155—165.)英国学者穆雷·福尔谢斯的《理性与革命:西耶斯的政治思想》对宪法陪审团几乎是一笔带过。(Murray Forsyth, *Reason and Revolution: The Political Thought of the Abbé Sieyes*, Leicester University Press, 1987.) 美国学者威廉·斯维尔的《资产阶级革命的修辞》也只是浮光掠影地提及它。(William H. Sewell, *A Rhetoric of Bourgeois Revolution. The Abbé Sieyes and What Is the Third EState?*, Duke University Press, 1994, p. 195.)

的政治策略。[1] 吕西安·若姆表示,合宪审查的观念并不属于西耶斯的创见,它在革命期间屡见不鲜,但他却又不无矛盾地指出,经历过革命恐怖的西耶斯最能理解它的价值。[2] 意大利学者马可·费奥拉旺第坚持相反的立场,认为1795年的西耶斯已经提出了合宪审查的理论,并把宪法陪审团看作一种司法机构。[3] 帕斯基诺和马克·拉梅尔则更进一步,强调西耶斯不仅提出了规范位阶的法律理论,而且构建了某种内在的合宪审查机制。[4] 国内学者方建忠的观点更接近于后两位学者的立场,认为"法国历史上第一次真正意义上的宪法审查努力失败了"[5]。

　　对于西耶斯的宪法陪审团,学者们为什么会得出如此迥然不同的结论?个中的原因不难理解。他们通常循着当代法国宪法委员会的面貌,比对它们和宪法陪审团的异同,而后者的模棱两可性似乎又可以为他们判若鸿沟的比附提供相应的佐证。然而,此种年代错置的比附并没有多大的意

[1]　Michel Troper,"Sieyès et le Jury Constitutionnaire",in *Mélanges en l'Honneur de Pierre Avril*,Paris,Montchrestien,2001,pp. 265 — 282;"La suprématie de la Constitution et le Jury Constitutionnaire",in *Terminer la Révolution. La Constitution de 1795*,pp. 197—221. 特洛普的观点值得商榷。在1795年宪法讨论期间,西耶斯把主要的精力转到未来宪法的思考。这一点可以从其残存的手稿当中得到体现。有51页的札记专门记录了他在1795年关于新宪法的思考。(Manuscrits de Sieyès 1770—1815,tome Ⅱ,pp. 495—570.)或许是因为含有这部分手稿的《西耶斯手稿》第2卷在2007年才由克里斯蒂娜·富雷整理出版,特洛普没有机会阅读过它们,才会错误得出结论。

[2]　Lucien Jaume,"Sieyès et le Sens du Jury Constitutionnaire：une Reinterprétation",in *Historia Constitutional*,no. 3(2002),p. 191.

[3]　费奥拉旺第指出,西耶斯之宪法陪审团的失败"象征着在法国创建贝有政治—司法性质的中立权的第一次也是最后一次的尝试"。(Marco Fioravanti,"Sieyès et le Jury Constitutionnaire：Perspectives Historico-Juridiques",in *Annals Historiques de la Révolution Française*,no. 349,juillet-septembre 2007,p. 103.)

[4]　Pasquino,*Sieyès et l'Invention de la Constitution en France*,p. 13;Marc Lahmer,"Sieyès lors des Débats Constituants en l'An Ⅲ,Autopisie d'un Échec",in *Figures de Sièyes*,p. 63.

[5]　方建忠:《超越主权理论的宪法审查:以法国为中心的考察》,法律出版社,2010年,第46页。

义。实际上,更为可取的做法就是立足当时的独特语境,理解西耶斯为什么要提出宪法陪审团,以及十一人委员会为何要反对的历史原因。

由于过于浓厚的现时主义色彩,上述的研究过多地强调或否定了西耶斯的宪法陪审团的原创性,却忽视了一个举足轻重的事实,即西耶斯和十一人委员会在 1795 年都拥有一个共同的目标:结束法国大革命。

1789 年以来,革命、混乱和恐怖让幸免于难的代表们心有余悸。四天前(稿月 1 日),他们更是目睹了巴黎人民起义的血腥与残暴。普通民众冲进国民公会,高呼"面包和 1793 年宪法"的口号,并在众目睽睽之下残忍地杀死了一名试图阻止他们的国民代表。正因为如此,国民公会的所有成员都毅然决然地希望结束大革命,反对把一切可能导致人民再次走向街头的原则写入新的宪法。1793 年山岳派的宪法所鼓吹的起义[1]便成了众矢之的。在稿月 5 日演说里,丹格拉明确表示,起义会破坏社会组织,将之写入宪法"既不道德,也反政治,而且极其危险"[2]。丹格拉直言不讳地指出,结束大革命是国民公会制定新宪法的根本目标:

> 一个揭竿而起、投身暴风骤雨般的革命运动的国民,哪怕置身于群情激昂的环境,也会希望获得安宁,希望享用通过劳动和牺牲取得的成果。今天,你们就能通过终止太过漫长的骚动,实现法国人民的希望;今天,你们就能帮助自由之友实现梦寐已久的期望,结束让我们付出沉重代价的可怕斗争。[3]

和丹格拉无异,西耶斯也迫切希望消除法国人的革命狂热病。他提醒人们不要再痴迷于制宪活动,"凤凰涅槃是幻想;定期地组建国民公会有可

[1] 1793 年《人权与公民权宣言》第 35 条规定:"当政府侵犯人民权利时,起义对人民以及人民的所有成员而言都是最神圣的权利、最不可推卸的义务。"(Lucien Jaume, *Les Déclarations des Droits de l'Homme*, p. 303.)
[2] Boissy-d'Anglas, *Projet de Constitution pour la République Française*, p. 68.
[3] Boissy d'Anglas, *Projet de Constitution pour la République Française*, pp. 3—4.

能带来浩劫"[1]。既然法国大革命已经取得了胜利,既然人民主权的原则已经得到确立,那么人们就应当抛弃定期制宪的幻想。西耶斯宁愿接受对国民的制宪权进行约束,也不愿再忍受托洛茨基在后来所言的"不断革命论"。在手稿中,西耶斯重新界定了制宪权的概念,试图消除《第三等级是什么?》过于含糊其辞的描述所产生的负面影响,避免人们得出它不受任何限制的谬论:

> 或许必须让制宪权凌驾于整部机器之上,并由此影响所有的权力。我在一个崭新的民族身上发现了这个真理。然而,对于那些只能通过一场革命完成制宪使命的民族,我希望一个真正的国民公会能够迅速取代临时的、革命的和制宪的权力。[2]

对 1795 年的西耶斯而言,抵制不断革命的激情,实现对制宪权的"驯服"(domestication)是人们应当首先追求的目标。[3] 然而,如何告别革命,"驯服"制宪权呢? 十一人委员会和西耶斯都认为,颁布新宪法并保障它的稳定性,似乎是唯一的出路。不过,在颁布什么样宪法的问题上,毋宁说,在如何划分权力的问题上,双方有着迥然不同的认识。在是否需要创设宪法陪审团的问题上,双方更是各执一词。

接下来,我们将详细叙述西耶斯赋予宪法陪审团的三种职能,并扼要阐明十一人委员会的相应立场。

首先,维护宪法稳定,追究违宪责任。

经历过革命恐怖的西耶斯深刻地意识到,多数派意志的专断和宪法权威的虚弱是革命暴政得以催生的温床。在一份标题为"主权的限制"的手稿中,西耶斯对如何重塑宪法,约束多数意志的必要性及其原因,作出了鞭辟入里的分析。尽管篇幅有些长,但却很值得我们详加援引。

〔1〕 *Opinion de Sieyès sur les Attributions et l'Organisation du Jury Constitutionnaire*,p. 11.

〔2〕 *Manuscrits de Sieyès 1773 — 1799*,tome Ⅰ,p. 387.

〔3〕 Erwan Sommerer,*Sieyès. Le Révolutionnaire et le Conservateur*,p. 93.

唯一要求一致性的行为,是结合的行为。每个人都希望,在加入结合体后,能够保持自由。除此之外,任何其他有关社会利益的共同意志皆不可能获得一致性。但是,人们却必须制定法律。结合的行为提供了一份隐含的或正式的公约,即要承认多数结合者的意志是法律。由此,至少有一部分公民开始害怕专制和暴政的危险。暴政僭越了政治权力的限度,通过制定或者实施法律,篡夺其权限之外的权力。专制则独揽所有的政治权力。为了保护社会,免除祸害,人们既要创建庞大的权力,但又不能使它们落在同一个人的手里。专制会催生暴政,因为独揽大权的人必定会滥用它们,这符合人类的天性。然而,一旦我们假定社会意志必然要分为多数和少数,只要多数制定的法律没有约束,它就有可能变得暴虐,至少它会建立起针对少数的专制。这绝不能成为结合体的目标。一切正直的人、一切热爱自由的人都能明白,在简单多数制定法律之前,必须存在某种一致的意志,即要约束简单多数构成的立法机构,使之无法建立暴政,遑论专制。我要强调,此种一致的、原始的意志属于结合行为的基本范畴,或者更准确地说,它在结合行为之前即已存在。由于此种约束只取决于各种权力的划分与独立组织,尤其取决于制定法律的立法机构的组织,所以我认为,各项权力的划分及其组织——宪法,是一项根本大法,它凌驾于简单多数制定的所有法律之上。服从宪法是每个结合者必须遵从的首要契约。因此,每个结合者都有权接受宪法。在宪法之后,才是简单多数的行动;简单多数的行动并非没有约束,他们既不能建立专制,也不能无法无天,而必须遵守一些根本的、稳定的法则。[1]

在西耶斯看来,尊重并服从宪法是社会契约的基本内容,属于所有人都会承认的"一致的、原始的意志"。但在国民公会时期,雅各宾派却罔顾宪法的权威,仅凭简单的多数,肆意践踏少数的权利。因此,在罗伯斯庇尔垮台后,当务之急是要重塑宪法的权威,给个人自由提供切实的保障。在

---

[1] *Manuscrits de Sieyès 1773—1799*,tome Ⅰ,pp.492—493.

热月 18 日演说里,西耶斯强调说,"没有什么法律比宪法更需要维持不变",并给宪法概念下了一种很容易让人将之和汉斯·凯尔森的规范主义宪法观念相联系的定义:

> 一部宪法要么是由若干强制性法律组成的集合,要么什么也不是。如果它是法律的集合,那么人们就会追问:这部法律的守护者在哪里? 它的司法机构在哪里?[1]

事实上,西耶斯在 1795 年提出的宪法概念和凯尔森的规范主义宪法观念不可同日而语。凯尔森在提出规范主义的宪法观念时,主要是为了强调宪法在法律体系中的最高位阶,并指出它是所有法律的合法性的终极来源。西耶斯在提出合宪审查的概念时[2],并不是要建立一套逻辑严密的法学渊源理论,而想借助宪法陪审团的创设,重新树立宪法的权威,借此结束法国大革命。

在热月 9 日演说中,虽然西耶斯把宪法陪审团定义成政治领域内的最高法院,但他赋予宪法陪审团的职能却主要是政治性的。他希望宪法陪审

---

[1] *Opinion de Sieyès sur les Attributions et l'Organisation du Jury Constitutionnaire*, prononcé à la Convention Nationale le 18 Thermidor de l'An Troisième de la République", in *Oeuvres de Sieyès*, tome Ⅲ, 41, p. 3.

[2] 我们也要承认,合宪审查的观念不是西耶斯的发明。独立战争时期,宾夕法尼亚州的宪法创建了一个"监察会议"(conseil des censeurs),它每隔七年召开一次,审查宪法是否得到了立法权和执行权的遵从;如果它认定一项法律违反宪法,能够要求立法者取缔它。1792 年,吉伦特派成员科桑也主张在法国建立一个类似的"监察法院"(Tribunal des Censeurs),认为它有权针对某项法律向人民提出违宪并将之取缔的建议。值得注意的是,科桑将之称为"政治秩序中的最高法院"。(Guy-Kersaint, *De la Constitution et du Gouvernement qui pourraient convenir à la République Française*, Paris, chez les Directeurs de l'Imprimerie du Cercle Social, 1792, p. 21.)西耶斯和吉伦特派曾经过从甚密,很可能从科桑的提案中汲取了灵感。(Michel Troper, "Sieyès et le Jury Constitutionnaire", p. 271; Lucien Jaume, "Sieyès et le Sens du Jury Constitutionnaire: une Reinterprétation", pp. 177—178.)

团通过消除内阁党与反对党的政治冲突,避免它们走向剑拔弩张的危险境地。[1] 在热月 18 日演说里,西耶斯进一步明确了自己的立场。宪法陪审团的主要职能是防止五百人院、元老院、政府、各级选举委员会等宪制机构的越权行为,并竭力让"越权的权力复归本位"[2]。他表示,任何自认为受到篡夺的权力机构甚至个体公民,都有权向宪法陪审团提出违宪诉讼;[3]后者将依据宪法作出裁决,解决它们的冲突。

由此可见,西耶斯宪法陪审团和当代西方的宪法法院有着很大的不同,它的合宪审查权不仅指向立法机构颁布的普通法律,对它们是否违反宪法作出审查,而且也针对各种政治机构篡夺权力的违宪行为进行判决,充当它们的权限仲裁机构。此外,宪法陪审团的组成方式也表明,它更多是一个政治机构,而非司法机构。它的成员多达 108 人,从五百人院和元老院的任期届满的代表中选择产生,并且每年要更换 1/3。

在十一人委员会看来,它作出的权力划分已经足以保护宪法,所以再创设宪法陪审团,不仅是画蛇添足,而且危险重重。贝尔利耶(Berlier)指出,督政委员会、五百人院和元老院的相互制约即可保障公共安宁,而如果另设一个高高在上的宪法陪审团,只会导致它吞噬所有的权力,导致唾手可得的权力平衡得而复失。[4] 卢维·德·索姆(Louvet de la Somme)也表示,宪法陪审团"以违宪的名义,取缔普通法院、行政机构以及两个议会的所有行为(actes),[……]会使所有的法律、所有的行政行为、所有的公共行政机构陷于瘫痪的境地,并由此彻底摧毁整部的宪法。它是一种不负责任的权力,没有什么机构能够监督它,约束它。[……]我们的同僚把这个

---

[1]　*Opinion de Sieyès sur Plusieurs Articles des Titres* Ⅳ *et* Ⅴ *du Projet de Constitution*,pp. 20－21.

[2]　西耶斯认为,普通民众和行政官员的违宪行为并不属于宪法陪审团的管辖范畴,因为他们的违法责任将分别由普通法院和行政院追究、惩罚。

[3]　"一切公民都有权抨击任何宪制的机构,哪怕是立法机关违反了宪法,也不例外。宪法陪审团应当有权撤销和罢免政府。"(*Manuscrits de Sieyès 1770－1815*,tome Ⅱ,p. 516.)

[4]　Michel Troper,*Terminer la Révolution. La Constitution de 1795*,p. 524.

机构视为社会大厦的穹顶,但它却有可能变成颠覆社会大厦的有力工具”[1]。令贝尔利耶尤其是卢维·德·索姆感到害怕的地方在于,西耶斯的宪法陪审团拥有的权力太过庞大,不但能够取消立法机构颁布的法令,还可以取缔普通法院的判决、行政机构的命令以及各级选举议会的选举结果。他们担心它的影响只会适得其反,最终会破坏权力分立的原则。

其次,抵制危险的激情,提出合理的修宪议案。

由于笃信进步主义和唯理主义,西耶斯始终认为伴随着时代的变迁、知识的传播、需求的改变以及社会技艺的进步,人们应当重新审时度势,及时调整宪法,否则它们将会被历史抛弃,或者怨声载道的人民将会重新诉诸革命。1789 年夏天,西耶斯在明确宣称“国民总是有权重新审视并改革它的宪法”,为了让每个人在一生中至少拥有一次表决宪法的机会,他把合理的修宪期限设定为人均寿命的一半——33 年。[2] 同为重农学派的信徒,孔多赛也坚持定期修宪的立场,只不过他认为合理的修宪期限应当是18 年或 20 年。[3]

1795 年热月,西耶斯尽管把维护宪法稳定的重要性提到了前所未有的程度,反对召开全盘颠覆现行宪法的国民公会,但依然没有否认定期修宪的必要性:

> 应当让宪法像一切生物,拥有吸收自我完善之要素的能力。因此,我们要为它提供某种能力,使之不断吸取数世纪以来的智慧与经验,从而满足当下的需求。[4]

对西耶斯而言,唯有宪法具备了自我完善的能力,才不会和时代脱节,

---

[1] Michel Troper, *Terminer la Révolution. La Constitution de 1795*, pp. 552—553.

[2] Sieyès, *Préliminaire de la Constitution Française. Reconnaissance et Exposition Raisonnée des Droits de l'Homme et du Citoyen*, p. 51.

[3] Condorcet, *Sur la Nécessité de Faire Ratifier la* Constitution *par les Citoyen et sur la Formation des Communautés de Campagne*, 1789, p. 20.

[4] *Opinion de Sieyès sur les Attributions et l'Organisation du Jury Constitutionnaire*, p. 11.

才能真正防止革命洪流的再度迸发。他主张宪法陪审团专注于吸收"真正有益于宪法改革的观点"，每隔 10 年向立法机构呈递修宪草案。立法机构不得对它的修宪草案作出修改，只能作出赞成或反对的表决。假如立法机构作出同意的表决，修宪草案还需要得到初级议会的批准。唯有在全国多数的初级议会投下赞成票的情况下，方可启动修宪程序。

由此可见，即使 1795 年的西耶斯没有放弃定期修宪的观点，但相比于1789 年，他的立场已经变得相当保守。通过把修宪程序变得复杂化与制度化，他已经大大增加了修宪的难度。

但是，十一人委员会的立场更为保守，他们为西耶斯依然坚持定期修宪的观念感到恐惧。埃夏塞利奥·艾内(Echassériaux Aîné)批评说："定期召开修宪议会是一种极端反政治的举动，因为它有可能让人产生对宪法进行重大改革的野心，而不是满足于零敲碎打的修补。"他不无忧虑地指出，西耶斯的宪法陪审团随时都有可能再度"掀起风暴"[1]。我们也需要指出，十一人委员会并没有完全摒弃修宪的观念，只不过他们主张把修宪的权力赋予元老院。

最后，充当衡平法院，避免法律的缺陷或漏洞对人权造成伤害。

西耶斯提醒国民公会在制定新宪法时，首先不要忘记大革命捍卫个人自由的初衷：

> 我要庄严地向个人自由致敬。在政治领域中，一切的创造与存在皆是为了捍卫个人自由。我经常听人谈论世界的终极原因及其含义。如果说社会世界的终极原因应当是个人自由，那才是恰如其分的观点。[2]

然而，无论立法者如何保持善意，如何心思缜密，也不可能做到明察秋毫，很有可能因为个人的疏忽、知识的浅薄和激情的蒙蔽制定出糟糕的法

---

〔1〕 Michel Troper, *Terminer la Révolution. La Constitution de 1795*, p. 557.

〔2〕 *Opinion de Sieyès sur les Attributions et l'Organisation du Jury Constitutionnaire*, p. 10.

律,某些公民则会因此遭受不白之冤。法官们在实施这些有缺陷的法律时,会陷入舆论指责和良心拷问的窘迫境地。

有鉴于此,西耶斯主张以抽签的方式,从宪法陪审团选择至少 1/10 的成员,组成一个"人权法院"。它将根据区分"正义与不义的伟大自然法",针对现有成文法的缺陷,作出自然衡平的判决,对蒙受冤屈的公民提供赦免。[1] 为了避免人权法院的专断,为了确保正常的司法活动不受干扰,西耶斯主张有关人权的诉讼请求只能由审理案件的普通法院发起,然后人权法院再介入调查并作出判决。[2]

西耶斯表示,人权法院的衡平判决不仅有助于捍卫个人权利,也可以通过给遭受恶法侵害的公民提供救济,降低人民起义的可能性:"在良好的社会秩序当中,法律的弊端颇为罕见;蒙冤受屈的公民只需提出申诉,即可得到纠正。因此,法律的内在缺陷不可能引发人民的起义运动,因为正直的人拥有使人革除弊端的合法与有效的手段。至于普通民众,他们会受到正直的人的有力约束。"[3] 在一份手稿中,西耶斯更是胸有成竹地宣称:"正义将结束所有的抱怨,将结束所有的起义。"[4]

西耶斯把宪法陪审团变成人权法院,并试图建立某种自然审判的观点,同样招致了十一人委员会的猛烈抨击。贝尔利耶认为,西耶斯的人权法院不但不能为无辜者敞开正义的大门,反而会助纣为虐,让阴谋者和罪犯更为猖狂。他不无道理地追问:"假如人们能借助一项成文法,对某些并非违法的事实施加专断的惩罚,那么我们将会陷入怎样的混乱局面啊?我

---

〔1〕　对西耶斯而言,在成文法存在缺憾的情况下,诉诸自然法的做法无可厚非,因为"自从创世纪以来,自然法就已被颁布,它始终和不可磨灭的正义与不义的情感密不可分,镌刻在人性的深处"。(*Opinion de Sieyès sur les Attributions et l'Organisation du Jury Constitutionnaire*, p. 16.)

〔2〕　*Opinion de Sieyès sur les Attributions et l'Organisation du Jury Constitutionnaire*, p. 18.

〔3〕　*Emmaunel-Josph Sieyès: Ecrits Politiques*, p. 87.

〔4〕　*Manuscrits de Sieyès 1770－1815*, tome Ⅱ, p. 43.

们又如何能够建立社会秩序的屏障呢?"[1]贝尔利耶的诘问并非无的放矢,假如成文法无法保障人权,人们又怎么能寄希望于人云亦云、难有定论的自然法?

概而言之,西耶斯之所以让宪法陪审团肩负保障宪法、准备修宪以及保护人权的职能,乃是因为他认为它们皆是有助于结束法国大革命的良好举措。概而言之,无论是从性质、功能抑或组成方式来看,宪法陪审团更多是一个政治机构,它的司法色彩相对淡薄。所以,它和当代法国的宪法委员会相去甚远,将之视为后者的前身,是一种很成问题的年代错置论。

十一人委员会的目标尽管也是结束法国大革命,但他们对宪法陪审团却得出了迥然不同的看法。他们认为,督政委员会、五百人院和元老院之间的相互制衡已经足以保障宪法的稳定,没有必要再创建一个专门的合宪审查机构;而且,赋予宪法陪审团以修宪创议权,并允许它根据自然法作出自然衡平的判决,不仅和人们追求的法律实定化的目标背道而驰,而且还潜藏着革命浪潮卷土重来的巨大风险。在他们看来,西耶斯的宪法陪审团将不可避免地变成"宪法的持续改革者"、"不断革命的工具"[2],因而"既无用,且危险"[3]。正因为如此,十一人委员会才会百般阻挠西耶斯创建宪法陪审团的提案获得通过。

但是,十一人委员会对西耶斯的指责或许有些言过其实了。因为西耶斯的目标只是想借助宪法陪审团,进行定期的、局部的修宪,而不是周期性的全盘颠覆。而且,宪法陪审团也并非可以恣意任为,它在修宪时,必须严格遵守现行宪法的相关规定。换言之,西耶斯绝对不是托洛茨基意义上的不断革命论者,其在 1795 年勾勒的宪法陪审团草图[4](见图 8-1)也很清楚地说明,它只能在现行宪法的框架下活动。

---

〔1〕 Michel Troper, *Terminer la Révolution. La Constitution de 1795*, p. 548.

〔2〕 Michel Troper, *Terminer la Révolution. La Constitution de 1795*, p. 572.

〔3〕 Michel Troper, *Terminer la Révolution. La Constitution de 1795*, p. 548.

〔4〕 *Manuscrits de Sieyès 1770 − 1815*, tome Ⅱ, p. 512.

社会人的权利与宪法
宪法陪审团

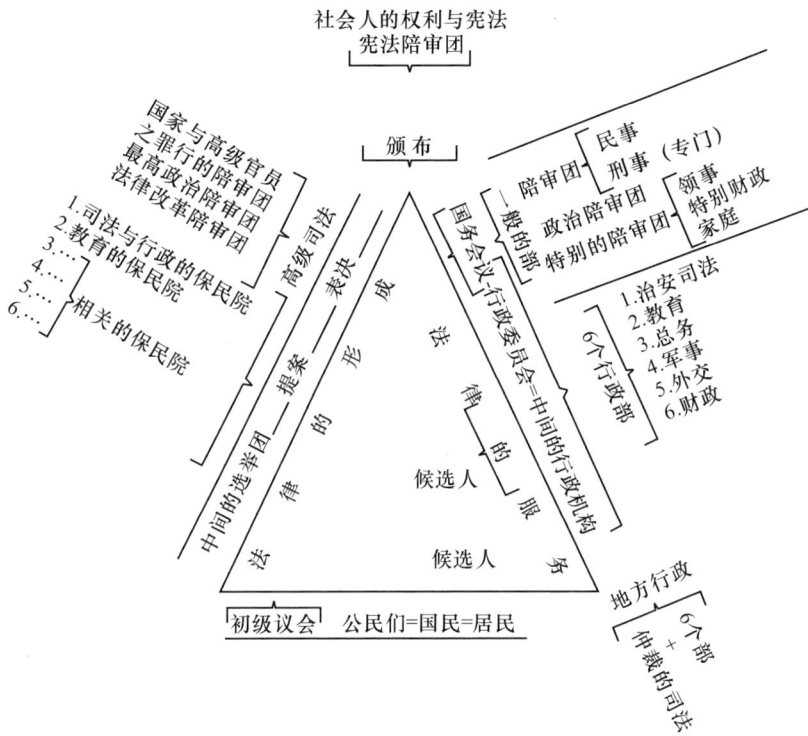

图 8-1　西耶斯于 1795 年勾勒的宪法陪审团草图

　　此外，对十一人委员会而言，西耶斯批判人民主权、否定"唯意志论"[1]、建立理性政治的观点也未免太过天真。西耶斯主张从任期届满的立法代表中选择宪法陪审团的成员，乃是因为他相信，通过层层的选举，并经过立法活动的历练，可以产生一批克服激情、洞察理性和主持正义的智者。但埃夏塞利奥·艾内讥讽说，西耶斯的宪法陪审团只适合"哲学家的

──────────

〔1〕　西耶斯的反唯意志论在热月 9 日演说的一段话里尽显无疑："那些只是在表达意愿，但却以为知道自己真的需要什么的人和民族是多么不幸啊！表达意志（vouloir）是一桩轻而易举的事情。自从地球诞生人以来，他们就在表达意志；自从地球出现政治结合以来，它们就在表达意志。世界各地的人们都希望得到良好的统治，但他们的权利却惨遭专制的践踏和无政府的肆虐。"（*Opinion de Sieyès sur les Attributions et l'Organisation du Jury Constitutionnaire*，p. 4.）

民族",只适合"柏拉图的哲学王"。[1] 拉雷维利耶-勒博（La Révellière-Lépeaux）也强调说："自由更多是情感的产物,而不是理性冷静计算的结果。"[2]他们对西耶斯的冷嘲热讽似乎直接地来源于卢梭和马布利对后者推崇的重农学派的辛辣批评:卢梭对重农学派鼓吹的开明专制百般嘲弄,认为它"只适合乌托邦的人民,但对亚当的子孙毫无意义"[3];马布利也表示,"统治世界的是激情而非明证性（évidence）"[4]。

西耶斯鼓吹的宪政方案或许沾染了某种"荒诞不经、不可理喻、教条化的理性主义"[5],但十一人委员会可以利用的思想资源却更加乏善可陈。一方面,为了结束法国大革命,他们必须批判卢梭的人民主权无限论;另一方面,为了抵制西耶斯的宪法陪审团,又不得不诉诸卢梭的政治意志论。由此,我们亦不难想象十一人委员会即将建立的督政府体制的脆弱性。新政权在意识形态领域内的模棱两可性必然导致它的领导人陷入既害怕革命死灰复燃,又不敢支持波旁复辟的两难境地。

西耶斯自认为给法国提供了"一种完美的组织"[6],但所有的国民公会代表都对他的宪法草案投了反对票。对心高气傲的西耶斯而言,这不啻是一次沉重的打击和极大的侮辱。所以,自1795年宪法颁布之日起,他就变

---

[1] Michel Troper, *Terminer la Révolution. La Constitution de 1795*, p. 560.

[2] Michel Troper, *Terminer la Révolution. La Constitution de 1795*, p. 568.

[3] Jean-Jaques Rousseau, *The Social Contract and other later political writings*, edited and translated by Victor Gourevitch, Cambridge University Press, 1997, p. 270.

[4] Mably, *Doutes proposés aux Philosophies Économistes sur l'Ordre Naturel et Essentielle des Société Politique*, in *Oeuvres complètes de l'Abbé de Mably*, tome 11, Lyon, Chez J. B. Delamolliers, 1792, p. 144.

[5] Stéphane Rials, "Sieyès ou la Délibération sans la Prudence. Élements pour une Interprétation de la Philosophie de la Révolution et de l'Esprit du Légicentrisme", in *Droits*, volume 13(1999), p. 137.

[6] Benjamin Constant, "Souvenirs Historiques", in *Revue de Paris*, tome XVI, 1830, p. 102.

成了"毫不妥协的反对者",从未放弃废止它,代之以自身方案的念头。[1]

1799 年雾月十八日,在拿破仑·波拿巴的支持下,西耶斯发动了政变。1799 年宪法最终将其在 1795 年构建的保民院、立法院、国务会议等机构变成了现实,而它创建的元老院也保留了合宪审查、准备修宪的职能。然而,在和波拿巴的政治博弈中,西耶斯节节败退。前者只接受了他的宪法外衣,却抛弃了其珍视的自由精神。[2] 西耶斯成功地结束了革命,但却也由此葬送了其毕生追求的自由事业。

除了拿破仑掌握军队外,西耶斯设想的权力架构的纷繁复杂也是前者在建立独裁的过程中没有遭到任何实质性抗议的重要原因。西耶斯把劳动分工原则引入国家权力的划分,创设了数量过多的权力机构,结果导致它们的权限遭到严重削弱,使得它们陷入软弱无力的境地,缺乏抵制专制的有效手段。[3] 仅就这一点来看,哈耶克所批判的建构唯理主义的脆弱与危险,在西耶斯身上尽显无遗。

总之,在应当提供一部什么宪法的问题上,或者更准确地说,在应当如何组织立法权、执行权和司法权的问题上,法国革命者拥有大相径庭的理解并提出了针锋相对的分权体系。其中,王政派以及热月党人捍卫的权力制衡、雅各宾派鼓吹的权力分化以及西耶斯推崇的"协同体系"最具理论色彩。

无论存在怎样的分歧和矛盾,法国革命者提出的诸种方案皆属于"机械主义的宪法观念"的范畴。1795 年的西耶斯也没有超越其时代的局限。在热月 18 日演说中,他仍然在老调重弹:"在社会机器当中,没有什么东西

〔1〕　A. Bigeon, *Sieyès. L'Homme-Le Constitutionant*, Paris, Henri Becus Imprimeur-Librairie,1893,p. 152.

〔2〕　关于西耶斯在 1799 年提出的宪政方案以及拿破仑对它的扭曲,参见:Boulya de la Meurthe, *Théories Constitutionnelles de Sieyès. Constitution de l'An Ⅷ*, Paris, Imprimé chez Paul Renouard, p. 1836.

〔3〕　Albéric Neton, *Sieyès(1748－1836). Après des Documents Inédits*, p. 413.

是专断的；每个零件都由机械师之意志不能左右的关系所决定。"[1]对他而言，宪法陪审团是其宪法机器中一个不可或缺的零件。十一人委员会在反对设置宪法陪审团时，使用的论证逻辑也一模一样，认为"它会增加多余的齿轮，导致政治机器不堪重负"[2]。从这个意义上说，关于西耶斯是否提出了规范主义的宪法观念，宪法陪审团是否可以被视为法国宪法委员会之先驱的讨论并无多大的意义，因为它们或多或少地沾染了某种时代错置的色彩。

机械主义宪法观念的盛行导致许多法国革命者有意无意地把自己的宪政方案视为完美无缺的政治机器，而拒斥别人对它们作出任何修改。相应地，他们在立宪的问题上极度缺乏审慎和妥协的精神。在这一点上，穆尼埃、罗伯斯庇尔和西耶斯无甚区别。穆尼埃在国王否决权和两院制遭到拒绝后，立即提出辞呈并彻底退出制宪议会。罗伯斯庇尔把吉伦特派宪法的起草者们（如孔多塞）视为敌人，将之监禁、流放甚至送上断头台。西耶斯则为1795年宪法没有采纳自己的想法方案而耿耿于怀，处心积虑地要用一部更完美的机械主义宪法取而代之。[3] 在1799年雾月政变以后，他也拒绝人们对其宪法草案作出任何修改，强硬地宣称："要么全盘接受，要么什么也不要！"[4]

我们需要指出，法国革命者之所以如此热衷于制宪，一个相当重要的原因就是因为他们把所有社会问题的解决都寄希望于它。事实上，对制宪事业倾注太过狂热的激情，对宪法的能力拥有过高的期待，反而不利于建

---

[1] *Opinion de Sieyès sur les Attributions et l'Organisation du Jury Constitutionnaire*, p. 2.

[2] Michel Troper, *Terminer la Révolution. La Constitution de 1795*, p. 568.

[3] 和西耶斯过从甚密的布莱·德·拉默特如是评价西耶斯对其宪法理论的自负："这是他终其一生的政治思考的结果；这是他小心翼翼设计的一部机器，并为之配置了所有必要的齿轮。对他而言，这些齿轮是如此匹配，以至于触碰一个齿轮，取缔、更换或改变它，都会阻止这部机器的运转，或者导致它陷入混乱和失序。"(Boulay de la Meurthe, *Theories Constitutionelles de Sieyès. Constitution de l'An Ⅷ*, Paris, Imprimé chez Paul Renouard, 1836, pp. 45—46.)

[4] Saint-Beuve, "Sieyès", in *Causeries du Lundi*, tome Ⅴ, p. 212.

立成熟、稳健和持久的宪法。保尔·巴斯蒂就认为,相比其他国家,近代法国对宪法的能力充满了太多的幻想,并由此沾染了某种"制宪狂热病"(la fièvre Constituante),导致阴谋、政变、起义与革命的接踵而至。[1]

毫无疑问,西耶斯亦犯了相同的制宪狂热病。阿尔贝里克·内顿的批评颇为中肯:"这位可怜的伟大思想者相信一个国民的幸福能够依赖于这样或那样的宪法,相信借助复杂的智力构建以及若干机构与法律的协作,便可以保障安宁、消除灾祸、抚慰伤痕和平息怨恨。这是他一生信奉的思想,这也是他的错误所在。"[2]

由是观之,人们必须抛弃法国革命者把宪法看作万能灵药,认为它可以解决一切社会问题的幼稚幻想。在笔者看来,1795 年芽月 1 日起义的巴黎民众呼喊的口号——"要面包和 1793 年宪法",不经意地道出了宪治国家的关键:无法提供面包的宪法是伪宪法,把面包和宪法相对立的革命则是假革命。唯有兼顾社会正义和程序正义,才能建立一个真正的宪治国家。

---

〔1〕 Paul Bastid,*L'Idée de Constitution*,p. 186.
〔2〕 Albéric Neton,*Sieyès(1748－1836). Après des Documents Inédits*,p. 11.

第八章　政府

　　在 1789 年革命前后发表的著作中,西耶斯通常自诩为"哲学家"、"形而上学家"。譬如,在《第三等级是什么?》中,西耶斯对"哲学家"和"行政官"各自应当扮演的角色作出区分,并以前者自居。[1] 又如,在《理性的承认与陈述:人权与公民权》付梓时,西耶斯针对米拉波等人的批评,理直气壮地为形而上学辩护。[2] 这些表述很容易让人把他视为一个纯粹的政治哲学家。

　　其实,行政官也是西耶斯身上一个不可忽视的维度[3],他长期关注具体的行政事务,尤其关注执行权的组织。在 1789 年以前,他曾经专门思考

---

[1]　西耶斯指出,人们不要为其思想的大胆和激进感到害怕,因为"最值得宣布的真理,并不是那种人们已经相当熟悉的真理,并不是那种人们已然准备接受的真理"。在他看来,人们之所以害怕真理,是因为他们混淆了"行政官谨慎而有节制的行为和哲学家的无拘无束的冲劲","行政官若不计算各种摩擦和障碍,就会把一切搞糟;哲学家则因见到困难而越发激动;人们的头脑越受封建不开化的进步,越需要哲学家来阐明正确的社会原则"。(西耶斯:《论特权 第三等级是什么?》,第 84—85 页。)

[2]　Sieyès, *Préliminaire de la Constitution Française. Reconnaissance et Exposition Raisonnée des Droits de l'Homme et du Citoyen*, pp. 5—15.

[3]　圣伯夫对西耶斯的评价甚高,认为后者除了形而上学家的身份外,同时"具备国家领导人的眼力,有时还具备实践能力。"(Sainte-Beuve, "Sieyès", in *Causeries du Lundi*, tome Ⅴ, p. 206.)

过执行权组织的理想方案；在制宪会议期间，他入选过巴黎市政委员会；在热月政府末期，他担任过督政。担任行政官的经历促使他在构建其政治方案时，也会考虑它们的操作性。西耶斯对执行权的思考兼具哲学和实践的双重维度，但令人遗憾的是，它们却很少受到人们的关注。本章围绕西耶斯对国务会议（Conseil d'Etat）和国家元首（Chef de Nation）的职能的构想，详细阐述其中央政府的理论。

1. 国务会议

在中国，人们对政府（gouvernement）的理解颇为宽泛，用它来囊括整套的国家机器。西耶斯所言的"公共机构"和我们理解的政府拥有大致相同的内涵。在西方国家，政府具有更加确切的含义，主要是指中央层面的执行权（pouvoir exécutif），它和立法权、司法权并列。但在西耶斯的笔下，"执行权"和"政府"却是两个截然不同的概念。[1]

西耶斯认为，18 世纪，法国人对执行权的理解谬以千里，主要的错误表现为对法律执行者的理解出现了严重的偏差。1789 年以前，西耶斯指出："哪怕从概念的角度，把权力划分为立法权和执行权也是错误的做法，因为执行法律是全体公民的义务。"[2]1793 年，西耶斯重申了相同的观点："谁执行法律？ 既不是国家领导人，也不是公共官员，而是公民。"[3] 1795 年热月 9 日，西耶斯稍微改变了立场，认为法律的执行者不仅包括普通公民，也囊括所有的公共官员：

---

[1] 西耶斯的重要信徒布莱·德·拉穆特对其政府观念的认识不够精确。他概括道："从最广泛的意义上说，'政府'的概念涵盖所有的公共权力，包括立法领域和执行领域，甚至也包括主权。但是，人们习惯于从狭隘的意义上理解这个词，用之指代执行权。西耶斯正是从这个角度理解政府的，他对执行领域和政府几乎不加区分。"（Boulay de la Meurthe, *Theories Constitutionelles de Sieyès. Constitution de l'An Ⅷ*, p. 24.）

[2] *Manuscrits de Sieyès 1770—1815*, tome Ⅱ, p. 423.

[3] *Manuscrits de Sieyès 1773—1799*, tome Ⅰ, p. 512.

谁执行法律？遵守法律的人。首先是公民,每个公民都和法律的执行密不可分。(事实上,这是执行法律最主要的部分。)然后才是所有的公共官员,每个官员恪尽职守,执行法律。任何法律的执行都不外乎这两种情况。由此,我们区分了保护性的法律(lois protectrices)和指令性的法律(lois directrices)。前者由公民执行,后者由公共官员执行。当某些公民或者公共官员拒不执行法律,抑或反抗法律时,就会触发一部分公共官员的行动,他们将作出决断,强制异议者或反抗者执行法律。[1]

在西耶斯看来,法律的执行者不仅包括公务员群体,还涵盖了社会的全体成员。毋庸讳言,西耶斯的说法并非无的放矢,假如普通公民拒绝执行法律,仅凭公务员们努力,断然无法建立法治的社会。

同样,西耶斯对政府的界定也可谓别出心裁。1789 年以前,他对政府的定义较为混乱。在《假想的宪法》(*Constitution Hypothèque*)里,他一方面指出政府的责任在于提供"一种法律、一种权威和一种力量",也就是说,政府是立法机关、执行机关和司法机关的总称,但在另一方面又不忘提醒人们,狭义的政府并不包括立法者的行动,它只关涉执行法律的公共权力。[2]

法国大革命爆发后,尤其是经历过雅各宾专政后,西耶斯对政府概念的模棱两可性感到不满,认为它"含糊其辞、神秘莫测且被广泛滥用,已经变得臭名昭著"。他甚至还对政府概念的合法性提出了质疑:"我能够理解'统治(gouverner)一支军队、统治一群僧侣'之类的说法。然而,自由人实行自治(se gouverner),因为行动的原则存在于他们自己的身上;他们会为自己的行为负责。当立法者向他们施加一项法律时,实际上是他们在自我行动、自我克制、自我引导并实行自治。[……]统治的风格背后包藏着专制的

---

[1] *Opinion des Sieyès sur Plusieurs Articles des Titres* Ⅳ *et* Ⅴ *du Projet de Constitution*, prononcée à la Convention Nationale le 2 Thermidor, p. 13.

[2] *Manuscrits de Sieyès 1770—1815*, tome Ⅱ, p. 423.

野心。"〔1〕所以,政府的概念只应存在于专制的社会,而不适合民主国家。

尽管如此,西耶斯还是没有放弃使用政府的概念。然而,他眼里的政府又是指什么呢?

对于1795年的西耶斯而言,政府既不是公共权力的代名词,也不是指代和立法权、司法权相提并论的执行权,而是有着特别的含义。在手稿中,西耶斯如是阐述其政府理念:

> 在社会状态中,应当区别进行判断的灵魂、表达意志的灵魂以及在表达意志的行为以后建立、组织、命令与领导执行手段的灵魂。由此,产生了由所有执行领导人组成的国务会议(Conseil d'Etat)或内阁的必要性。这才是政府真正存在的地方。〔2〕

对西耶斯而言,政府的外延颇为狭窄,只包括执行权的灵魂,由掌握最高行政权的各部部长组成。他的笔下,"政府"、"国务会议"、"内阁"及"行政委员会"(conseil exécutif)皆是同义词。他在手稿里经常交替使用这些概念,而不作任何区分。相对而言,"国务会议"的使用频率最高。

众所周知,在当代法国的政治构架中,也存在一个名叫"Conseil d'Etat"的机构。国内法学界通常将之译为"最高行政法院"。〔3〕依笔者管见,"最高行政法院"的译法可能适用于复辟王朝尤其是第三共和国以来的"Conseil d'Etat"。但在此之前,它更妥帖的译法应当是"国务会议"(在君主制被取缔之前,它也可被译为"御前会议"),因为其权限远远超出了行政立法和行政审判的范畴。

---

〔1〕 *Manuscrits de Sieyès 1773—1799*,tome Ⅰ,pp. 511—512.

〔2〕 *Manuscrits de Sieyès 1773—1799*,tome Ⅰ,p. 379.

〔3〕 L. 维乐·布朗、约翰·S. 朗和让·米歇尔·加朗伯特:《法国行政法》,高秦伟、王锴译,中国人民大学出版社,2006年,第40页。在让·里韦罗和让·瓦利纳所著《法国行政法》里,译者鲁仁清楚指出了Conseil d'Etat的职能在第三共和国前后出现了重大的变化。为了加以区别,他把1872年5月24日以前的,译为参政院;以后的,译为行政法院。(让·里韦罗和让·瓦利纳:《法国行政法》,鲁仁译,商务印书馆,2004年,第26页,译者注。)

在旧制度法国,"Conseil d'Etat"的概念已经出现,它和"御前会议"(conseil du roi)经常混用。由于绝对君主有权决定国家的大小事务,所以御前会议同样具备了王权的基本属性,能够全权代表国王,处理立法、行政与司法的大小事务。御前会议并非由地位显赫的王公贵族组成,它的多数成员出身于第三等级的法律人士或前任总督,并且他们能够为国王随意撤换。尽管它的成员出身卑微,但它拥有的权力却是不可小觑。在《旧制度与大革命》当中,托克维尔对御前会议掌握的权力作出详细的论述:

> 御前会议起源于古代,但是它的大部分职能却是近期才有的。它既是最高法院,因为它有权撤销所有普通法院的判决,又是高级行政法院,一切特别管辖权归根结底皆出于此。作为政府的委员会,它根据国王意志还拥有立法权,讨论并提出大部分法律,制定和分派捐税。作为最高行政委员会,它确定对政府官员具有指导作用的总规章。它决定一切重大事务,监督下属政权。一切事务最终都由它处理,整个国家就从这里开始转动。然而御前会议并没有真正的管辖权。国王一人进行决断,御前会议像是发表决定。御前会议似乎有司法权,其实仅仅是由提供意见者组成的,高等法院在谏诤书中就曾这样说过。[1]

御前会议虽然在名义上只是法国国王的咨询机构,但实际上却同时拥有法律的草拟权、最高行政权和最高司法权。在某种意义上,它就是王权专制主义的化身和工具。这也是它在 18 世纪经常招致贵族、高等法院的法官以及启蒙思想家猛烈批判的重要原因。它拥有的司法审理权,尤其是推翻高等法院的判决的权力更是成为众矢之的。

孟德斯鸠在《论法的精神》中批评说,君主亲自审判案件的情形只会在专制国家里出现,而不应存在于自由的君主国中。否则,"政制便将被破坏,附庸的中间权力将被消灭,裁判上的一切程序都将不再存在;恐怖将笼罩着所有人的心,每个人都将显出惊慌失措的样子,信任、荣誉、友爱、安全

---

〔1〕 托克维尔:《旧制度与大革命》,第 76 页。

和君主政体,全都不复存在了"[1]。他坚持认为,御前会议不能介入司法领域,"由于事物性质的关系,御前会议和法院之间存在一种矛盾"[2]。

法国大革命爆发后,人们把孟德斯鸠倡导的权力分立原则奉为圭臬,主张削弱御前会议的权力。1789 年 8 月 9 日,由于形势所迫,路易十六颁布两项重要的敕令:一方面,在各省分别创建一个诉讼委员会,专门处理行政诉讼案件;另一方面,合并和行政诉讼无关的职能,组建"国王的国务会议"(Conseil d'Etat du roi)。由于这两项法令正式区分了行政活动和行政诉讼,并把两种性质迥然的职能划归两个不同的机构,许多法国学者认为它们标志着现代法国行政体系的诞生。[3]

法国革命者并不满足于此,他们还把矛头指向御前会议审理案件、撤销判决的权力。1789 年 10 月 15 日,加缪(Camus)在制宪议会上率先呼吁人们剥夺御前会议的司法审判权:

> 我们不应掩饰,正是御前会议在法国引入了专制。尽管组成这个法院的官员既不是行政官,也不是公共人物,但他们却不放过攫取任何权力的机会。反对派只要进入御前会议的审判,总是难逃输掉官司的命运。他能要求自然的法官吗? 不能,因为这是一桩行政案件。他能要求正义吗? 不能,因为这是一桩行政案件。先生们! 最后,能够审理所有案件的国王也亲自作出一些著名的判决。然而,它们既不合法,也不正当。[4]

制宪议会接受了加缪的提议案,剥夺了御前会议审理案件和撤销判决的权力:"国民议会颁布法令规定,在它组建司法权和省级行政机构之前,御前议会仍然被允许像往常一样继续行使职能,但是不得自行更改判决,

---

[1] 孟德斯鸠:《论法的精神》(上卷),第 79 页。

[2] 孟德斯鸠:《论法的精神》(上卷),第 81 页。(笔者把中文译本的"枢密院"统一译为"御前会议"。)

[3] Pierre-Yves Quiviger, *Le Principe d'Immanence. Métaphysique et Droit Administratif chez Sièyes*, Paris: Honoré Champion, 2008, p. 254.

[4] *Archives Parlementaires*, tome Ⅸ, p. 451.

不得再撤销案件。"对于经过地方高院审理，但存有争议的案件，制宪议会把重审的权力交给1790年8月20日成立的最高法院。由于后者拥有推翻原有判决的最高权力，也可被形象地译为"翻案法院"。

制宪议会对御前会议的改造并不仅限于此。1791年3月27日，它还颁布了法国历史上的第一部内阁法，宣布再次改革国务会议的组成和职权。

第15条：将组建一个国务会议，它由国王及若干大臣组成。

第16条：国务会议将行使王权，对立法机构的法令提供同意或者延缓的否决权；假如它没有署名，则不负任何责任。国务会议还将讨论如下问题：1.邀请立法机构考虑那些能够促进政府活动、改善行政管理的事务；2.政治外交的一般方案；3.战争动员的措施。

第17条：国务会议还拥有若干职能：1.考察并讨论执行机构的困难和事务，既包括在王权监督下的行政部门与市镇机构所负责的事务，也涵盖有关普通行政的其他事务；2.讨论可以取缔行政机构之违法行为的理由，依法终止其成员的职务；3.讨论国王的公告；4.讨论内阁各部的权限问题，讨论一切需要从其他部委获得力量或帮助的问题。

［……］

补充条款：检审官和国务参事（Conseillers d'Etat）被取缔。[1]

经过多次改革，御前会议只由国王和各部大臣组成，已经不再是由低级别的国务参事所组成的咨询机构，而变成了一个类似于同期英国内阁的政治机构。制宪议会期间，国务会议拥有三项重要的权力：（1）代表国王，批准或（延缓）否决立法机构通过的法令；（2）领导行政事务；（3）充当最高行政法院，取缔非法行政的命令，并解决各个行政机构之间的权限冲突。简言之，国务会议同时扮演立法的审批者、最高行政机构和最高行政法院的三个角色。

---

[1] *Archives Parlementaires*, tome ⅩⅪ，p. 359.

在 1792 年 9 月 21 日君主制被取缔后,国务会议就变成了各部长组成的"行政委员会"。从此以后,它失去了针对议会法令的延缓否决权,但保留了领导行政事务和审判行政诉讼的两项权力。[1] 共和二年芽月 12 日,行政委员会被取缔,它的职能由国民公会的各个委员会分享。根据西耶斯的手稿来看,他很可能会对取缔国务会议的做法持保留态度。

在法国大革命之前撰写的《假想的宪法》里,西耶斯指出国王有任命各部大臣,并据此组建国务会议的权力。[2] 在制宪会议期间,西耶斯也曾在其手稿中讨论过国务会议的组成,认为它应当包括掌玺部、公共教育部、司法部、总务部(surintendance)[3]、外交部、陆军部、海军部、财政部等部的大臣。国务会议的主席应当由掌玺大臣兼任,因为他和国王保持密切的往来,在很多场合能够代表国王。根据他的设想,国务会议肩负的责任是"对赋予王权的各项职权进行划分,维护社会的统一性",并"确保各部的和谐与互助,解决它们之间的权限冲突"。[4]

雅各宾专政垮台以后,多数革命者开始意识到让执行权完全依附于立法权的荒谬与危险。西耶斯也不例外。在他看来,强化执行权的一个重要举措就是重塑国务会议或者行政委员会。除了制宪议会已经赋予国务会议的两项职能——审判行政诉讼案件和行使最高行政权外,西耶斯还主张赋予它起草行政法的权力。

西耶斯在热月 9 日演说中主张,国务会议应当同时扮演三种至关重要的角色:(1)提案陪审团(jurie de proposition);(2)执行陪审团(jurie d'exécution);(3)执行长官(procurateur d'exécution)。[5]接下来,我们将

---

[1] Pierre-Yves Quiviger, *Le Principe d'Immanence. Métaphysique et Droit Administratif chez Sièyes*, p. 270.

[2] *Manuscrits de Sieyès 1770－1815*, tome Ⅱ, p. 450.

[3] 这是西耶斯创造的另一个政治新术语,它涵盖公共工程和公共慈善等民生部门。不过,在公开的表述中,西耶斯从未使用过它。

[4] *Manuscrits de Sieyès 1773－1799*, tome Ⅰ, pp. 421－423.

[5] *Opinion des Sieyès sur Plusieurs Articles des Titres Ⅳ et Ⅴ du Projet de Constitution*, pp. 13－14.

分别介绍它们。

第一，提案陪审团。

我们业已知道，在法国大革命初期，西耶斯关注的重点是维护立法权的统一性。在制宪议会期间，他竭力抵制执行权介入立法，反对赋予国王以任何形式的立法否决权。

热月政变以后，西耶斯的态度出现了明显的变化。他不再主张把形成法律的所有权力都赋予立法机构，因为他已经清楚地认识到："在它的内部，并不存在解决问题的充分手段和知识。事实上，它的构成与这个目标存有冲突。因为表决机构由明智的公民组成，所以它是由精通公民事务的专家所组成的陪审团。然而，它并不是由执行的专家构成。即便它吸收了若干昔日的行政官，他们也不知道目前的政府机器或行政活动是否面临着新状况、新阻力。"因此，人们必须让行政委员会介入立法，发挥积极的作用。在他看来，此举是在捍卫人民的利益，而非捍卫政府的利益，因为"唯有它，才是执行措施的真正专家"。[1]

西耶斯认为，允许行政委员会对立法施加影响，另一个重要的原因就是为了让它心悦诚服地执行法律。他明确指出，"让行政委员会自由地对任何法律提供同意或者反馈"是"它执行法律的契约"。他坚持说："在实施法律之前，人们应当事先咨询公共机构的统治者，请他发表意见。唯有如此，才能确保他担当责任。如果他没有回馈，如果他没有订立执行法律的契约，又如何让他担负责任呢？因此，唯有在中央行政委员会表达同意后，法律才能得到颁布。"[2]不过，西耶斯强调说，人们只是允许行政委员会对立法机构通过的法令行使"谏诤权"（remonstrance），而不是否决权。

除了对新法令拥有谏诤权外，西耶斯还主张在制定行政法时，应当让行政委员会和保民院一样，也拥有法律的提案权。他表示，最合理的立法体系，就是同时准许保民院和政府各自提案，而立法机构对它们的提案进

---

〔1〕 *Manuscrits de Sieyès 1770－1815*，tome Ⅱ，pp. 519－520.

〔2〕 *Manuscrits de Sieyès 1770－1815*，tome Ⅱ，p. 517.

行甄别、商议和决断。

在西耶斯看来,这样的立法体系如同普通法院审理案件:保民院和政府是诉讼双方,立法机构扮演法官的角色,对双方的诉讼请求进行甄选,最终通过的法令就是它作出的判决。[1] 他认为,此种立法体系的优点不言自明,能够很好地兼顾保民院代表的私人需求和政府代表的公共需求。与此同时,它还能借此避免政府和人民走向对立,从而避免革命的再度爆发,"因为无论是人民的领导者,抑或政府的领导者,它都不会让双方承受太多或者太少。双方的沟通永不停歇,而且它们的影响始终保持对称"[2]。

需要指出,西耶斯尽管在事实上分割了立法权,但至少在一点上仍然坚持了革命初期的立场:立法机构拥有最终的表决权。然而,热月政变以后,立法机构在西耶斯的政治体系中的地位逐渐下降。雾月政变后,1799年宪法只准许立法机构对保民院和政府的法案进行表决,禁止它进行任何的讨论和修改,将之变成了一个彻底的"哑巴议会"[3]。

第二,执行陪审团。

在法律被颁布和实施后,国务会议将变成执行的陪审团,即最高行政法院。在执行法律的过程中,人们或许会遭遇意想不到的困难,需要采取紧急措施,然而又不能听凭公职人员专断处置。因此,国务会议便应当拥有某种意义的立法权,能够制定执行法律所必需的行政条例和行政决议。[4] 与此同时,西耶斯也沿袭了制宪议会的做法,主张国务会议负责解决各个行政部门的权限冲突,并裁决公职人员在执行公务时和普通公民产生的纠纷。

第三,执行长官。

---

[1] *Opinion des Sieyès sur Plusieurs Articles des Titres* Ⅳ *et* Ⅴ *du Projet de Constitution*, p. 19.

[2] *Manuscrits de Sieyès 1773—1799*, tome Ⅰ, p. 487.

[3] Mignet, "Sieyès, Sa Vie et Ses Travaux", in *Revue des Deux Mondes*, tome 9, 1837, p. 20.

[4] *Opinion des Sieyès sur Plusieurs Articles des Titres* Ⅳ *et* Ⅴ *du Projet de Constitution*, p. 13.

西耶斯表示，由于各部部长在各自领域内拥有最终的决定权，所以他们是"真正的领导人"、"真正的君主"。[1] 部长能够任命、监督、罢免隶属于自己的公共官员，并对他们的行为负有直接的政治责任。为了保障整套行政机关的统一性，各部部长应当由国家元首任命、监督和罢免，而不是依附于立法机构。

雾月政变后，西耶斯对其政府理论稍作调整。他主张国家元首（"大选侯"）任命两位执政（consuls），一位对内，一位对外。他把治安、司法、财政以及内政的治理权交给前者，把掌管陆军、海军、殖民地和外交的权力交给后者。在每一位执政的下面，分别设有1个国务会议，它们仍由各个部长组成。在各自领域内，国务会议拥有四种主要的职能：（1）作为政府的灵魂，它负责起草必要的行政法案；（2）在解释争议性的法律时，它是执行陪审团；（3）它能够制定管理公共官员及其雇员的行政条例；（4）它裁断低级公职人员或普通公民针对大臣的行政诉讼，针对部长和执政犯下的政治罪行，则交由专门的政治法院（chambre de justice polique et des ministres）审理。[2]

1799年12月13日颁布的宪法并没有完全接受西耶斯的政府框架，只创设了1个国务会议。拿破仑在担任第一执政后，国务会议的成员不再由各部大臣兼任，因而失去了内阁的地位。不过，在拿破仑的政治体系内，它却是一个最为重要的政治机构，因为它的成员皆是拿破仑的心腹。而且，拿破仑让它起草所有的法律，而不仅仅局限于行政立法。从某种意义上说，拿破仑又把国务会议变成了旧制度法国的御前会议。在名义上，它只是第一执政或皇帝的顾问机构，但实际上，它的权力无所不包。

拿破仑帝国覆灭后，国务会议的职能再次得到改革。自复辟王朝起，国务会议和内阁分离，前者的成员不再由各部大臣兼任，国务会议逐渐演变成了"最高行政法院"，只负责起草行政法律和行政审判。第三共和国成

---

[1] *Manuscrits de Sieyès 1773—1799*, tome Ⅰ, p. 418.

[2] Boulay de la Meurthe, *Théories Constitutionelles de Sieyès*, Paris, Chez Paul Renouard, 1836, p. 27.

立后,分别成立了由议会产生的"部长会议"(Conseil des Ministres)和相对独立的"最高行政法院"(Conseil d'Etat)。从此以后,最高行政机构和最高行政法院的分立制度得到了巩固,并沿袭至今。法国由此也形成了世界上独一无二的行政体系。

2. 国家元首

在西耶斯的政府理论中,还有一个举足轻重的环节,即有权任命各部大臣(或部长),并组织国务会议的国家元首。在君主制尚未被革命者取缔的阶段,西耶斯把国王称为国家元首或第一公民。第一共和国宣布成立后,他曾经使用了若干不同的称呼,如"大选侯"、"大选举人"(le grand élu)、"特派的颁布者"(le promulgateur commissionaire),等等。不过,"大选侯"的使用最为频繁。

为了更好地理解西耶斯的国家元首观念,我们首先有必要简单地回顾18 世纪法国启蒙哲人构建新型君主制的各种努力。

路易十四逝世以后,自由贵族从未停止批判绝对君主制,试图恢复贵族和君主共治天下的昔日局面。布朗维利埃为此重构了早期法国君主制的历史:在法兰克人征服高卢时期,国王并非世袭,而是由贵族选举产生;国王也没有大权独揽,而是和贵族分享政治权力;国王和贵族在三月或五月会议上一起决定国家大事。[1] 要而言之,布朗维利埃希望用封建君主制取代绝对君主制。

孟德斯鸠则反复重申权力分立的原则,尤其告诫君主切勿介入司法审判,因为此种做法"将成为不公正和弊端无穷无尽的泉源"[2]。在他看来,国王只能掌握最高行政权,并可以行使立法否决权。

对于孟德斯鸠的权力分立理论,重农学派不以为然。他们表示:"权威

---

〔1〕　Sylvain Venayer, *Les Origines de la France*:*Quand les Historiens Racontaient la Nation*,Paris,Seuil,2013,p. 22.

〔2〕　孟德斯鸠:《论法的精神》(上册),第 80 页。

之所以变成可怕的灾难,并不是因为它掌握在一个人的手中,而是因为人们还没有理解有关社会之自然与必然的秩序的明证知识。"[1]也就是说,问题的症结不在于权力的集中,而在于没有认识良好社会秩序的基本原理。他们认为,孟德斯鸠鼓吹的英国权力制衡体系不过是"虚幻的体系",只要同时掌握立法权和执行权的君主领会政治科学的真理,就能建立最好的政治制度——"合法的专制主义"(despotisme légale)。[2] 不过,重农学派也并非是专制主义的真正鼓吹者,他们也同意孟德斯鸠关于君主不能拥有司法权的论断,"让立法权和分配司法的机构掌握在一个人的手中,而不破坏司法的确定性和成文法的必要性,几乎是不可能实现的事"[3]。

卢梭尽管对绝对君主制提出了辛辣的批评[4],但他并不抗拒把执行权授予国王的观点,前提是不能让国王把自己的个别意志行为变成公意,必须确保他绝对地服从立法者所颁布的法律。卢梭认为国王的存在有助于维护人民的自由,但需要防范他攫取立法权,变成专制者。他对于国王的看法,可从他援引的普林尼的一句名言上得到管窥:"我们拥戴一个国王,为的是他能保证我们不做任何主人的奴隶。"[5]

布朗维利埃、孟德斯鸠、重农学派和卢梭都认为,立法权、执行权和司法权的集中是法国绝对君主制的命门所在,并由此提出了大相径庭的解决方案。有人主张只给君主保留执行权(卢梭),有人坚持君主拥有执行权和部分的立法权(孟德斯鸠),有人强调君主应当掌握全部的立法权和执行权(重农学派)。然而,无论他们留给君主的权力有多少,但在一点上,他们的立场无甚区别,即认为:君主不仅在理论上拥有这些权力,而且在实践中也可亲自行使它们。

---

[1] Mercier de la Rivière,*L'Ordre Naturel et Essential des Sociétés Politiques*,tome Ⅰ,p. 257.

[2] Mercier de la Rivière,*L'Ordre Naturel et Essential des Sociétés Politiques*,tome Ⅰ,p. 265.

[3] Andrie Lorion,*Théorie de Premiers Physiocrates*,Paris,Jouve &Cie,1918,p. 92.

[4] 卢梭:《社会契约论》,第 89—98 页。

[5] 卢梭:《论人类不平等的起源与基础》,第 132—133 页。

西耶斯的国家元首则是一个迥然不同的形象:国王是一位虚位的君主,其权力更多地存在于象征的层面,而不是体现为对权力的实际支配。在 1789—1799 年期间,西耶斯始终没有改变他在这一问题上的立场。

法国大革命前夕,西耶斯在《假想的宪法》当中指出,中央政权由三种性质迥然的代表机构组成:"意志的代表机构"、"行动的代表机构"和"荣誉的代表机构",它们分别指立法机构、行政委员会和国王。由此可见,西耶斯明确区分了国王和行政委员会的权责范围。他把国王称为"第一公民"、"第一代表",认为他是国家荣誉的泉源和中心。这时的西耶斯并不排斥世袭的君主制,认为"只要人们愿意,君主即可世袭";国王不受刑罚,拥有至高无上的地位;国王是虚位的君主,因为他的权力"并不实际"(non réellement);国王可以选择和任命大臣,但不需要为他们的行为负责。[1]

1789 年 6 月 17 日,国民议会组建以后,绝对君主制存在的基础已经消失。重塑国王的职权不再是停留于思辨层面的假想命题,而是变成了一个迫在眉睫的现实挑战。1789 年 9 月,制宪议会围绕是否应该赋予国王否决权而展开的激烈讨论,本质上就是制宪议会对国王在未来政治体系中应当扮演何种角色的问题上出现了严重的分歧。

在 9 月 7 日《论国王否决权》的演说中,西耶斯明确表态,反对赋予国王以任何形式的否决权,无论它是绝对的抑或延缓的。乍一看,西耶斯似乎和罗伯斯庇尔一样,主张国王消极地服从立法机构。

其实不然。在西耶斯的政治体系里,国王(或者后来的"大选侯")始终不可或缺。结合《论国王否决权》的演说及其在 1789—1791 年期间的相关手稿,我们可以断言,西耶斯在 1791 年前后已经构建了一套完整的"虚位君主"理论。具体而言,国王应当扮演的角色主要包括:

(1)法律的颁布者。立法机构通过一项法令后,国王有权进行批准(sanction)。尽管西耶斯和穆尼埃、罗伯斯庇尔等人一样使用"批准"的概念,但它并不具有同意权或否决权的含义。西耶斯表示,作为国玺的托管

----

[1]　*Manuscrits de Sieyès 1770—1815*,tome Ⅱ,p. 428.

者，国王不能否决，而必须接受立法机构通过的法令，并为之加盖国印。尽管从法律形成的实际过程来看，国王的颁布行为类似于"走过场"，但西耶斯却认为它拥有两重至关重要的象征意义："对公民而言，这是真正意义的颁布；对执行官员而言，毋宁是一种命令。"[1]也就是说，自从国王完成法律颁布的程序后，法律便正式生效，普通公民必须绝对地服从它，公共官员必须严格地执行它。

（2）国家荣誉的代表。对内，国王通过颁发各种荣誉，起到普及教育、奖掖科学、完善艺术和推动实业的作用。对外，国王是国家的象征，在外交、谈判、缔约、殖民等事务方面拥有最高的决策权，并要接待各国使节。西耶斯指出，因为国王代表国家尊严，所以人们应当给他提供与之匹配的荣誉和待遇。除了私人府邸之外，国王还应当拥有华丽的荣誉宫殿，能够享有各种荣誉服务；每逢重大节日，王宫要组织游行；在所有的公开仪式中，国王应当占据最为显眼的位置；等等。[2]特别有意思的是，西耶斯对荣誉宫殿的内部构造也作出细致入微的安排。他反复思忖王座、王冠、权杖应当摆放的位置，再三斟酌议会讲坛、司法部、行政机构、荣誉厅、慈善厅的空间布局。[3]对他而言，这些仪式看似微不足道，但却能够很好地彰显国家的尊严，使之变成"看得见的权力"（la puissance visible）。[4]

西耶斯之所以让国王拥有至高无上的权威、荣誉和地位，主要是为了建立在共和国里无法实现的平等，而不是偏爱专制制度。他多次援引了普林尼的那句名言："我们之所以拥戴一个国王，是为了让我们避免拥有一个主人的危险或者不幸"；"我们需要第一公民或者一个国王，是为了避免一个主人"。[5]或许，西耶斯在此也受到了卢梭的影响。

（3）最高军队统帅。对西耶斯而言，国王的军事指挥权只限于对付境

---

[1] *Manuscrits de Sieyès 1773—1799*, tome Ⅰ, p. 420.

[2] *Manuscrits de Sieyès 1773—1799*, tome Ⅰ, p. 421.

[3] *Manuscrits de Sieyès 1773—1799*, tome Ⅰ, p. 431.

[4] *Manuscrits de Sieyès 1773—1799*, tome Ⅰ, p. 435.

[5] *Manuscrits de Sieyès 1773—1799*, tome Ⅰ, p. 421.

外势力的武装部队,而不包括对内的治安力量。他表示,国内的治安力量应当服从地方的执行机关,并不必听从国王的调遣;假如国王同时掌握对外的军队和对内的警察,那么自由的屏障便不复存在。[1] 西耶斯虽然认为国王拥有最高的军事指挥权,但坚持军队的所有权应当归属国家,强调国王的指挥权"纯粹是工具性的";而且,唯有在得到国民议会和国务会议请求与同意的情况下,国王方可调动军队。[2] 他提醒人们,要防止国王把军队私人化,"如果恺撒、庞培、苏拉、马略没有拥有自己的军队,那么罗马共和国将会存在更久"[3]。由此可见,西耶斯在军队问题上的看法颇具现代民主的色彩。

(4)虚位的君主。国王只是名义上的最高行政首脑,他有权任命、监督和罢免大臣,但由于不干预他们具体的行政活动,所以也不必为他们的过失承担任何责任。在一份可能为《论国王否决权》演说的底稿中,西耶斯对其在 1789 年以前已经朦胧提出的虚位君主制,作出更为详细的阐述。

> 国王并不是执行权的真正长官。他本人不能亲自介入执行领域;人们会本能地承认这个真理,因为我们已经宣布他不负责任。[……]大臣们才是真正的领导人、真正的君主、首要的责任人。所以,国王并不是凭借执行权的领导人的称号,才变成法律的托管者。人们应当从其真正的属性考虑国王:他是(人民)国民的代表,负责选择政府的代理人;他介于人民和大臣之间。宪法把他变成了第一公民,并决定了其特征;他的利益和人民的利益密不可分。他代表人民监督政府的代理人;他的真正称号是各位执行大臣的选举人和仲裁者;他监督大臣,乃是为了保护人民的利益,为了维护法律。「……」他是我们所有人的领袖,他和我们一道反对内阁的专制。[4]

〔1〕 *Manuscrits de Sieyès 1773—1799*,tome Ⅰ,p. 415.
〔2〕 *Manuscrits de Sieyès 1773—1799*,tome Ⅰ,p. 376.
〔3〕 *Manuscrits de Sieyès 1773—1799*,tome Ⅰ,p. 226.
〔4〕 *Manuscrits de Sieyès 1773—1799*,tome Ⅰ,pp. 418—419.

西耶斯也清楚地认识到,野心勃勃的国王可能不会满足于虚位君主的角色,会挖空心思篡夺更多的权力。针对此种情况,他认为人们不必对国王施加惩罚,只需抨击、惩罚和解散其内阁即可,因为这会让"第一公民变成孤家寡人,假如他变成孤家寡人,便会一事无成;宪法要剥夺他获得帮凶的机会"[1]。

(5)司法长官。作为国家元首,虽然国王无权介入民事案件和刑事案件的审判活动,但"如果有人提出请求,并且罪犯存在情有可原的情况"[2],那么他就可以酌情赦免。

西耶斯认为,国王的权威来自国家的象征而非政府官员的身份,来自宪法的授权而非世袭的继承制。在制宪会议期间,西耶斯曾经在私下的场合,考虑采用抽签的方式产生第一公民,任期终身制;自国王登基之日起,从候选的提名者中抽签产生第二公民,作为候补国王;国王逝世或辞职后,第二公民自动成为新的国王,而新的第二公民以相同的方式产生;提名者的名单由各省拟定,但需要得到立法机构的同意,但现任国王能够除名若干不满的人选;为了避免抽签制度蜕化为世袭制,他主张禁止现任国王和第二公民的兄弟、堂兄弟、连襟、儿子、女婿和侄子入选候选名单。[3]

要而言之,西耶斯对待国王的态度可以概括为两点:一方面,他主张赋予国王以崇高的地位、荣誉和权力,允许后者任命大臣,颁布法律,行使大赦的权利,并拥有耀眼的荣耀和丰厚的收入;另一方面,他又竭力强调国王和执行权的分野,坚持他不能介入具体的行政,否则将以解散其任命的内阁作为惩罚,使之变成"孤家寡人"。英国学者穆雷·福谢斯总结得好,西耶斯的理想就是要把波旁王朝的国王改造成"统而不治"(reign,but not go gouvern)的虚位君主。[4]

---

[1] *Manuscrits de Sieyès 1773—1799*,tome Ⅰ,p.429.

[2] *Manuscrits de Sieyès 1773—1799*,tome Ⅰ,p.323.

[3] *Manuscrits de Sieyès 1773—1799*,tome Ⅰ,pp.434—438.

[4] Mourray Forsyth, *Reason and Revolution: The Political Thought of Sieyes*, p.179.

第八章 政府

在 18 世纪法国,"统而不治"的君主制观念或许太过超前,很少有人能够理解它的真正内涵与现实意义。在大革命初期,国王依然是名副其实的最高行政首脑,并能够凭借延缓否决权,对立法产生重大的影响。但在当时一位评论家的眼里,"此时的王冠不过是一个虚幻的影子"[1]。路易十六似乎也不愿恋栈在许多人看来已经名不副实的王座,在 1791 年 6 月 21 日携带家眷,仓皇出逃。

然而,路易十六没有受到命运女神的眷顾,在边陲小镇瓦伦被逮捕。国王逃跑事件是法国大革命的重要分水岭。政治形势遽然恶化,巴黎掀起了一场关于是否保留君主制的大讨论。共和分子欣喜若狂,科特利埃俱乐部宣称:"我们已经自由,不再有国王";布里索、博纳维尔和孔多赛先后表示拥护共和制;外省的许多俱乐部也纷纷表达了相同的立场。[2]

我们知道,西耶斯对君主制并无特别的偏爱,但在这场引人瞩目的讨论中,他的态度却耐人寻味。当时的巴黎盛传西耶斯支持共和制的谣言。7 月 6 日,西耶斯在《导报》副刊上发表文章予以澄清,阐述了其支持君主制的理由:

> 我之所以倾向于选择君主制,既不是因为偏爱古老的习惯,也不是因为迷信保王主义的情感。我选择它,是因为我已经证明:公民在君主国里比在共和国里,能够拥有更多的自由。我认为,除此之外,别的理由都很幼稚。在我看来,最好的社会制度并不取决于若干人的情感,而是要让所有人都能够安宁地享有最大限度的自由。如果我在君主国中发现了这种特征,那么很显然,我会把它置于其他体系之前。这就是我信奉的原则的秘密,这就是我的信仰。[3]

7 月 8 日,共和制的积极鼓吹者托马斯·潘恩在《导报》上反驳西耶斯,

〔1〕 Pasquale Pasquino,"Le Concept de Nation et les Fondements du Droit Public de la Révolution", in *L'Héritage de la Révolution Française*, p. 311.

〔2〕 乔治·勒费弗尔:《法国革命史》,顾良、孟湄、张慧君译,商务印书馆,2013 年版,第 218 页。

〔3〕 Sieyès,"Variétés", in *Oeuvres de Sieyès*, tome Ⅱ, pp. 29—30.

竭力证明共和制的优越性,并将之和代议制政府画上等号:"我不愿给荷兰以及意大利的某些城邦国家贴上共和制的标签。我只把共和国理解为一个代议制的政府、一个建立在权利宣言原则之上的政府。事实上,法国宪法的某些部分和这些原则也存在冲突。无论在原则上,抑或在表述方面,法国和美国的权利宣言都是而且只能是相同的事物。这就是我试图捍卫,并将之和君主制与贵族制相对立的共和制。"潘恩表示,共和国可以更好地捍卫人权原则,而君主制只会"在地球上制造弊端、痛苦、饥饿、战争与屠杀"〔1〕。

7月16日,西耶斯在《导报》对潘恩的批评作出回应。他指出,共和的政府形式并不足以保障自由,并认为潘恩混淆了共和制和代议制。他坚持自己也是代议制的坚定拥护者,宣称"任何没有把代议制作为本质的社会宪法,皆是伪宪法"。但与此同时,他也指出,选举的正当性固然不可辩驳,但"执行领域和立法领域是否应当采纳相同的方法"却是一个值得讨论的问题。很显然,他反对把选举原则引入执行领域,因为他自始至终都在强调,执行权为了维护自身的权威和统一性,必须抵制"自下而上"(descendant)的任命方式。〔2〕

西耶斯反唇相讥,认为共和派们鼓吹的共和制不过是"寡头制政府"(gouvernement polyarchique),它隐含着扯皮、混乱和分裂的危险,会导致人们作出不负法律责任的决定。但他表示,自己无意于捍卫像奥斯曼帝国这样的君主制。他坚称自己拥护的君主制具有两个重要的特征:一方面,

---

〔1〕 "Lettre de M. Thomas Paine à M. Emmanuel Syèys", in *Oeuvres de Sieyès*, tome Ⅱ, 29—30.

〔2〕 在法国大革命初期,西耶斯即已把公共职能分为"自上而下"的代表机关和"自下而上"的执行机构。(Sieyès, *Quelques Idées de Constitution Applicables à la Ville de Paris*, p. 19.)在1795年热月演说中,西耶斯重申了"自上而下的行动"和"自下而上的行动"的区分。(*Opinion de Sieyès sur Plusieurs Articles des Titres Ⅳ et Ⅴ du Projet de Constitution*, p. 3.)1799年,西耶斯仍然在强调:"信任自下而上,而权力必须自上而下。"(Boulay de la Meurthe, *Théories Constitutionelles de Sieyès. Constitution de l'An Ⅷ*, p. 25.)

国王能够代表人民选择和罢免各部的大臣,使之恪尽职守,从而确保政府的统一性;另一方面,国王不介入行政活动,也无需负责,因而不会产生危险。当然,在国王是否采取世袭制的问题上,西耶斯并非没有犹豫:

> 从理论的角度而言,无论何种公职,只要采取世袭继承制,就不可能和真正的代议制完全一致。从这个意义上说,世袭制既是对代议制原则的一种悖离,也是对社会的一种侮辱。但是,我们不妨看看采纳选举制的君主国或王国的历史。选举模式总是比世袭制糟糕。难道人们能够举出一个反例吗?谁会愚蠢到敢于谴责国民议会,谴责它缺乏勇气呢?在两年前,他们和别人一样,除了根据已知的事物判断眼前的事物,除了只知道已经发生的事情外,还能做什么呢?即便他们曾经思索过这个问题,难道就能够在荒谬但和平的世袭制和同样荒谬但却经常催生内战的选举体系之间,取得某种平衡吗?

由此可见,西耶斯完全是抱着两害相权取其轻的功利主义态度,在精心比较君主选举制和君主世袭制的弊病后,才无奈地选择了后者。不过,他还是希望人们能够找到一种理想的方法,"既能够汇聚世袭制的所有优点,避免其缺陷,又可以吸取选举制的优点,避免其缺陷"[1]。

在西耶斯的内心深处,他并不怎么认同君主制,可是他又为何要在1791年7月公开宣布支持它呢?为了理解这一点,我们就不能脱离当时的历史语境。路易十六出逃事件发生后,革命形势急转直下,普通民众纷纷走向街头,日益壮大的政治团体(如雅各宾俱乐部)也越来越不受制宪议会的控制。由此,制宪议会取得的成果开始变得岌岌可危。

在民众普遍敌视君主制的情况下,巴纳夫和图雷仍然主张保留君主制,并坚持把延缓否决权写入新宪法。他们希望通过保障君主的权力及其影响,遏制日益激进化的群众运动。在制宪议会即将闭幕之际,西耶斯的挚友列沙白里哀提议颁布禁止民众结社的法令。列沙白里哀表示,"破坏的时代已经逝去;不再有需要推翻的弊端,不再由需要与之斗争的偏见";

---

〔1〕 "Lettre de Sieyès à M. Thomas Paine", in *Oeuvres de Sieyès*, tome Ⅱ, pp. 29—30.

当务之急是恢复秩序与公共和平，"结束大革命"，让法国人民享受"宪法之下的幸福"。[1]

西耶斯在 1791 年 7 月之所以违背其个人的信念，公开宣布支持君主制，很可能是出于类似的策略考虑。帕斯基诺指出，西耶斯希望通过公开支持君主制，挽救并非尽善尽美，但却值得捍卫的 1791 年宪法。[2]

不过，国民公会在 1792 年 9 月 21 日宣布取缔君主制时，西耶斯也没有表现出惋惜之情。在 1793 年 1 月 16 日夜晚讨论是否宣布路易十六死刑的投票过程中，出现了一则有关西耶斯的传说。有人宣称，西耶斯在投票赞成处死路易十六时，只说了一句冷酷无情的话："无需废话，死刑。"(la mort sans phrase.)保尔·巴斯蒂考证说，此事是子虚乌有，当天的国民公会记录并没有记载此事。巴斯蒂推测，西耶斯在投赞成票时没有发表任何言论，但被误传为"无需废话，死刑"。[3] 但笔者认为，这个传言也有可能不是空穴来风。在对路易十六进行审判前后撰写的手稿里，西耶斯明确将之斥为"背信弃义者、叛国者和逃跑者"[4]。所以，他在投票现场流露出对路易十六的厌恶，也并非没有可能。

虽然西耶斯公开投票赞成处死路易十六，但似乎为时已晚，因为他在 1791 年 7 月捍卫君主制的做法早已触怒了激进派。在国民公会时期，巴纳夫、图雷及西耶斯的好友列沙白里哀等人皆因为表态过支持君主制，纷纷被送上了断头台。西耶斯由于选择退隐巴黎郊区，避免在国民公会抛头露面，才幸免于难。在热月政府、督政府时期，他的政敌也经常抓住这个小辫，污蔑他是保王党。

在国民公会宣布取缔君主制后，西耶斯抛弃了"国王—选侯"

---

[1] Le Chaplier，"Rapport sur les Sociétiés"，in *Orateurs de la Révolution Française*，sous la direction de F. Furet，Paris，Gallimard，1989，pp. 432－439.

[2] Pasquale Pasquino，"Le Concept de Nation et les Fondements du Droit Public de la Révolution"，in *L'Héritage de la Révolution Française*，p. 320.

[3] Paul Bastid，*Sieyès et Sa Pensée*，p. 137. 事实上，圣伯夫在 19 世纪已经作出类似的分析。(Sainte-Beuve，"Sieyès"，in *Causeries du Lundi*，tome V，p. 215.)

[4] *Manuscrits de Sieyès 1773－1799*，tome I，p. 441.

(monarque électeur)〔1〕的概念,不再把国王视为国家元首,开始用"大选侯"、"大选举人"、"特派的颁布者"等表述。在讨论共和三年宪法的手稿中,我们可以看到这些字眼频繁出现。大选侯拥有的职权和他在制宪会议时期的构想几无出入。特别有意思的是,他还创造了一个和"君主选侯""大选侯"相对的全新概念——"人民选侯"(peuple électeur):前者负责产生最高的执行机构,选择各部的部长;后者即人民或国民,有权选举产生制宪议会和立法议会的成员。〔2〕 在他看来,人民和大选侯拥有一种相同的特征:有权选择自己的代理人,但不能干预他们的立法活动或行政事务。

1799 年雾月政变后,西耶斯进一步深化了其大选侯的观念。"大选侯"的选择方式出现了新的变化,他主张由"元老陪审团"(Jury Conservateur,其前身为 1795 年宪法陪审团)秘密投票产生。除了名称和选举方式发生变化外,1799 年的大选侯拥有的职权和革命初期的虚位君主毫无二致。对于这一点,我们可以援引西耶斯手稿中的两段话来说明:

> 他〔即大选侯——笔者注〕不是国王,否则他会拥有其臣民。人们以他的名义统治、执行,并向他汇报;他监督,但不统治,〈他甚至不需要签名〉。他的署名可以被一个职员加盖印章。他不负责任。无论在国内抑或在国外,他皆是国家尊严的代表。正如人民不行使任何的执行权,他也不行使执行权,而由部长们代劳。他把运动传递给行政机器,并给它提供统一性。由于独立并凌驾于个体的激情和党派的利益之上,所以他只凭借自己的理性和确凿的公共舆论,来选择和罢免统治者与部长。简言之,仅仅凭借其自身的存在,他便可阻止或杜绝一切统治者或者公民出现危险的野心。面对外国人,他代表国家,保护国民,防范外国人侵害它。他监督掌握在执政手中的政府,解决他们的权限冲突,并维持和谐。〔3〕

---

〔1〕 在后来和潘恩论战的文章中,西耶斯也把国王称为"国王选侯"(monarque électeur)。

〔2〕 *Manuscrits de Sieyès 1770－1815*,tome Ⅱ,p. 557.

〔3〕 *Manuscrits de Sieyès 1773－1799*,tome Ⅰ,p. 525.

大选侯。他代表法国人民的尊严:他凌驾于每个人之上。凭借此种称号,他是第一公民,独一无二的第一人,并且在任何地方都身居首位。他的人身将被赋予所有的荣誉权利,使人能够感受到一个伟大国民的尊严。他携带荣誉随从和贴身护卫。他拥有一份丰厚的土地收入。面对外国政府时,他是国家元首。(他召见大使。)他是法国向外国传播知识、科学和实业的渠道。人们以他的名义,给国家重要官员颁发证书和委任状。在共和国的所有市镇里,他可以任命主持所有公共仪式的代理人。[1]

概而言之,西耶斯在 1799 年期间设想的大选侯既不是一个专制者,因为他只具备有限的、象征的权力,也不拥有世袭的权利,因为他不过是一个由元老院选举产生,并负责满足公共需求的人物。然而,野心勃勃的拿破仑·波拿巴不可能满足于担任这样一个拥有最高荣誉,但却不掌握实权的"大选侯"。对拿破仑而言,大选侯的职位缺乏任何的吸引力,他只把它视为"一个锦衣玉食,但却毫无力量、缺乏运动的幽灵"[2],一个无任何作为的"懒王"(roi fainéant)。[3] 在拿破仑的威逼利诱下,西耶斯的大选侯方案最终被其政治盟友所抛弃。

我们不难想象,西耶斯在看到其长期构想的国家元首被一个军事独裁者取代时,是何等的失望与痛苦。在拿破仑掌握所有权力后,西耶斯对昔日的政治盟友进行了无情的嘲讽:"先生们,你们又拥有了一个主人。"[4]

纵观法国和欧洲的历史,还没有出现过一个和西耶斯的构想完全相同

---

[1] Pierre-Yves Quiviger, *Le Principe d'Immanence*, p. 406.

[2] Boulay de la Meurthe, *Théories Constitutionelles de Sieyès. Constitution de l'An Ⅷ*, p. 48.

[3] Mirkine-Guetzievitch, "L'Abbée Sieyès", in *La Révolution Française*, No. 5, 1936, p. 235.

[4] Mourray Forsyth, *Reason and Revolution: The Political Thought of Sieyes*, p. 174.

的政府。但是,他的许多思考在后世的欧洲都变成了现实。譬如,他界定的"国务会议"和当代的"最高行政法院"拥有部分相同的职能——起草行政法、解决权限冲突并裁判行政诉讼案件。

西耶斯的虚位君主理论更是对在 19 世纪建立立宪君主制的法国、比利时和卢森堡产生了深远的影响。当然,此种影响主要是借助贡斯当的著作,间接完成的。贡斯当是近代西欧立宪君主制理论的重要奠基人,他对中立权(pouvoir neutre)的经典描述就和西耶斯的国家元首观念有着诸多相似的地方。[1] 1830 年,贡斯当在一篇回忆文章中,坦然承认西耶斯对他的巨大影响,并高度评价了后者对立宪君主制作出的理论创见:

> 言归正传,重新回到西耶斯。他智力过人,对形而上学与政治的思考既精致又深刻。哪怕在其似乎是最为繁琐、招致实干家百般挖苦的抽象观念当中,也存在某种崭新、真实的观念。纵观西耶斯的一生,我们有可能吃惊地得出结论说,他比任何人都更多地奠定了立宪君主制的基础。在法国,他破天荒地建立并证明:处在政治秩序顶端的元首应当选择而不是统治。他的大选侯有些令人难以捉摸,人们经常利用它来指责其理论的荒谬。然而,他的大选侯正是那种既恰当而又有益的理想君主类型。选择是他的职权,解散(内阁)是他的权力。如果他僭越此等权限,亲自行动,就会违背其本质,扰乱国家,并损害其自身的不可侵犯性。[2]

---

[1]　贡斯当:《论古代人的自由和现代人的自由》,第 67—76 页。

[2]　Constant,"Souvenirs Historiques",in *Revue de Paris*,tome XI,1830,p. 120.

结　语

　　纵观西耶斯的一生,他始终是个人权利的坚定捍卫者。在法国大革命前夕,西耶斯旗帜鲜明地指出:"自由先于一切社会,先于所有立法者而存在。[……]所以,设置立法者的目的,不是为着给予我们权利,而是为着保护我们的权利。[……]凡法律未予禁止的,均属公民自由的范围。"[1]在制宪议会期间,他又掷地有声地宣称:"一切社会、一切政治宪法都只能以保障、服务和扩大生活在社会当中的人的权利为目标。"[2]在1795年热月9日的著名演说中,他又强调所有政治机构的创设"皆是为了实现人民的最大福祉,追求个人自由的最大化"[3]。1799年发动雾月政变后,西耶斯依然没有放弃对个人权利的信念,呼吁把公共机构的基础、原则和形式建立在人民的独立、安全、自由及幸福之上。[4]

　　人权的保障离不开对公共权力作出良好的组织、划分与限制。西耶斯在大革命期间的所有努力,无非是要为法国提供一部良好的"代议制宪

---

〔1〕　西耶斯:《论特权　第三等级是什么?》,第2页。

〔2〕　Sieyès, *Préliminaire de la Constitution Française. Reconnaissance et Exposition Raisonnée des Droits de l'Homme et du Citoyen*, p. 19.

〔3〕　Sieyès, *Opinion des Sieyès sur Plusieurs Articles des Titres Ⅳ et Ⅴ du Projet de Constitution*, p. 18.

〔4〕　Boulay de la Meurthe, *Théories Constitutionelles de Sieyès. Constitution de l'An Ⅷ*, pp. 17—18.

法"。为此,他坚决捍卫代议制的正当性,反复强调有限政府(共和国)和全能政府(极权国家)的本质区别,竭力呼吁在法国建立不同于盎格鲁-撒克逊模式的权力分立模式,较早提出了违宪审查和人权法院的观念,并通过重塑国家元首和国务会议的职能,促进了法国行政体系的发展。毫不夸张地说,在现代法国公法的诞生过程中,西耶斯功不可没。

历史的吊诡在于,作为"法国大革命的预言家、理论家和最初的导演"[1],西耶斯并没有得到后世法国人太多的垂青。在法国大革命史学当中,西耶斯的地位远不及米拉波、丹东和罗伯斯庇尔。[2] 面对西耶斯做出的巨大贡献和其受忽视程度之间存在的巨大反差,帕斯基诺愤愤不平地抱怨说:"罗伯斯庇尔这样一个平庸的理论家,居然还成为不计其数但却毫无意义的著作的争论焦点。"[3]

在西方政治思想史上,西耶斯还经常成为人们抨击的对象。由于拉拢拿破仑·波拿巴发动雾月政变,西耶斯客观上断送了法国革命者追求的自由事业,这导致法国共和派对他难以产生好感。共和派历史学家埃德加·基内(Edgar Quinet)毫不客气地批评道,革命恐怖导致西耶斯从"自由的理论家"蜕变为"奴役的理论家"。[4] 信仰社会主义的乔治·勒费弗尔认为,西耶斯没有固定的政治信仰,会随着局势的变化毫不犹豫地抛弃原

---

[1]　Paul Bastid, *Sieyès et Sa Pensée*, p. 631.

[2]　Reinhard Bach, *Rousseau et le Discours de la Révolution. Au Piège des Mots. Les Physiocrates, Sièyes, les Idéologues*, p. 99.

[3]　Pasquale Pasquino, *Sieyès et l'Invention de la Constitution en France*, pp. 74 – 75.

[4]　基内对西耶斯的评价甚低:"请你们看看西耶斯。你们在这位 1789 年人(l'home de 1789)的身上发现了什么? 唯有恐惧,尤其是卑劣的恐惧支配着这位堕落的智者。在存在共和派的任何地方,西耶斯只会看到恐怖的再现。他的灵魂充斥着 1793 年的幽灵,他总是在睡梦而不是在现实中惊醒;他在自己的周围散播它们。他使督政府丧失理智;如今他又用执政府取而代之。断头台的场景历历在目,长久挥之不去;他已经无法思考别的事情。在驱逐罗伯斯庇尔的幽灵后,他开始寻求波拿巴军队的庇护。他原本希望成为自由的理论家,但最终却变成了奴役的理论家。"(Edgar Quinet, *La Révolution*, Paris: Belin, 1987, p. 716.)

有的立场;[1]右派的理论家们(如汉娜·阿伦特、雅各布·塔尔蒙)则纷纷断言,西耶斯的政治思想构成了当代极权主义的重要来源。[2] 此外,某些对西耶斯不无推崇的思想家在理解他的政治理论时,也不乏误解甚至扭曲。譬如,德·马尔贝格、卡尔·施米特、安东尼奥·内格利就曾错误地将其制宪权理解为无限的政治决断论或不断革命论。

不过,人们对西耶斯批评最多的还是其政治思想的形而上学风格,并把大革命期间产生的暴力、恐怖和专制悉数归咎于此。革命巨人米拉波是始作俑者。在1789年8月,米拉波在批判西耶斯的人权宣言草案时讽刺道:"自由绝不是哲学家们精心演绎的某种学说的结果。"[3]王政派马莱·杜庞(Mallet du Pan)批评说:"西耶斯是大革命以来最危险的人物:自从第一天起,他就用理论来衡量它,却从不考虑可怕的偶然。[⋯⋯]为了让自身的理论得到接受,西耶斯可以犯下滔天罪行。"[4]埃德蒙·柏克也抨击西耶斯构建了既抽象又错误的人权哲学[5],并且还对其宪法观念极尽嘲讽:"西耶斯拥有一个巨大的鸽子棚,每个笼子里都装有这位工匠炮制的宪法。他根据它们适用的季节及其满足的幻想,分别贴上相应的标签和数字。[⋯⋯]任何爱好宪法的人都无法从中找到自己期望的东西,但如果他欣赏掠夺、压迫、任意监禁、没收、流亡、革命审判以及以合法面貌掩盖的谋杀,倒可以找到相应的榜样和法律。"[6]圣伯夫指出,西耶斯的错误在于"相信人们可以发动一场激进的变革,相信人类而不仅仅是精英能够永远

---

[1] 勒费弗尔指出,西耶斯思想中表面存在的统一性"不是源自内在,而是源自外部世界的强加,源自保障资产阶级统治的需要"。(Georges Lefebvre,"Sieyès",in *Annales Historiques de la Révolution Française*,1939,p. 365.)

[2] 雅各布·塔尔蒙:《极权主义民主的起源》,第77—87页。

[3] *Archives Parlementaires*,tome Ⅷ,p. 438.

[4] *Correspondance Inedité de Mallet du Pan avec la Cour de Vienne:1794—1798*,Paris,1884,pp. 128—129.

[5] 柏克:《法国革命论》,第43页。

[6] 转引自:Pierre-Yves Quiviger,*Le Principe d'Immanence. Métaphysique et Droit Administratif chez Sièyes*,pp. 9—10.

地皈依理性"[1]。在托克维尔看来,西耶斯等革命者沾染了启蒙哲人偏爱文学政治的弊病,"民众的想象抛弃了现实的社会,沉湎于虚构社会。人们对现实状况毫无兴趣,他们想的是将来可能如何,他们终于在精神上生活在作家建造起来的那个理想国里了"[2]。在 20 世纪上半叶,卡尔·贝克尔的批评也是大同小异,"哲学家们展望着未来,就像是展望着一片美好的乐土,一个新的千禧王国"[3]。在 20 世纪 90 年代,斯蒂芬妮·利阿斯仍在旧调重弹,批评以西耶斯为首的法国革命者鼓吹某种"教条的宪政主义",而不是皈依大西洋彼岸的"审慎的宪政主义"。[4]

然而,我们是否能够像上述的批评者一样,把法国大革命视为抽象的文学政治,加以激烈的批判甚至否定? 显然不能。18 世纪法国的贵族和教士绝非如柏克所描绘的那样宅心仁厚。他们在反对王权专制时固然表现出了非凡的勇气,但他们并不愿意和第三等级分享胜利的果实,反而要千方百计地维护既有的特权,挖空心思地把国家责任尤其是赋税的重担转嫁到第三等级的身上。[5] 他们还不遗余力地证明,五花八门但却令人深恶痛绝的特权扎根于历史、传统、习俗和所谓的"基本法"之中。因此,第三等级为了消灭特权,为了建立自由与平等的新社会,就不得不和弊病重生的历史与现状进行彻底的切割,就不得不嘶声呐喊:"我们的历史并不是我们的法令。"[6]由此可见,法国革命者和过去彻底决裂的集体心态,绝非是不可理喻的荒谬观念,他们鼓吹的反历史主义主要基于对 18 世纪法国无处不在的特权现象的正当反动。

---

[1] Sainte-Beuve,"Sieyès", in *Causeries du Lundi*, tome , p. 198.

[2] 托克维尔:《旧制度与大革命》,第 181 页。

[3] 卡尔·贝克尔:《18 世纪哲学家的天城》,第 111 页。

[4] Stéphane Rials,"Sieyès ou la Délibération sans la Prudence. Éléments pour une Interprétation de la Philosophie de la Révolution et de l'Esprit du Légicentrisme", in *Droits*, volume 13,1993,p. 134.

[5] 参见黄艳红:《法国旧制度末期的税收、特权和政治》,社会科学文献出版社,2016 年。

[6] Rabaut Saint-Étienne,*Considérations sur les Intérêts du Tiers État*, p. 13.

实际上,西耶斯似乎并没有因为米拉波将其人权宣言草案斥为形而上学而感到垂头丧气,反而自信地提醒人们,真理总会经历三个阶段:它先是成为众矢之的,然后变成少数人确信的原则,最终成为所有人深信不疑的常识。他奉劝人们要相信真理的胜利不可避免:

> 对地球上绝大多数的人而言,我们当中最稀松平常的概念仍然是超验的形而上学。我们无须走出欧洲,就知道在若干年前,英国的政治学说在法国人看不来也是形而上学吗? 即便在这个时代,我们的观点对西班牙人而言不也很晦涩、很形而上学吗? 因此,人们应当学会接受一点形而上学的痛苦。[1]

西耶斯表示,国民制宪学说、国民代表制、取缔等级制、人身平等、法律平等、政治平等、国民议会、人权宣言以及纳税平等等原则尽管在旧制度的法国被多数人斥为形而上学,在大革命期间仍有不少人将之看作形而上学,但他坚定地相信,"总有一天,它们将不再是形而上学"[2]。诚如西耶斯所预言,它们在今天的西方国家,已经不再是形而上学,而变成了渗透到社会各个角落、人人服膺的常识。因此,若是今人还要重申柏克和托克维尔的老调,再把它们斥为形而上学,贬称文学政治,不但不合时宜,而且还有些滑稽可笑。

由是观之,西耶斯及其倡导的政治方案绝不是脱离历史现实、催生革命恐怖的抽象理论,而是为现代法国公法奠定了最为坚实的哲学基础。保尔·巴斯蒂说得好:"西耶斯主要通过智力的法则来塑造政治社会。他相信逻辑能够左右城邦。经过哲思,他把自身的观念注入事实。众所周知,其在历史上别具一格的努力或许失败了,至少表面上是如此。但是,这位理论家在制度层面留下了诸多的痕迹。通过他而非别人,哲学渗透进了公法。"[3]

---

[1] Sieyès, *Préliminaire de la Constitution Française. Reconnaissance et Exposition Raisonnée des Droits de l'Homme et du Citoyen*, pp. 5—6.

[2] Sieyès, *Préliminaire de la Constitution Française. Reconnaissance et Exposition Raisonnée des Droits de l'Homme et du Citoyen*, p. 10.

[3] Paul Bastid, "Sieyès et les Philosophies", in *Revue de Synthèse*, No. 17 (1939/06), p. 157.

西耶斯所言非虚,在能够以宗教、历史、道德和习俗压迫人的旧社会,人们不必凡事皆诉诸事实,而"应当学会接受一点形而上学的痛苦"。进一步说,无论何种宗教、道德和意识形态,只要它们践踏个人自由、政治自由与公共自由,它们就是虚假的宗教、虚假的道德和虚假的意识形态,由它们支配的社会也只能是"虎狼横行的社会"、"虚假的社会"、"真正的战争状态"、"压迫人类的秩序",[1]不值得人们留恋、颂扬和捍卫。人们有权从形而上学的高度对这样的社会提出批评,推动它在思想、政治和社会的层面作出众望所归的革新。

在宗教原教旨主义席卷全球而愚昧无知的种姓制度尚未消失殆尽的当代世界,尤其在现代文明遭遇严重挑战的欧美国家,人们似乎仍然有必要继续强调、捍卫和巩固法国革命者确立的个人权利原则。窃以为,西方社会之所以在今日陷入秩序混乱、社会撕裂的窘迫局面,一个很重要的原因就是它们在所谓"政治正确"的道路上渐行渐远。许多不明就里的人盲目地鼓吹宗教多元主义、文化多元主义和意识形态多元主义,却遗忘了1789 年法国《人权与公民权宣言》所树立的真理:"对于人权的无知、忽视与轻蔑是公共灾祸与政府腐化的唯一原因。"

或许,这也是我们在今天仍要讨论西耶斯的宪政方案、讨论法国大革命确立的公法原则的意义所在。然而,并非如西耶斯自诩,"政治学是一门已经完成的科学"[2]。实际上,他的政治思想当中也不乏一些值得商榷、已被后人扬弃的观点。具体而言,主要表现在两个方面。

一方面,西耶斯把国民分为"可用阶层"和"劳动机器",并据此区分积极公民和消极公民的做法,招致了激进派的猛烈抨击。马拉和罗伯斯庇尔在大革命期间即已提出了尖锐的批评,并推动取缔了积极公民和消极公民的区分。不过,西耶斯的精英主义政治理论在后世法国的影响依然绵延不绝。譬如,复辟王朝和七月王朝实行的"纳税选举"(suffrage censitaire)把选民的门槛大大提高,规定唯有缴纳 200 法郎直接税的人方可拥有选举资

---

[1]　*Des Manuscrits de Sieyès 1773—1799*,tome Ⅰ,p.457.

[2]　Paul Bastid,*L'Idée de Constitution*,p.139.

格。弗朗索瓦·基佐所拥护的代议制理论似乎也是谋求在法国建立西耶斯所梦寐以求的贤能政治。[1] 1848 年 3 月 5 日，第二共和国宣布对法国所有的男性成年公民实行普选，但很快被第二帝国取缔。第三共和国重新确立了普选制。1947 年，第四共和国又宣布女性成年公民获得选举权。从此以后，选举权利不再受出身、地位、财产、知识和性别的限制，一人一票变成了神圣不可动摇的基本原则。

另一方面，西耶斯认为国民议会是表达国民意志的唯一途径，并禁止人民在投票之外介入政治的立场也逐渐得到修正。1789 年 9 月 7 日，西耶斯在反对国王否决权的演说中，曾经竭力强调："决断只属于，而且只能属于以议会面貌呈现的国民。人民或国民只能拥有一种声音，即国民立法机关的声音。"[2] 雅各宾俱乐部等政治社团的严重干扰，导致西耶斯的朋友列沙白里哀在 1791 年 9 月 30 日主导颁布了禁止民众结社的禁令；[3] 1795

---

[1] 基佐认为，由于财产和教育的不平等，理性、真理和正义必然不均衡地分散在社会当中。对他来说，建立在纳税选举之上的代议制是汇聚个人理性，形成公共理性的可靠方式："这是一种用以从社会内部提取公共理性的自然程序，而只有公共理性，才具有统治的权利。"（转引自米歇尔·维诺克：《自由之声：19 世纪法国公共知识界大观》，第 106 页。）

[2] Sieyès, *Sur la Question du Veto Royale*, pp. 18－19；西耶斯在别处也指出，唯有诉诸代议制，人民"方可形成一个大脑，形成共同意志，完成自我组织"。（Sieyès, *Des Manuscrits de Sieyès 1773－1799*, tome Ⅰ, p. 463.）

[3] "任何会社、俱乐部与公民社团不得以任何形式，获得政治的存在，也不能对法定权力和立法机构的行为施加影响或监督；它们不能以集体的名义现身，哪怕是为了发动请愿或遴选议员，参加公共活动抑或出于其他的目的。"（*Archives Parlementaires*, tome 31, p. 624.）

年宪法第 360—365 条对政治团体的限制作了更为详细的规定。[1] 西耶斯本人也曾批判某些革命社团以人民自居,篡夺演说和请愿的权利。[2]除了禁止结社外,西耶斯还赞同对请愿、集会和出版进行限制。这些限制也为第一帝国、复辟王朝、七月王朝和第二帝国所继承或强化,演变成限制公共自由的禁令。第三共和国先后取缔了 1789 年以来的各种禁令,先后确立了集会自由、出版自由、工会自由以及结社自由等。随着公共自由的不断扩大,人民争取权益、表达意志的方法开始变得更加多元化。

　　经过 200 多年的演进,法国的政治民主不断走向成熟和完善。如今,人们不再如西耶斯所说,只把代议制视为优于民主的政制,而是将之看作一种民主的表达方式。除了投票—选举的程序之外,民主具有了更为丰富的内涵。现代民主不再能够简化为一种选举政治精英的程序机制,现代公民也不愿意把自己的政治影响局限于投票行为。公民不仅具有选民的身份,还要成为监督者、批评者和否决者。他们希望在定期选举之外,通过请愿、游行、示威和公共舆论,监督、阻止和评判立法机构和政府机关的所有行为,迫使当权者倾听、尊重和服从他们的心声,并在制度和法律的层面作出积极的回应。公民在选举—代议体系之外的各种政治活动无疑属于罗桑瓦隆眼中的"反民主"范畴[3],但是它和代议民主相辅相成,可以最大限度地减少普通公民对政治精英的怀疑、抵触和不满,从而避免现代民主解体的危险。

---

[1]　第 360 条:不得建立违反公共秩序的行会与社团。第 361 条:任何公民的集会都不能自称为人民团体。第 362 条:任何关注政治问题的个别团体,都不得和其他团体通信或结盟,不得举行只允许其成员或同情者参加的公共会议,不得强加准入和选举资格的条件,不得行使排他的权利,不得让成员佩戴社团的任何标识。第 364 条:公民对政治权利的行使,只限于初级的或乡镇的议会。第 365 条:所有公民都可以自由地向公共机构提出请愿的要求,但前提是个人名义的请愿;任何社团都不得举行集体请愿,哪怕是依据宪法建立的机构为了权限范围内的正当目标,也不例外。请愿者不得忘记应对依宪法建立的机关的服从。(参见乐启良:《近代法国结社观念》,第 76 页。)

[2]　Boulay de la Meurthe, *Théories Constitutionelles de Sieyès. Constitution de l'An VIII*, p. 10.

[3]　Pierre Rosanvallon, *La Contre-Démocratie. La Politique à l'âge de la Défiance*, Paris, Seuil, 2006.

参考书目

(1)基本史料

Sieyès, *Sur les Privilèges*, Paris, 1788.

——*Vues sur les Moyens d'Execution dont les Représentants de la France Pourront Disposer en 1789*, Paris, 1789.

——*Qu'est-ce que le Tiers-État*, Troisième Édition, Paris, 1789.

——*Instruction donnée par S. A. S. Monsieur Le Duc d'Orléans à Ses Représentants aux Bailliages. Suivie de Délibération à Prendre dans les Assemblées*, Paris, 1789.

——*Quelques idées de Constitution Applicables à la Ville de Paris*, Versailles, Baudouin, 1789.

——*Reconnaissance et Exposition Raisonnée des Droits de l'Homme et du Citoyen*, Paris, 1789.

——*Sur la Question du Veto Royale* à la séance du 7 Septembre 1789, Paris, 1789.

——*Des Intérêts de la Liberté dans l'État Social et dans le Système Représentatif*, extrait du Journal d'Instruction Sociale, du 8 juin 1793.

——*Notice sur la Vie de Sieyès*, Paris, Maradan, L'An Troisième.

——*Opinion des Sieyès sur Plusieurs Articles des Titres Ⅳ et Ⅴ du Projet de Constitution*, prononcée à la Convention Nationale le 9

Thermidor,l'An de la Républque.

——*Opinion des Sieyès sur les Attributions et l'Organisation du Jury Constitutionnaire proposé le 18 Thermidor*, prononcée à la Convention Nationale le 18 Thermidor,l'An de la Républque.

Emmaunel-Josph Sieyès: *Écrits Politiques*, sous la direction de Roberto Zapperi, Paris,Éditions des Archives Contemporaines,1985.

Oeuvres de Sieyès, Marcel Dorigny (ed.), 3 tomes, Paris, EDHIS,1989.

Des Manuscrits de Sieyès 1773 — 1799,tome Ⅰ, sous la direction de Christine Fauré,Paris, Honoré Champion Édition,1999.

Des Manuscrits de Sieyès 1770 — 1815,tome Ⅱ, sous la direction de Christine Fauré,Paris,Honoré Champion Éditeur,2007.

Archives Parlementaires de 1787 à 1860,Première Série(de 1787 à 1799), 82 tomes,Paris, Librairie Adminstrative de Paul Dupon,1876—1913.

Réimpression de l'Ancien Moniteur, 31 tomes, Paris, Henri Plon Imprimeur-Editeur,1870.

Clemont-Tonnerre,Stanislas, *Analyse Raisonnée de la Constitution Française décrétée par l'Assemblée Nationale*, Paris, 1791.

Mounier, *Considérations sur les Gouvernements et Principalement sur Ce Qui Convient la France*, Versailles, L'Imprimeur de l'Assemblé,1789.

D'Anglas, Boissy, *Projet de Constitution pour la République Française et Discours Préliminaire*,au nom de la Commisson des Onze, dans la séance du 5 Messidor, Paris,L'Imprimerie de la République,An Ⅲ.

D'Antraigues,*Mémoires sur les Etats Généraux*,*Leurs Droits et Leurs Manière de Les Convoquer*,Paris,1788.

Lafayette, *Mémoires, Correspondance et Manuscrits du Général Lafayette*, Paris, H. Fournier Ainé,1837.

Lezay,Adrien, *Qu'est-ce que la Constitution de* 1793? Paris,L'An Ⅲ.

Saint-Étienne, Rabaut,*Considérations sur les Intérêts du Tiers-État*, Paris,1788.

（2）西耶斯的研究著作

Adler-Bresse,Marcelle,*Sieyès et le Monde Allemand*,2 tomes,Paris: H. Champion,1977.

Bach, Reinhard, *Rousseau et le Discours de la Révolution. Au Piège des Mots. Les Physiocrates, Sièyes, les Idéologues*, Paris, Inclinaison, 2011.

Bastid, Paul, *Sieyès et Sa Pensée*, Paris, Hachette, 1970.

—— *L'Idée de Constitution*,Paris, Économica, 1985.

Bigeon, Armand, *Sieyès, l'Homme-Le Constituant*, Paris, Henri Becus,1893.

Bredin,Jean-Denis,*Sieyès, La Clé de la Révolution Française*,Paris, Éditions de Fallois,1988.

Carol,Raymond L. , *Two Rebel-Priest of the French Revolution*,San Francisco,1975.

Clavreul,Colette,*L'Influence de la Théorie d'Emmanuel Sieyès sur Les Origines de la Représentation en Droit public*, Thèese pour le Doctorat d'État en Droit,Université de Paris Ⅰ,1982.

De Baecque,Antoine,*Les Corps de l'Histoire. Métaphore et Politique* (*1770 — 1800*), Paris,Calmann-Lévy,1994.

De Beauverger, Edmond, *Étude sur Sieyès*, Paris, Imprimerie de Hennuyer et Cie,1851.

De la Meurthe, Boulay, *Théories Constitutionnelles de Sieyès. Constitution de l'An* Ⅷ, Paris,Chez Paul Renouard, 1836.

Duvivier, Paul, *L'Exil du Comte Sièyes à Bruxelles, 1816-1830*, Godenne,1910.

Forsyth, Murray, *Reason and Revolution. The Political Thought of the Abbé Sieyes*, New York, Leicester University Press, 1987.

Guilhaumou, Jaques, *Sieyès et l'Ordre de Langue. L'Invention de la Politique Moderne*, Paris, Éditions Kimé, 2002.

Koung, Yoel(龚钺), *Théorie Constitutionnelle de Sieyès*, Paris, 1934.

Lahmer, Marc, *La Constitution Américaine dans le Débat Français: 1795 — 1848*, Paris, L'Harmattan, 2001.

Larrère, Catherine, *L'Invention de l'Économie au ⅩⅧ Siècle. Du Droit Naturel à la Physiocratie*, Paris, Presses Universitaires de France, 1992.

Neton, Albéric, *Sieyès 1748-1848*, *d'Après des Documents Inédits*, Paris, 1901.

Macherey, Pierre, *Études de Philosophie Française. De Sièyes à Barni*, Paris: Publications de la Sorbonne, 2001.

Oelsner, *Des Opinions Politique du Citoyen Sieyès et de Sa Vie comme Homme Public*, Paris, Chez Goujon Fis Imprimeur-Librairie, L'an Ⅷ.

Quiviger, Pierre-Yves, *Le Pincipe d'Immanence. Métaphysique et Droit Administratif chez Sièyes. Avec des Textes Inédits de Sièyes*, Paris: Honoré Champion, 2008.

Quiviger, Pierre-Yves et Denis Vincent, Jean Salem, *Figures de Sièyes*, Paris, Publications de la Sorbonne, 2008.

Pasquino, Pasquale, *Sieyès et l'Invention de la Constitution en France*, Paris, Éditions Odile Jacob, 1998.

Phillips, Richard B., *Abbé Sieyes and the Social Protest at the Beginning of the French Revolution*, A Dissertation, Library of Columbia University, 1963.

Roels, Jean, *Le Concept de Représentation Politique aux Dix-Huitième Siècle Français*, Louvain/Paris, Éditions Nauwelaerts, 1969.

Sewell, William H., *A Rhetoric of Bourgeois Revolution. The Abbé Sieyes and What is the Third State?* The Duke University Press, 1994.

Sommerer, Erwan, *Sieyès. Le Révolutionnaire et le Conservateur*, Paris, Michalon Éditions, 2011.

Spitz, Jean-Fabien, *L'Amour de l'Égalité. Essai sur la Critique de l'Égalitarisme Républicain en France 1770-1830*, Pairs, Librairie Philosophique J. Vrin, 2000.

（3）西耶斯的研究论文

Aulard, Alphonse, " Sieyès et Talleyrand d'Après Benjamin Constant et Barras", in *La Révolution Française*, 12, 1919, pp. 289-313.

Bach, Reinhard, "La Démocratie Purgée de tous Ses Inconvénients", in *Actuel Marx*, No. 32(2002/2), pp. 73-82.

——"Du Contrat à l'Art Social: l'Aliénation Physiocratique de Rousseau", *www. rousseaustudies. com.*

——"Sieyès et Les Origines de la ' Science Naturelle de l'État Social'", in *Rousseau et le Discours de la Révolution. Au des Mots. Les Physiocrates, Sièyes, les Idéologues*, Paris, Inclinaison, 2011, pp. 99—141.

Baczko, Bronislaw, " Le Contrat Social des Français: Sieyès et Rousseau", in *The Political Culture of the Old Regime*, edited by Keith Michael Baker, Pergamon Press, 1987, pp. 493—513.

Baker, Keith, " Sieyès", in *Dictionnaire Critique de la Révolution Française*, sous la direction de François Furet et Mona Ozouf, Paris, Flammarion, 1988, pp. 334—349.

——"Sieyès and the Creation of French Revolutionary Discourse", in *The Languages of Revolution (Quaderno 2)* (Milan, 1989), pp. 195—205.

Bastid, Paul, "Place de Sieyès dans l'Histoire des Institutions", in *Revue d'Histoire Politique et Constitutionnnelle*, 302(1939), pp. 302—310.

——" Sieyès et les Philosophie", in *Revue de Synthèse*, No. 17(1939/06), pp. 137—157.

——"Sieyès et le Gouvernement Parlementaire", in *Revue du Droit*

Public et de la Science Politique en France et à l'Étranger, tome LVI, No. 1(Jan.-Fév.-Mars. 1939), pp. 4021−433.

Belissa, Marc, "Pouvoir Exécutif, Centralité Législative: Le Débat du Ministère de la Guerre(janvier-février 1793)", in *Annales Historiques de la Révolution Française*, 1998, No. 4, pp. 699−718.

Benrekassa, Georges, "Crise de l'Ancien Régime, Crise des Idéologies: une Année dans la Vie de Sieyès", in *Annales. Economies, Sociétés, Civilisations*, No. 1, (1989), pp. 25−46.

Bynes, Joseph F., "The Formation of a Revolutionary Priest: Sieyes and Grégoire", in *Priests of the French Revolution. Saints and Renegades in a New Political Era*, Pennsylvania, The Pennsylvania State University Press, 2014, pp. 7−27.

Caitucoli-Wirth, Marie-Hélène, "La Vertu des Institution: l'Héritage Méconnu de Sieyès et de Constant", in *Histoire@Politique*, No. 16, 2012, pp. 121−139.

Calvet, Henri, "Sieys ou Sieyes? L'Orthorgraphe du nom de Sieyes", in *Annales Historiques de la Révolution Française*, No. 60, 1933, p. 538.

Carius Manuel, "Le 'Cochon à l'engrais'. À propos du Grand-électeur dans le Projet de Constitution présenté en 1799 (L'An VIII)", in *Revue Française de Droit Constitutionnel*, 2005/2, No. 62, pp. 227−256.

——"Sieyès et la Genèse de la Représentation Moderne", in *Droits. Revue Française de Théorie Juridique*, No. 6, PUF, 1987, pp. 45−56.

Chevallier, Jean-Jaques, "Sieyès", in *Les Grandes Oeuvres Politiques de Machiavel à Nos Jours*, 1953.

Constant, Benjamin, "Souvnirs Historiques", in *Revue de Paris*, 1830, tome XI, pp. 115−125, et tome XVI, pp. 102−112, 221−233.

Dorigny, Marcel, "La Formation de la Pensée Économique de Sieyès, d'après Ses Manuscrits (1770−1789)", in *Annales Historiques de la*

Révolution Française,1988,No. 271,pp. 17—34.

Doniol，Henri，"Sieyès et Bonarparte"，in *Revue d'Histoire Diplomatique*,tome 5(1901)，pp. 221—232.

Dreyfus,Ferdinand,"Mirabeau,Sieyès et la Loi de Pluralité"，in *La Revolution Française*,tome63,1912,pp. 348—354.

Durand,Yves，"Les Privilège selon Sieyès ou le Triomphe de la Désinformation",in *Histoire,Économie et Société*,Année 1992,volume 11，No. 2,pp. 295—323.

Fauré,Christine,"Sieyès,Lecteur problématique des Lumières," in *Dix-Huitième Siècle*,Année 2005,volume 37,No. 1,pp. 225—241.

Fioravanti,Marco,"Sieyès et le Jury Constitutionnaire:Perspectives Historico-Juridiques"，in *Annals Historiques de la Révolution Française*，No. 349(Juillet-Septembre 2007),pp. 87—103.

Frank，Stephnie，"The General Will beyond Rousseau:Sieyès' Theological Arguments for the Sovereignty of the Revolutionary National Assemby",in *History of European Ideas*，vol. 37(december 2011),pp. 337—342.

Guilhaumou,Jaques,"Sieyès,Lecture Critique de l'Article 'Évidence' de l'Encyclopédie(1773)"，in *Recherches sur Diderot et l'Encyclopédie*，No. 14,1993,pp. 125—143.

——"Sieyès. Les Femmes et la Vérité，un Document Inédit"，in *Annales Historiques de la Révolution Française*，No. 306 (Octobre-Décembre 1996),pp. 693—698.

——"Nation,Individu et Société chez Sieyès"，in *Genèses*,No. 26，1997，pp. 4—24.

——"Sieyès et Antonelle. Lecture Critiques de Condillac",in *Dix-Huitième Siècle*,tome 29(1997),pp. 375—410.

——"Sieyès,Lecture du Traité des Sensations"，in *Dix-Huitième*

Siècle, No. 29, 1997, pp. 375—391.

——"Condorcet-Sieyès: une Amitié Intellectuelle", in *Condorcet. Homme des Lumières et la Révolution*, Textes réunis par Anne-Marie Chouillet et Pierre Crépel, Saint-Cloud, ENS Éditions Fontenay, 1997, pp. 223—240.

——"Fragements d'un Discours sur Dieu, Sieyès et la Religion", in *Mélanges Vovelle*, Aix-Provence, Publications de l'Université de Provence, 1997, pp. 257—265.

——"De Sieyès à Marx: le Dépassement de la 'Misère Allemande' par la 'Progression Politique'", in *Chroniques Allemands*, No. 7 (1998—1999), pp. 25—36.

——"De Société à Socialisme: l'Invention Néologique et Son Context Discursif. Essai de Conliguisme Appliqué", in *Langage et Société*, No. 83—84(1998), pp. 39—77.

——"Un Débat sous le Directoire (1798): Sieyès, les Philosophes Allemands et le Véritable Système Métaphysiquedes Français", in *La République Directoriale*, Textes réunis par Philippe Bourdin et Bernard Gainot, 1998, Bibliothèque D'histoire Révolutionnaire, tome 1, pp. 416—436.

——"La Naissance de Nation", in *L'Avènement des Porte-parole de la République*, Presses Universitaires du Septentrion, 1998, pp. 69—86.

——"Sieyès et la Métaphysique Allemande", in *Annales Historiques de la Révolution Française*, No. 317(Juillet-Septembre 1999), pp. 513—535.

——"Un Usage 'Négatif' d'Égalité chez Sieyès", in *In/Égalité/s. Usages Lexicaux et Variations Discursives*, Paris, L'Harmanttan, 1999, pp. 71—88.

——"Un Nom Propre en Politique: Sieyès", in *Mots*, No. 63(Juillet 2000), pp. 74—86.

——"La Rhétorique des Porte-parole(1789 — 1792)；le Cas Sieyès"，in *Une Rhétorique. L' Éloquence de la Révolution*，sous la direction de E. Négrel et J.-P. Sermain ，Oxford，The Voltaire Foundation，2002，pp. 221 — 231.

——"Sieyès. L'Individu et le Système"，in *Provence Historique*，2003，tome LII，No. 211(Jan. /Mars 2003)，pp. 47 — 67.

——"Sieyès et le Non-dit de la Sociologie；du Mot à la Chose"，in *Revue d'Histoire des Sciences Humaines. Naissance de la Science Social* (1750 — 1850)，tome 15(2006)，pp. 117 — 134.

——"Volonté-Liberté"，in *Revue Française d'Histoire des Idées Politiques*，No. 33 (2011/1)，pp. 163 — 182.

Jaume，Lucien，"Sieyès et le Sens du Jury Constitutionnaire；une Reinterpretation"，in *Historia Constitutional*，No. 3(2002)，pp. 171 — 192.

Kubben，Raymond，"L'Abbé de Sieyès. Champion of National Representation，Father of Constitutions"，in *Constitions and the Classics；Patterns of Constitutional Thought from Fortescue to Bentham*，directed by Denis Galligan，Oxford University Press，2015.

Lafayette，"Notice sur la Vie de Sieyès"，in *Mémoires，Correspondance et Manuscrits*，Paris，H. Fournier Ainé，1838，pp. 1 — 38.

Lahmer，Marc，"Sieyès est-il l'auteur des Formules célèbre qu'on lui Prête"，in *Revue Française d'Histoire des Idées Politiques*，No. 33(2011/ 1)，pp. 47 — 70.

Laquièze，Alain，"La Réception de Sieyès par la Doctrine puliciste Française du XIXème et du XXème Siècles"，in *Historia Constitucional*，No. 6(septembre 2005)，pp. 229 — 261.

Larrère，Catherine，"La Nation chez Sieyès；l'Inflexion Révolutionnaire de l'Université des Lumières"，in *La Philosophie et la Révolution Française*，Paris，Libraire Philosophique J. Vrin，1993，pp. 143 — 154.

Lefebvre, Georges, "Sieyès", in *Annales Historiques de la Révolution Française*, 1939, pp. 357—366.

Madelin, Louis, "Sieyès", in *Revue Hebdomadaire*, (1928/04), pp. 52 —65 et pp. 161—176.

Manin, Bernard, "Volonté Générale ou Délibération, Esquisse d'une Théorie de la Délibération Politique", *Le Débat*, No. 33(1985/1), 1985, pp. 72—94

Massie, Michel, " Sieyès et Roger Ducos se sont-ils Partagé devant Bonaparte le Trésor Secret du Directoire?" in *Annales Historiques de la Révolution Française*, 1984, pp. 407—417.

Mathiez, Albert, "Sieys ou Sieyes", in *Annales Révolutionnaires*, I, 1908, p. 346.

Mathiez, Albert, "L' Orthographe du nom de Sieyès", in *Annales Historiques de la Révolution Française*, No. 11, 1925, p. 487.

Maiz, Ramon, "Nation and Representation: Sieyès and the Theory of the State of the French Revolution", Institut de Cieneies Politiques i Socials, Barcelona, working papers num. 18, 1980.

Margerison, Kenneth, " Sieyès and Public Opinion ", chapter 5, *Pamphlets & Public Opinion. The Campaign for a Union of Orders in the Early French Revolution*, Indiana, Purdue University Press, 1997, pp. 90—107.

Mignet, "Sieyès, Sa Vie et Ses Travaux", in *Revue des Deux Mondes*, tome 9, 1837, pp. 5—22.

Mignt, "Note Historique sur la Vie et les Travaux de M. Comte Sieyès", in *Notice et Mémoires*, tome I, Paris, Paulin, 1843, pp. 1—27.

Mirkine-Guetzievitch, Boris, "L'Abbée Sieyès", in *La Révolution Française*, No. 5, 1936, pp. 229—236.

Noël, Édouard, "Sieyès et le Dix-Huit Brumaire", in *La Grande*

Revue, 4e Année, tome 1, pp. 417－432.

Pantoja Moran, David, "Sieyès et la Constitution Mexicaine de 1836", in *Revue Française d'Histoire des Idées Politiques*, (2011/1), No. 33, pp. 103－116.

Pariset, "Sieyès et Spinoza", in *Revue de Synthèse Historique*, tome 12(juin 1906), pp. 309－320.

Pasquino, Pasquale, "Emmanuel Sieyès, Benjamin Constant et le Gouvernement des Modernes. Contribution à l'Histoire du Concept de Représentation Politique," in *Revue Française de Science Politique*, 37 Année, no. 2, 1987, pp. 214－229.

——"Le Concept de Nation et les Fondement du Droit Public de la Révolution: Sieyès", in *L'Héritage de la Révolution Française*, Paris, Hachette, 1989, pp. 309－333.

——"Citoyenneté, Égalité et Liberté chez Rousseau et Sieyès", in Dominique Colas, Claude Emeri et Jaques Zylberberg(dir.), *Citoyenneté et Nationalité. Perspectives en France et en Québec*, Paris, PUF, 1993, pp. 69－79.

——"Le Républicanisme Constitutionnel de Sieyès", in *Droits*, No. 17(Jan1993), pp. 67－78.

Pighini, Stefano, "Le Jeu de la Communication Politique chez Sieyès", in *Revue Française d'Histoire des Idées Politiques*, No. 33(2011/1), pp. 83－102.

Quiviger, Pierre-Yves, "Sieyès", in *Revue Française d'Histoire des Idées Politiques*, No. 33(2011/1), pp. 3－4.

Reta, Roberta di, "Un Projet de Constitution attribuito a Sieyès (1789)", in *Annales Historiques de la Révolution Française*, No. 284, 1991, pp. 257－258.

Rials, Stéphane, "Sieyès ou la Délibération sans la Prudence. Élements pour une Interprétation de la Philosophie de la Révolution et de l'Esprit du Légicentrisme", in *Droits*, Volume 13, 1993, pp. 121—138.

Sainte-Beuve, "Sieyès", in *Causeries du Lundi*, tome V, Garnier Frères, 1878, pp. 189—216.

Saint-Martin, Jean, "Un Attentat contre Sieyès," in *La Révolution Française*, 5(1906), p. 221—232.

Sarfati, Jean-Jaques, "Sieyès, Le Choix de l'Ombre les Lumières", in *Revue Française d'Histoire des Idées Politiques*, No. 33(2011/1), pp. 71—81.

Scuccimarra, Lucas, "Généalogie de la Nation. Sieyès comme Fondateur de la Communauté Politique", in *Revue Française d'Histoire des Idées Politiques*, No. 33(2011/1), pp. 1—33.

Sommerer, Erwan, "Le Contractualisme Révolutionnaire de Sieyès. Formation de la Nation et Prédétermination du Pouvoir Constituant", in *Revue Française d'Histoire des Idées Politique*, No. 33 (2011/1), pp. 2—25.

Spuller, Eugène, "Sieyès et Ses Brochures", in *Hommes et Choses de la Révolution*, Paris, 1896.

Stern, Alfred, "Sieyès et la Constitution de l'an Ⅲ", in *La Révolution Française*, 39, 1900(Juillet-décembre), pp. 375—379.

Teissier, Octave, "Documents Inédits. La Jeunesse de l'Abbé Sieyès", in *La Nouvelle Revue*, tome 109(novembre-décembre, 1897), pp. 128—146.

Thenard, Jean François, "L'Abbé Sieyès Électeur et Élu", in *La Révolution Française*, 14(1883), pp. 1083—1089.

Trevor, Daprine. "Some Sources of the Constitutional Theory of the Abbé Sieyès. Harrington and Spinoza", in *Politica*, 1935, pp. 325—342.

Troper, Michel, "Sieyès et le Jury Constitutionnaire", in *Mélanges en l'Honneur de Pierre Avril*, Paris, Montchrestien, 2001, pp. 265—282.

Troux, Albert, "L'Orthorgraphe du nom de Sieyès", in *Annales Historiques de la Révolution Française*, No. 49(JanVier-Févrie 1932), pp.

66—67,

Tyrsenko,Andreï, "L'Ordre Politique chez Sieyès en l'An III", in *Annales Historiques de la Révolution Française*, 319 (jan vier-mars 2000), pp. 27—45.

"La Liberté de l'Individu et l'Identité du Peuple-Nation in les Manuscrits de Sieyès. De l'An Ⅲ à l' Époque Napoléonienne", in *Le Peuple, Figures et Concepts entre Identité et Souveraineté* (2003), pp. 57—63.

——"La Liberté chez Sieyès d'Après Ses Manuscrits de l' Époque Napoléonienne", in *La Plume et le Sabre. Homme à Jean-Paul Bertaud*, Paris, 2002, pp. 537—547.

Zapperi, Roberto, "Sieyès et l'Abolition de Féodalité", in *Annales Historiques de la Révolution Française*, 44 (Janvier, 1972), pp. 321—351.

Zingano, Marco, "Les Rapports de Kant et de Sieyès (à propos de la Paix perpétuelle)", in *La Philosophie et la Révolution Française*, Paris, Libraire Philosophique J. Vrin, 1993, pp. 261—268.

(4)外文著作

Arendt, Hannah, *Between Past and Future: Eight Exercises in Political Thought*, New York: The Viking Press, 1961.

——*On Revolution*, London, Penguin books, 2006.

Atger, Frédéric, *Essai sur l'Histoire des Doctrines du Contrat Social*, Paris, Félix Alcan, 1908.

Bach, Reinhard, *Rousseau et le Discours de la Révolution. Au Piège des Mots. Les Physiocrates, Sièyes, les Idéologues*, Paris, Inclinaison, 2011.

Bacot, Guillaume, *Carré de Malberg et l'Origine de la Distinction entre Souveraineté du Peuple et Souveraineté Nationale*, Paris, Éditions du Centre Nationale de la Recherche Scientifique, 1985.

Baker, Keith Michael, *Inventing the French Revolution. Essays on*

French Political Culture in the Eighteen Century, Cambridge, Cambridge University Press, 1990.

Banfield, Susan, *The Rights of Man and the Reign of Terror*, Harper Colins Publishers, 1989.

Bart, Jean, 1791. *La Première Constitution Française*, Paris, Econnomica, 1993.

——*La Constitution de l'An* Ⅲ *ou l'Order Républicain*, Dijon, Éditions Universitaires de Dijon, 1997.

Bastid, Paul, *L'Idée de Constitution*, Paris, Economica, 1985.

Beaud, Olivier, *La Puissance de l'Etat*, Paris, PUF, 1994.

Bourdon, Jaques, *La Constitution de l'An* Ⅷ, Rodez: Garrère, 1941.

Boutmy, Emile, *Études de Droit Constitutionnel*, Paris, Plon, 1888.

Burdeau, Georges, *Traité de Science Politique*, 4 tomes, Paris, Librairie Générale de Droit et de Jurisprudence, 1980—1983.

Conac Gérard et Machelon, Jean-Pierre, *La Constitution de l'An III. Boissy d'Anglas et la Naissance du Libéralisme Constitutionnel*, Paris, PUF, 1999.

Constant, Benjamin, *Réflexions sur les Constitutions, la Distributions des Pouvoirs et les Garanties dans une Monarchie Constitutionnelle*, Paris, H. Nicoles, 1814.

——*Mélanges de Littérature et de Politique*, Paris, Pichon et Didier, 1829.

——*Cours de Politique Constitutionnelle*, 2 tomes, avec introduction et des note par Edouard Laboulaye, Paris, 1872.

Carcassone, Elie, *Montesquieu et le Problème de la Constitution Française au* Ⅷe *Siècle*, Genève, Slatkine Reprints, 1970.

Cayla, Oliver et Pasquino, Pasquale, *Le Pouvoir Constituant et l'Europe*, Paris, Dalloz, 2011.

Crossley, Ceri, *French Historians and Romanticism: Thierry, Guizot, the Saint-Simonians, Quinet, Michelet*, London and New York, Routlege, 1993.

De Baecque, Antoine (ed.), *L'An 1: Des Droits de l'Homme*, Paris, Presses du CNRS, 1988.

De Malberg, Carré, *Contribution à la Théorie Générale de l'État*, 2 tomes, Paris, Sirey, 1922.

Ducos, Pierre, *La Notion de Constitution dans l'Oeuvre de l'Assemblée Constituante de* 1789, Paris, Dalloz, 1932.

Duguit, Léon, *Souveraineté et Liberté: Leçons Faites à l'Université Columbia*, Paris, Felix Alcan, 1922.

——*Manuel de Droit Constitutionnel*, Paris, Albert Fontemoin, 1907.

——*Traité de Droit Constitutionnel*, 3e éditions, Paris, Ancienne Librairie Fontemoing & Cie, 1927.

Du Hauranne, Duvergier, *Histoire de Gouvernement Parlementaire en France* 1814—1848, 10 tomes Paris, Michel Lévy Frères, 1857.

Eckel, Jan et Samuel Moyn, *The Breakthrough: Human Rights in the* 1970s, Philadelphia, University of Pennsylvania Press, 2013.

Esmein, Adéhmar, *Éléments du Droit Constitutionnel*, Paris, Sirey, 1896.

Faguet, Emile, *Politiques et Moralistes du Dix-Neuvième Siècle*, 3 tomes, Paris, Boivin & Cie, 1908.

Filmer, Robert, *Patriarcha and Other Writings*, edited by Johann P. Sommerville, 中国政法大学出版社(影印), 2003.

Foucault, Michel, *Society Must Be Defended*, translated by David Macey, Picador et New York, 2003.

Furet, François, *Penser La Révolution Française*, Paris, Gallimard, 1978.

——*Marx and the French Revolution*, translated by Deborah Kan

Furet,Chicago,The University of Chicago Press,1984.

——*L'Héritage de la Révolution Française*,sous la direction de F. Furet,Paris, Hachette, 1988.

——*Dictionnaire Critique de la Révolution Française*, sous la direction de F. Furet et Mona Ozouf,Paris,Flammarion, 1988.

——*Les Orateurs de la Révolution Française*, Paris,Gallimard,1989.

Fuzier-Herman, Edouard, *La Séparation des Pouvoirs d'Après l'Histoire et le Droit Constitutionnel*, *d'Après l'Histoire et le Droit Constutionnel Comparé*,Paris,Librairie de A. Marescqu Ainé, 1880.

Gauchet, Marcel, *La Révolution des Droits de l'Homme*, Paris, Gallimard, 1989.

——*La Révolution des Pouvoirs*, Paris,Gallimard, 1995.

——*La Condition Historique. Entretiens avec Françcois Azouvi et Sylvain Piron*,Paris,Stock, 2003.

——*La Condition Politique*,Paris,Gallimard, 2003.

——*La Démocratie d'une Crise à l'Autre*, Paris, Éditions Cécile Defaut, 2007

——*L'Avènement de la Démocratie*,3 tomes, Paris,Gallimard, 2007 −2010.

Galy, François, *La Notion de Constitution dans les Projets de* 1793, Paris, Éditions Albert Mechelinck, 1932.

Gözler, Kémal, *Le Pouvoir de Révision Constitutionnelle*, Presses Universitaires de Septentrion, 1997.

Guéniffey,Patrice, *Le Nombre et la Raison. La Révolution Française et les Élections*,Paris, Éditions de l' École des Hautes Études en Sciences Sociales,1993.

Guizot, *Histoire des Origines du Governement Representatif en Europe*,Bruxelles,Meline,Cans et Cie,1851.

——*Histoire de la Civilisation en Europe*, *suivie de Philosophie Politique de la Souveraineté*, établie, présentée et annotée par Pierre Rosanvallon, Paris, Hachette, 1985, p. 368.

Gusdorf, Georges, *La Conscience Révolutionnaire: les Idéologues*, Paris, Payot, 1978.

Hauriou, Maurice, *Précis de Droit Administratif et de Droit Public Général à l'Usage des Étudiants en Licence et en Doctorat Es-Science Politique*, cinquième édition, Paris, Librairie de la Société du Recuil des Lois et des arrêts, 1903.

——*Principes de Droit Public à l'Usage des Étudiants en Licence et en Doctorat Es-Science Politique*, deuxième édition, Paris, Sirey, 1916.

Hegel, *Political Writings*, edited by Laurence Dickey and H. B. Nisbet, Cambridge University Press, 1999.

Ho Hio Ky, *Le Contrôle de la Constitutionalité des Lois en France*, Paris, A. Pedone, 1926.

Hunt, Lynn, *Inventing Human Rights: A History*, New York & London, Norton, 2007.

Kelsen, Hans, *La Garantie Juridictionnelle de la Constitution*, Paris, Librairie Marcel Giard, 1828.

Keohane, Nannerl O., *Philosophy and the State in France. The Renaissance to the Enlightenment*, New Jersery, Princeton University Press, 1980.

Klein, Claude, *Théorie et Pratique du Pouvoir Constituant*, Paris, PUF, 1996.

Kriegel, Blandine Barret, *Les Droits de l'Homme et le Droit Naturel*, Paris, PUF, 1989.

Laboulaye, Edouard, *Questions Constitutionnelles*, Paris, Charpentier et Cie, 1872.

Larrère, Catherine, *L'Invention de l'Économie au 18e Siècle*, Paris, PUF, 1992.

Lahmer, Marc, *La Constitution Américaine dans le Débat Français: 1795 – 1848*, Paris, L'Harmattan, 2001.

Laquièze, Alain, *Les Origines du Régime Parlementaire en France (1814 – 1848)*, Paris, PUF, 2002.

Lefort, Claude, *L'Invention Démocratie. Les Limites de la Domination Totalitaire*, Paris, Fayard, 1981.

Lemaire, André, *Les Lois Fondamentales de la Monarchie Française*, Paris, Albert Fontemoing, 1907.

Manin, Bernard, *Principes du Gouvernement Représentatif*, Paris, Calmann-Lévy, 1995.

——*The Principles of Representative Government*, Cambridge University, 1997.

Michel, Henri, *L'Idée de l'État*, Paris, Hachette, 1896.

Moyn, Samuel, *The Last Utopia: Human Rights in History*, Massachusettes, The Belknap Press of Havard University Press, 2010.

——*Human Rights and the Uses of History*, London & New York, Verso, 2014.

Negri, Antonio, *Le Pouvoir Constituant. Essai sur les Alternatives de la Modernité*, traduit par Étienne Balibar et F. Matheron, Paris, PUF, 1992.

Nisbet, Robert A., *The Sociological Tradition*, London, Heinemann, 1984.

Papatolias, Apostolos, *Conception Mécaniste et Conception Normative de la Constitution*, Paris, Éditions Ant. N. Sakkoulas, 2000.

Quinet, Edgar, *La Révolution*, Paris: Belin, 1987.

Rosanvallon, Pierre, *L'État en France de 1789 à Nos Jours*, Paris,

Seuil, 1990.

——*Le Sacré du Citoyen. Histoire du Suffrage Universal en France*, Paris, Gallimard, 1992.

——*La Nouvelle Question Sociale. Repenser l'État-Providence*, Paris, Seuil, 1995.

——*Le Peuple Introuvable. Histoire de la Représentation Démocratique en France*, Paris, Gallimard, 1998.

——*La Démocratie Inachevée. Histoire de la Souveraineté du Peuple en France*, Paris, Gallimard, 2000.

——*Pour une Histoire Conceptuelle du Politique*, Paris, Seuil, 2003.

——*Le Modèle Politique Français. La Société Civile contre le Jacobinisme de 1789 à Nos Jours*, Paris, Seuil, 2004.

——*La Contre-Démocratie. La Politique à l'âge de la Défiance*, Paris, Seuil, 2006.

——*La Légitimité Démocratique. Impartialité, Réflexivité, Proximité*, Paris, Seuil, 2008.

——*Le Parlement des Invisibles*, Paris, Seuil, 2014.

——*Le Bon Gouvernement*, Paris, Seuil, 2016.

Saint-Victor, Jaques de, *Les Racines de la Liberté. Le Débat Français Oublié* 1689—1789, Paris, Perrin, 2007.

Schmitt, Carl, *Political Theology. Four Chapters on the Concept of Sovereignty*, translated by George Schwab, Chicago and London, The University of Chicago Press, 2005.

Troper, Michel, *La Séparation des Pouvoirs et l'Histoire Constitutionnelle Française*, Paris: R. Pichon et R. Durand-Auzias, 1973.

——*Pour une Théorie Juridique de l'Etat*, Paris, PUF, 1994.

——*Terminer la Révolution. La Constitution de* 1795, Paris,

Fayard,2006.

Urbinati, Nadia, *Representative Democracy*: *Principles and Genealogy*,Chicago and London,The University of Chicago Press,2006.

Van Kley,Dale,*The French Idea of Freedom*:*the Old Regime and the Declaration of Rights of* 1789, California, Stanford University Press,1994.

Venayer,Sylvain,*Les Origines de la France*:*quand les Historiens Racontaient la Nation*,Paris,Seuil,2013.

Waldron, Jeremy (ed.), *Nonsense upon Stilts*:*Bentham*,*Burke and Marx on the Rights of Man*,London &. New York,1987.

（5）外文论文

Baechler, Jean, "Droits de l'Homme ou Droits du Citoyen?" in *Commentaire*,Volume 10,No. 39(automne 1987)pp. 499—508.

Birnbaum,Karl E. ,"Les Droits de l'Homme dans les Relations Est-Ouest",in *L'Esprit*,No. 54(juin 1981),pp. 92—105.

Buquet, "La Déclaration de 1789 et Le Socialisme", in *La Revue Socialiste*, No. 195, 1901, pp. 324—335.

Bourg,Julian, "Les Contributions Accidentelles du Marsimes au Nouveau des Droits de l'Homme en France dans l'Après-68", in *Actuel Marx*,No. 32(2002/2),p. 138.

Delmas-Marty, Mireille, "Droits de l'Homme et Systèmes des Droits", in *Le Débat*, No. 83, jan vier-février, pp. 167—172.

Ferry,Luc et Alain Renault,"Penser les Droits de l'Homme", in *L'Esprit*,mars 1983,pp. 67—84.

Gauchet, Marcel, "Les Droits de l'Homme ne Sont pas une Politique",in *Le Débat*, No. 3(juillet-août),pp. 3—21.

——"La Déclaration des Droits de l'Homme et du Citoyen", in *Commentaire*,Volume 11/No. 43(automne 1988)pp. 783—790.

——"Du Bons Usage des Droits de l'Homme", in *Le Débat*, No. 153, (2009/1), pp. 63—168.

Keedus, Liiisi, "Human and Nothing but Human: How Schmittian is Hanna Arendt's Critique of Human Rights and International Law?" in *History of European Ideas*, volume 37(2011), pp. 190—196.

Labrusse-Riou, Catherine, "L'Homme à Vif: Biotechnologie et Droits de Homme", in *L'Esprit*, novembre 1989, pp. 60—70.

Nisbet, Robert, "The French Revolution and the Rise of Sociology in France", in *American Journal of Sociology*, Vol. 49, No. 2(Sep. ,1943), pp. 156—164.

Novak, William J. , "Legal Realism and Human Rights", in *History of European Ideas* 37(2011), pp. 168—174.

Raynaud, Philippe, "Les Équivoques de l'Universel", in *Le Débat*, No. 153, (2009/1), pp. 174—180.

Schmale, Wolfgang, "Georg Jellinek et la Déclaration des Droits de l'Homme de 1789", in *Regards sur les Sociétés Modernes*, Publications de l'Université de Tours, 1997, pp. 303—311.

Vndermeersch, Léon, "Philosophie des Cultures et Droits de l'Homme", in *Le Débat*, No. 153, (2009/1), pp. 180—183.

Jaume, Lucien, "Garantir les Droits de l'Homme: 1791—1793", in *La Revue Tocqueville*, Vol. XIV, No. 1, pp. 49—65.

——"Le Projet de Constitution Européenne et la Question du Pouvoir Constituant", entretien avec Michel Troper, in *Cités*, No. 13, (2003/1), p. 102.

Pagden Antony, "Human Rights, Natural Rights and Europe's Imperial Legacy", in *Political Theory*, Volume 31, No. 2(aril 2003), pp. 171—199.

Rial, Stéphane, "Des Droits de l'Homme aux Lois de l'Homme. Aux Origines de la Pensée Juridique Moderne", in *Commentaire*, Volume 9,

No. 34(été 1986),pp. 281－289.

Rosanvallon,Pierre,"Marx et la Société Civile", in *Commentaire*,No. 4(Hiver 1978/1979),pp. 477－488.

——"Pour une Histoire Conceptuelle du Politique", in *Revue de Synthèse*,Volume 107,Issue 1－2(JanVier-Juin,1986),pp. 93－105.

——"L'Opacité Française: sur le Malaise Français", in *Le Débat*, No. 70(1992/2), pp. 190－193.

——"Citoyenneté Politique et Citoyenneté Sociale au XIXe", in *Le Mouvement Social*,No. 171(Apr. -Jun. ,1995),pp. 9－30.

——"L'Universalisme Démocratique. Histoire et Problème", in *L'Esprit*(2008/1),pp. 104－120.

——"Le Nouveau Travail de la Représentation", in *L'Esprit*,No. 240 (février 1998),pp. 40－59.

——"Political Rationalism and Democracy in France in 18th and 19th Centuries", in *Philosophy & Social Criticism* , Vol. 28, No. 6(November 2002),pp. 687－701.

——"Sortir de la Myopie des Démocratie", in *Le Monde*, 12 juillet 2009.

——"La Myopie Démocratique",in *Commentaire*,No. 131(2010/3), pp. 599－604.

——"D'une Théorie de la Justice à une Philosophie de l' Égalité",in *Le Débat*,No. 169(2012/2), pp. 142－146.

Scheuerman, W. E. , " Revolutions and Constitutions, Hannah Arendt's Challenge to Carl Schmitt",in *Canadian Journal of Law and Jurisprudence* , Volume 10,1997,pp. 141－162.

Supiot,Alain,"The Labyrinth of Human Rights. Credo or Common Resource?" in *New Left Review* ,21(may-june 2003),pp. 118－136.

(6)中文著作

J.F.塔尔蒙.极权主义民主的起源.孙传钊,译.长春:吉林人民出版社,2004.

J.S.密尔.代议制政府.北京:商务印书馆,1982.

L.赖维乐·布朗,约翰·S.布朗,让·米歇尔·加朗伯特.法国行政法.高秦伟,王锴,译.北京:中国人民大学出版社,2006.

阿克顿.法国大革命讲稿.姚中秋,译.北京:商务印书馆,2012.

柏克.法国革命论.何兆武,译.北京:商务印书馆,2003.

邦雅曼·贡斯当.古代人的自由和现代人的自由.阎克文,刘满贵,译.上海:上海人民出版社,2005.

彼得·盖伊.启蒙时代(上、下).刘北成,王皖强,译.上海:上海人民出版社,2015—2016.

陈端洪.人民既不出场,也不缺席:西耶斯的民族制宪权理论解读.中外法学,2010(1).

陈端洪.制宪权与根本法.北京:中国法制出版社,2010.

崇明.创造自由:托克维尔的民主思考.上海:上海三联书店,2014.

德·迈斯特.论法国.鲁仁,译.上海:上海人民出版社,2005.

弗朗索瓦·基佐.欧洲代议制政府的历史起源.张清津,袁淑娟,译.上海:复旦大学出版社,2008.

高毅.法兰西风格:大革命的政治文化.杭州:浙江人民出版社,1991.

韩伟华.从激进到立宪君主制:本雅曼·贡斯当政治思想研究.上海:上海三联书店,2015.

汉娜·阿伦特.过去与未来之间.王寅丽,张立立,译.南京:译林出版社,2011.

汉娜·阿伦特.论革命.陈周旺,译.南京:译林出版社,2011.

黑格尔.法哲学原理.范扬,张企泰,译.北京:商务印书馆,1979.

卡尔·贝克尔.18世纪哲学家的天城.何兆武,彭刚,译.北京:生活·读书·新知三联书店,2001.

卡尔·施米特.宪法学说.刘锋,译.上海:上海人民出版社,2005.

卡尔·施米特.政治的概念.刘宗坤,等,译.上海:上海人民出版社,2004.

卡尔·施米特.政治的神学.刘宗坤,吴增定,等,译.上海:上海人民出版社,2015.

卡西勒.启蒙哲学.顾伟铭,译.济南:山东人民出版社,1996.

科斯塔斯·杜兹纳.人权的终结.郭春发,译.南京:江苏人民出版社,2002.

魁奈.魁奈经济著作选集.吴斐丹,张草纫选,译.北京:商务印书馆,1997.

乐启良.近代法国结社观念.上海:上海社会科学院出版社,2009.

乐启良.西耶斯的代议制理论管窥.浙江大学学报,2009(1).

乐启良.西耶斯的制宪权理论研究.法学家,2016(1).

李宏图.语境、概念与修辞:欧洲近代思想史研究的方法与实践.上海:复旦大学出版社,2006.

林·亨特.法国大革命时期的家庭罗曼史.郑明萱,陈瑛,译.北京:商务印书馆,2008.

林·亨特.人权的发明:一部历史.沈占春,译.北京:商务印书馆,2011.

林来梵.从宪法规范到规范宪法.北京:法律出版社,2001.

刘大明."民族再生"的期望:法国大革命时期的公民教育.北京:中国社会科学出版社,2005.

卢梭.爱弥儿.李平沤,译.北京:商务印书馆,1983.

卢梭.忏悔录.黎星,译.北京:商务印书馆,1986.

卢梭.论波兰的治国之道及波兰政府的改革方略.李平沤,译.北京:商务印书馆,2014.

卢梭.论科学与艺术.何兆武,译.北京:商务印书馆,1963.

卢梭.论人类不平等的起源与基础.李常山,译.北京:商务印书馆,1997.

卢梭.社会契约论.何兆武,译.北京:商务印书馆,1997.

卢梭.政治经济学.王运成,译.北京:商务印书馆,1962.

芦部信喜.制宪权.王贵松,译.北京:中国政法大学出版社,2012.

罗伯斯庇尔.革命法制和审判.赵涵舆,译.北京:商务印书馆,1986.

马布利.马布利选集.何清新,译.北京:商务印书馆,1983.

马迪厄.法国革命史.杨人鞭,译.北京:商务印书馆,1964.

马克思.共产党宣言//马克思恩格斯文集(第2卷).中共中央马克思恩格斯列宁斯大林著作编译局,编.北京:人民出版社,2009.

马克思.论犹太人问题//马克思恩格斯文集(第1卷).中共中央马克思恩格斯列宁斯大林著作编译局,编.北京:人民出版社,2009.

孟德斯鸠.论法的精神(上、下卷).张雁深,译.北京:商务印书馆,2002.

孟德斯鸠.罗马盛衰原因论.婉玲,译.北京:商务印书馆,2015.

米涅.法国革命史.北京编译社,译.郑福熙,校.北京:商务印书馆,1991.

莫尔内.法国革命的思想起源(1715-1787).黄艳红,译.上海:上海三联书店,2011.

莫娜·奥祖夫.革命节日.刘北成,译.北京:商务印书馆,2012.

倪玉珍.托克维尔理解民主的独特视角:作为一种社会状态的民主.社会学研究,2008(3).

庞冠群.从绝对主义理论看法国旧制度末年君主制改革的困境.浙江学刊,2008(11).

庞冠群.莫普司法改革与法国旧制度的崩溃.世界历史,2007(3).

佩里·安德森.绝对主义国家的系谱.刘北成,龚晓庄,译.上海:上海人民出版社,2000.

皮埃尔·罗桑瓦龙.法兰西政治模式.高振华,译.北京:生活·读书·新知三联书店,2012.

皮埃尔·罗桑瓦龙.公民的加冕礼.吕一民,译.上海:上海人民出版社,2005.

皮埃尔·罗桑瓦隆.乌托邦资本主义——市场观念史.杨祖功,晓宾,杨齐,译.北京:社会科学文献出版社,2004.

蒲鲁东.什么是所有权.孙署冰,译.北京:商务印书馆,1982.

乔治·勒费弗尔.法国革命史.顾良,孟湄,张慧君,译.北京:商务印书馆,2013.

乔治·勒费弗尔.拿破仑时代.河北师大外语系《拿破仑时代》翻译组,译.北京:商务印书馆,2009.

渠敬东.现代社会中的人性及教育:以涂尔干社会理论为视角.上海:上海三联书店,2006.

让·里韦罗,让·瓦利纳.法国行政法.鲁仁,译.北京:商务印书馆,2004.

饶勒斯.社会主义史·法国革命:制宪会议(上下册).陈祚敏,译.北京:商务印书馆,1989.

施展.迈斯特政治哲学研究.北京:法律出版社,2012.

苏珊·邓恩.姊妹革命.杨小刚,译.上海:上海文艺出版社,2003.

索布尔.法国大革命史.马胜利,高毅,王庭荣,译.张芝联,校,北京:北京师范大学出版社,2015.

涂尔干.道德教育.陈光金,沈杰,失谐汉,译.渠东,校.上海:上海人民出版社,2006.

涂尔干.教育思想的演进.李康,译.上海:上海人民出版社,2006.

涂尔干.孟德斯鸠与卢梭.李鲁宁,赵立玮,付德根,译.渠东,校.上海:上海人民出版社,2006.

涂尔干.职业伦理与公民道德.渠东,付德根,译.上海:上海人民出版社,2006.

托多罗夫.启蒙的精神.马利红,译.上海:华东师范大学出版社,2014.

托克维尔.旧制度与大革命.冯棠,译.桂裕芳,张芝联,校.北京:商务印书馆,1992.

托克维尔.论美国的民主.董果良,译.北京:商务印书馆,1988.

王建学.1789年人权与公民权宣言的思想渊源之争.北京:法律出版社,2013.

王建学.制宪权与人权关系探源——以西耶斯的宪法人生为主线.法学家,2014(1).

王名扬.法国行政法.北京:北京大学出版社,2016.

维诺克.自由之声:19世纪法国公共知识界大观.吕一民,沈衡,顾杭,译.北京:中国人民大学出版社,2006.

西耶斯.论特权 第三等级是什么.冯棠,译.张芝联,校,北京:商务印书馆,1991.

萧高彦.西耶斯的制宪权概念——一个政治理论的分析//公法学与政治理论:吴庚大法官荣退论文集.台北:元照出版社,2004.

亚里士多德.政治学.吴寿彭,译.北京:商务印书馆,1983.

伊波利特·泰纳.现代法国的起源:大革命之大混乱.黄艳红,译.长春:吉林出版集团有限公司,2015.

张弛.法国革命恐怖统治的降临(1792年6月—9月).杭州:浙江大学出版社,2014.

张智.约瑟夫·德·迈斯特:反启蒙思想中的野蛮与文明.上海:复旦大学出版社,2012.

周立红.孚雷反对索布尔——试论法国大革命史学史上的一段争论.中山大学学报,2011(2).

索　引

311

致　谢

拙著的孕育、撰写和出版前后长达 10 年。在此漫长的过程中,我得到了许多人的关心、帮助和支持。

我首先要感谢我的爱人陆小红。由于我累计出国时间 30 个月,她不得不长期独自承担起孕育和抚养我们儿子乐观的重担。我的岳父、岳母为照顾乐观也付出了巨大的牺牲,没有他们的支持,我定然无法安心在外访学。同时,我也借此机会祝愿我的父母身体健康。

作为浙江大学世界史所的一员,我经常能够感受到来自集体的温暖与关爱。吕一民教授和沈坚教授从未停止过对我的关心,在我面临工作困惑或者生活困难时,总是会伸出援手。刘国柱、王海燕、张杨、朱晓罕、吴彦、张弛、汤晓燕、张正萍等诸位老师也为我提供了很多的支持。历史系和人文学院创造的自由氛围,则让我自始至终都没有产生过疏离感。

我曾经两次访学美国,并因此得到了很多人的帮助。在 2010 年 9 月至 2011 年 5 月期间,我获得"Freeman Fellowship"的资助,访学伊利诺伊大学香槟-厄巴纳分校的东亚-太平洋研究中心。时任中心主任傅葆石(Poshek Fu)教授,尤其是项目协调人 Emily Lewis 女士提供了无微不至的照顾。我也很怀念和"Freeman"共同度过的欢乐时光。我有幸认识了 Mark Micale 教授、Harry Liebershon 教授及其夫人 Dorothee Schnaider,同他们建立的深厚友谊是我此次访学获得的重大收获之一。2013 年 9 月—2015 年

致　谢

8 月期间，我获得浙江大学"新星计划"和国家留学基金委的共同资助，访学哥伦比亚大学历史系。合作教授 Samuel Moyn 的帮助绝非三言两语所能概括，Emmanuelle Saada 和 Charly Coleman 的点拨则让我深受启发。

　　在专业研究方面，业师高毅教授以及顾杭、庞冠群、黄艳红、刘大明、崇明、孙一萍、倪玉珍、洪庆明、周立红等同门为我提供的帮助也至关重要。此外，彭小瑜、许平、高岱、李宏图、李剑鸣、刘北成等多位教授也在不同场合给予我难以忘怀的勉励与点拨。

　　拙著部分章节或观点曾经在《世界历史》《历史研究》《法学家》和《史学理论研究》等杂志上得到发表。各杂志的编辑以及评审专家们针对论文提出的批评意见让我受益匪浅。国家社科基金评审专家们的修改意见同样让我收获良多。感谢责任编辑陈佩钰女士，她的认真、耐心和审慎亦让拙著增色不少。

2017 年 7 月西溪北园